O EFEITO VOLTAGEM

O EFEITO VOLTAGEM

Como Transformar Boas Ideias em Grandes e Como Escalá-las

JOHN A. LIST

Ex-economista sênior da Casa Branca

ALTA BOOKS
GRUPO EDITORIAL
Rio de Janeiro, 2023

O Efeito Voltagem

Copyright © **2023** STARLIN ALTA EDITORA E CONSULTORIA LTDA.
Copyright © **2022** JOHN A. LIST
ISBN: 978-85-508-1814-6

Translated from original The Voltage Effect. Copyright © 2022 by John A. List. ISBN 9780593239483. This translation is published and sold by arrengement with **Currency***, an imprint of* **Random House***, a division of* **Penguin Random House LLC***, the owner of all rights to publish and sell the same. PORTUGUESE language edition published by Grupo Editorial Alta Books, Copyright © 2023 by Starlin Alta Editora e Consultoria Ltda.*

Impresso no Brasil — 1ª Edição, 2023 — Edição revisada conforme o Acordo Ortográfico da Língua Portuguesa de 2009.

Dados Internacionais de Catalogação na Publicação (CIP) de acordo com ISBD

L773e   List, John A.

        O efeito voltagem: como transformar boas ideias em grandes e como escalá-las / John A. List ; traduzido por Camila Moreira. - Rio de Janeiro : Alta Books, 2023.
        272 p. ; 16cm x 23cm.

        Tradução de: The Voltage Effect
        Inclui índice.
        ISBN: 978-85-5081-814-6

        1. Administração. 2. Planejamento estratégico. 3. Empreendedorismo.
        I. Moreira, Camila. II. Título.

2022-3156   CDD 658.401
                                                                   CDU 658.011.2

Elaborado por Odilio Hilario Moreira Junior - CRB-8/9949

Índice para catálogo sistemático:
1. Administração : gestão 658.401
2. Administração : gestão 658.011.2

Todos os direitos estão reservados e protegidos por Lei. Nenhuma parte deste livro, sem autorização prévia por escrito da editora, poderá ser reproduzida ou transmitida. A violação dos Direitos Autorais é crime estabelecido na Lei nº 9.610/98 e com punição de acordo com o artigo 184 do Código Penal.

O conteúdo desta obra fora formulado exclusivamente pelo(s) autor(es).

Marcas Registradas: Todos os termos mencionados e reconhecidos como Marca Registrada e/ou Comercial são de responsabilidade de seus proprietários. A editora informa não estar associada a nenhum produto e/ou fornecedor apresentado no livro.

Material de apoio e erratas: Se parte integrante da obra e/ou por real necessidade, no site da editora o leitor encontrará os materiais de apoio (download), errata e/ou quaisquer outros conteúdos aplicáveis à obra. Acesse o site www.altabooks.com.br e procure pelo título do livro desejado para ter acesso ao conteúdo.

Suporte Técnico: A obra é comercializada na forma em que está, sem direito a suporte técnico ou orientação pessoal/exclusiva ao leitor.

A editora não se responsabiliza pela manutenção, atualização e idioma dos sites, programas, materiais complementares ou similares referidos pelos autores nesta obra.

Produção Editorial: Grupo Editorial Alta Books
Diretor Editorial: Anderson Vieira
Vendas Governamentais: Cristiane Mutüs
Gerência Comercial: Claudio Lima
Gerência Marketing: Andréa Guatiello

Assistente Editorial: Viviane Corrêa
Tradução: Camila Moreira
Copidesque: Bernardo Kallina
Revisão: Kamila Wozniak, Denise Himpel
Diagramação: Daniel Vargas
Leitura Crítica: Edite Siegert

Rua Viúva Cláudio, 291 — Bairro Industrial do Jacaré
CEP: 20.970-031 — Rio de Janeiro (RJ)
Tels.: (21) 3278-8069 / 3278-8419
www.altabooks.com.br — altabooks@altabooks.com.br
Ouvidoria: ouvidoria@altabooks.com.br

Editora
afiliada à:

*Para minha inspiradora parceira de escala, Dana,
e nossos oito filhos maravilhosos:
Annika, Genevieve, Eli, Noah, Asher, Greta, Amelie e Mason, que tanto me
ensinaram sobre o verdadeiro valor da escala.*

As ideias escaláveis são semelhantes entre si;
cada ideia não escalável é não escalável de um modo único.

SUMÁRIO

Introdução: Feito para Falhar ou para Escalar?   xi

Parte Um
SUA IDEIA PODE GANHAR ESCALA?

1. Enganações ou Falsos Positivos   3
2. Conheça seu Público   27
3. É o Chef ou São os Ingredientes?   51
4. Transbordamentos   71
5. A Armadilha de Custo   91

Parte Dois
QUATRO SEGREDOS PARA ESCALAR COM ALTA VOLTAGEM

6. Incentivos que Ganham Escala   113
7. A Revolução Marginalista   141
8. Desistir É para Vencedores   163
9. Escalando a Cultura   181
    Conclusão: Escalar ou Não Escalar?   209

Agradecimentos   215

Notas   219

Sobre o Autor   237

Índice   239

INTRODUÇÃO: FEITO PARA FALHAR OU PARA ESCALAR?

Nunca foi parte do meu plano trabalhar na Uber. Para ser honesto, isso nunca havia me passado pela cabeça.

No verão de 2016, eu estava ocupado com um dos projetos mais ambiciosos da minha carreira. Seis anos antes, além das minhas responsabilidades como professor do Departamento de Economia da Universidade de Chicago, eu liderava uma equipe na inauguração de uma pré-escola para crianças de 3 a 4 anos, que também funcionava como um laboratório vivo de pesquisa — um enorme esforço logístico e científico, com o qual eu não havia planejado me comprometer e para o qual não possuía o treinamento necessário. Apesar de ter aprendido algumas coisas com a criação dos meus cinco filhos, eu não tinha qualquer treinamento formal em educação infantil. Por outro lado, observar e estudar as pessoas em seu "ambiente natural" foi meu laboratório por mais de trinta anos. Abrir uma pré-escola cheia de crianças incríveis e enérgicas é uma loucura, claro, mas de um jeito completamente diferente.

Muitas pessoas acreditam que a economia, enquanto disciplina, trata apenas de dinheiro ou de como se dá o fluxo de capital pela sociedade. No entanto, meu trabalho como economista não envolve aspectos como a análise fiscal de dados ou a previsão de tendências do mercado de ações. Minha especialidade é conduzir pesquisas de campo em economia comportamental — sair para o mundo real para estudar as motivações ocultas e por vezes surpreendentes por trás das decisões, tanto grandes quanto pequenas, que tomamos no nosso dia a dia.

É por isso que Tom Amadio e outros administradores do distrito escolar de Chicago Heights entraram em contato comigo muitos anos antes. Eles conheciam meus experimentos para incentivar as pessoas a adotarem tipos variados de comportamentos positivos, e queriam ver se eu tinha algumas ideias para incentivar professores e estudantes de forma a aprimorar o desempenho destes últimos. Chicago Heights é uma cidade de aproximadamente 30 mil habitantes localizada a 30 minutos de carro do sul da cidade de Chicago. Trata-se de um lugar esquecido pela sociedade, com fachadas de lojas vedadas e uma criminalidade desproporcionalmente acima da média do restante dos Estados Unidos. Hoje, mais de um quarto da sua população vive abaixo da linha de pobreza, quase o dobro da média de 13% do estado na época em que visitei a cidade. Não é de surpreender que essas desvantagens econômicas afetem negativamente as crianças da região. O índice de conclusão do ensino médio é baixo, com muitos alunos possuindo um nível de leitura e de matemática comparável aos do terceiro ou quarto ano do ensino fundamental. E isso, é claro, limita suas oportunidades futuras. A vida é um jogo diferente quando não se possui um diploma do ensino médio.

Ansioso para me envolver em um projeto que buscasse reverter tais tendências, eu me juntei com os economistas Steven Levitt (famoso pelo livro *Freakonomics*) e Sally Sadoff (minha estudante de PhD na época) no início de 2008. Graças ao auxílio da Kenneth and Anne Griffin Foundation, pudemos conduzir experimentos com estudantes e professores em uma escola de ensino médio de Chicago Heights. Decerto, nossas intervenções geraram ganhos a níveis de conquistas educacionais e notas, mas ainda assim os resultados não foram tão significativos quanto esperávamos. Chegamos à conclusão de que, ao atuar com estudantes do ensino médio, nós havíamos perdido um período crítico de seu desenvolvimento, durante o qual poderíamos ter alterado a trajetória de suas vidas. O fato de aparecermos tão tarde revelou as lacunas em seu potencial, que já havia se perdido anos antes. Em outras palavras, estávamos abordando a parcela incorreta de estudantes para lidar com este problema.

Assim, propusemos abrir nossa própria pré-escola, que poderia atuar também como um laboratório de pesquisa experimental em educação e desenvolvimento infantil. Mais uma vez, nós recebemos suporte de nosso investidor-anjo — arrebatadores US$10 milhões da Fundação Anne Griffin Foundation — e foi assim que nasceu o Chicago Heights Early Childhood Center (CHECC).

No início de 2010, quando estávamos na próxima fase de nosso trabalho em Chicago Heights, juntaram-se a nós Roland Fryer, uma estrela em ascensão em Harvard na época, que estudava o impacto da desigualdade econômica na performance acadêmica, e Anya Samek, minha estudante de pós-doutorado. De 2010 a 2014, nossa pré-escola atendeu cerca de 1,5 mil estudantes por ano. Nosso experimento pedagógico de quatro anos baseava-se em um currículo focado em habilidades não cognitivas relevantes e que se revelaram profundamente impactantes no sucesso futuro na vida, tais como socialização, escuta ativa e recompensa diferida. Nossa opção de currículo era chamada de *Tools of the Mind* [Ferramentas da Mente, em tradução livre]. Também foi essencial criarmos um programa chamado Parent Academy [Academia Parental, em tradução livre], que incentivava o envolvimento dos pais durante o desenvolvimento educacional infantil de seus filhos de maneiras específicas. Ao fim de quatro anos, nós fechamos a escola — a nossa intenção desde o início. Entretanto, continuamos a coletar dados dos estudantes que a frequentaram — e pretendemos seguir fazendo-o nas próximas décadas — para compará-los com a performance das crianças lecionadas com currículos padrões e cujos pais não receberam nenhuma dica comportamental da Parent Academy.

Em outras palavras, havíamos levantado uma hipótese sobre o aprimoramento de resultados a longo prazo para as crianças de Chicago Heights. Havíamos desenvolvido um estudo para testá-las e então reunido e analisado os resultados — que eram bem interessantes — até ali. "Nossas" crianças estavam indo muito bem e seu desenvolvimento andava a passos largos. Por fim, nosso objetivo era captar as características principais do *Tools of the Mind* e combiná-las com outras de nossas descobertas para criar um modelo de currículo, o qual poderíamos expandir para outras comunidades dos Estados Unidos, e talvez até do exterior.

No meio disso tudo, quando um agente de recrutamento da Uber entrou em contato com um convite de entrevista para a recém-criada posição de economista-chefe, recusei de imediato. Seria mais uma gama de responsabilidades na minha vida já abarrotada. Além de estar ocupado com o projeto em Chicago Heights, eu estava prestes a me casar mais uma vez, e logo teria um lar feliz e caótico ocupado por oito crianças e dois avós. Além disso, o que a minha pesquisa com a primeira infância tinha a ver com a busca por dominação global de uma empresa de transporte de passageiros por aplicativo do Vale do Silício? Quanto mais eu pensava a respeito, contudo, mais percebia que a minha pesquisa e a Uber tinham um objetivo central em comum.

Escala.

Se você já passou um tempo ao lado de empreendedores, deve estar ciente de que "escala" se tornou uma palavra de ordem no mundo dos negócios, referindo-se tipicamente ao processo de crescimento de uma empresa. Mas a noção de escala não se refere apenas ao domínio das aguerridas startups. Não se trata apenas de acumular mais usuários ou capturar uma fatia maior do mercado. De forma mais abrangente, "escalar" significa alcançar um determinado resultado desejado ao levar uma ideia de um grupo pequeno — de consumidores, estudantes ou cidadãos, por exemplo — para um muito maior.

Ao longo da minha pesquisa e tempo trabalhando ao lado de legisladores, passei a acreditar que as únicas ideias de valor são aquelas com o potencial de impactar vidas humanas de maneira significativa. E alavancar o impacto de uma ideia requer replicá-la em escala. A urgência em escalar ideias e empreendimentos importantes impacta a todos nós, todos os dias, seja ao proteger a saúde e a segurança de uma sociedade, ao melhorar a viabilidade de um negócio, ou ao aprimorar a educação e as oportunidades para uma geração futura — como procurei fazer em Chicago Heights ao estabelecer um modelo que pudesse, um dia, ser implementado em outros distritos escolares ao redor do mundo.

A escala engloba o progresso social e tecnológico em sua totalidade, uma vez que inovações passíveis de mudar o mundo são as que alcançam o maior número de pessoas. Um movimento social precisa de escala para produzir um impacto tanto quanto uma nova intervenção médica. Mas o processo de implementação de escala não é simples; existem armadilhas ao longo do caminho, desde o instante em que a semente da ideia é plantada até muito após o lançamento do projeto, e mesmo depois de este ser replicado diversas vezes. Ainda assim, foi somente em 2016 que percebi o segredo escondido bem debaixo do meu nariz em Chicago Heights: há muitos anos, minha pesquisa focada em melhorar os resultados educacionais também se tratava de um estudo sobre escala — porque às vezes ela funcionava, e outras, não. Eu me perguntava se trabalhar na Uber, uma empresa especializada em implementar escala em uma velocidade avassaladora em quase 70 países e que atende a quase 100 milhões de clientes, poderia revelar novos insights aplicáveis a outras áreas.

Eu também sabia que a Uber possuía uma enorme quantidade de dados e, para um economista como eu, big data simplesmente não é meu ganha-pão. É, antes, o meu playground profissional. Corria o boato de que a Uber monitorava coisas como as cores das residências dos clientes, em que lado do banco de passageiros homens e mulheres optavam por se sentar, e até as redes de amizades entre os motoristas. Eu me perguntava quais segredos referentes à escala enterrados nesse monte de dados eu poderia traduzir para a minha pesquisa acadêmica. Logo, comecei a pensar que talvez trabalhar para a Uber não seria uma ideia tão estranha no final das contas. Aprecio um bom desafio, e o recrutador da empresa me alertou de que eles já tinham entrevistado vários outros economistas para a posição e nenhum havia sido aprovado; portanto, eu também não deveria assumir que seria escolhido. Assim, viajei de Chicago para São Francisco para a entrevista.

Após cruzar as portas do lustroso e robusto edifício que abrigava o escritório global da Uber na Market Street naquela época, peguei o elevador e fui levado a uma sala de conferências para a entrevista. Foi então que notei o slogan impresso nos pilares dos escritórios da Uber: *Data is our DNA* [Dados são o nosso DNA, em tradução livre].

Eu pensava que uma tal devoção aos dados estava reservada à Torre de Marfim da academia. Eu havia morrido e chegado ao céu? Este claramente era um lugar onde as pessoas falavam a mesma língua que eu. De imediato, pude perceber que naquele único andar havia mais ciência acontecendo do que na maioria das empresas.

Logo a entrevista teve início e já não me sentia mais tão em casa.

Durante a minha apresentação inicial, um dos cinco executivos presentes não parava de me interromper. Era um rapaz jovem, vestido de camiseta e calça jeans, com seu cabelo mostrando os primeiros sinais de fios grisalhos nas laterais. Após alguns minutos, percebi que se tratava de Travis Kalanick, o fundador da Uber, que tinha 39 anos.

Travis parecia ser a pessoa mais confiante que eu já havia conhecido. O que fazia sentido; afinal, não se muda a face do transporte urbano no mundo e se catapulta uma startup ao valor de US$66 bilhões em apenas sete anos se não houver confiança nas suas próprias ideias e, principalmente, em seus próprios instintos. Ele tinha o seu charme, mas ainda assim estava dificultando a conclusão da minha apresentação em PowerPoint, que eu havia preparado com tanto cuidado.

Conforme eu discursava sobre os diferentes estudos que havia feito sobre aversão à perda — um conceito adorado pelos economistas comportamentais, que explica por que a perda é um motivador poderoso para a tomada de decisões — Travis interrompia para questionar meus resultados praticamente a cada minuto, enquanto caminhava de um lado para o outro da sala de conferências, como um leão preparado para atacar sua presa desprevenida. Eu estava começando a perceber o motivo de os candidatos anteriores não terem sido aprovados na etapa da entrevista.

"Isso não faz sentido", disse ele, sobre um experimento que eu havia feito em uma fábrica na China.

Eu respondi afirmando que ele estava enganado, e expliquei o motivo. Passei para o próximo slide e comecei a explicar outro experimento. Mais uma vez, ele me interrompeu enquanto continuava andando para lá e para cá. Novamente, respondi que ele estava enganado. Essa dinâmica continuou por cerca de 45 minutos exasperantes. Ele fazia sua jogada e eu, a minha. Nenhum dos dois estava recuando. Até que, felizmente, a entrevista chegou ao fim. Eu cumprimentei todos com um aperto de mão e deixei a sala de conferências.

Bem, que perda de tempo, pensei comigo mesmo ao caminhar de volta à entrada.

Logo antes de eu entrar no elevador, um dos executivos da reunião saiu às pressas para me alcançar. "Espere", disse ele, parando o elevador. "Parabéns. Nós queremos contratá-lo."

Pouco depois, dei início ao meu cargo como economista-chefe na Uber. Foi assim que dois mundos drasticamente distintos se entrecruzaram na minha vida — minha longa carreira acadêmica no campo da economia e minha nova carreira em um negócio hiperacelerado do século XXI. Essa convergência aprofundaria minha compreensão, não apenas sobre o uso de dados para avaliar a viabilidade real de ideias, mas também sobre o uso de dados para escalar tais ideias a fim de alcançar cada vez mais pessoas. Essencialmente, a Uber se tornou meu novo laboratório para estudar a ciência de como escalar a ciência.

O Chicago Heights Early Childhood Center era uma excelente ideia. Assim como a Uber. Assim como incontáveis ideias em inúmeras outras áreas. Entretanto, nenhuma regra pode determinar que uma boa ideia, ou mesmo uma excelente, vá alcançar todo o seu potencial. Na verdade, uma coisa que todas as grandes ideias têm em comum é não possuir garantia de sucesso.

Seja uma descoberta na área da medicina, sobre bens de consumo, uma inovação tecnológica, um programa governamental, ou qualquer outro empreendimento, o caminho desde uma promessa inicial até um impacto generalizado requer apenas uma coisa: *escalabilidade* — a capacidade de crescer e expandir de maneira robusta e sustentável.

De um modo simples: só se pode mudar o mundo em escala.

O Efeito Voltagem

"Escala" tornou-se um termo popular, porém impreciso, sendo utilizado muito recorrentemente como uma vaga descrição ou ambição, quando na verdade o que precisamos é de um método bem definido e com pontos de referência universais. Quando um empreendimento pequeno bem-sucedido está pronto para abrir mais localidades? Como uma startup de tecnologia confirma que tem o produto certo ou que atua no mercado correto? Quais são os sinais para legisladores de que um encorajador projeto experimental de saúde pública será bem-sucedido em nível nacional? Como campanhas populares por mudanças tornam-se movimentos nacionais? Por que a cultura de uma organização está afundando? E a mais básica de todas para qualquer pessoa que se joga de cabeça em um sonho: Como posso fazer a minha ideia crescer?

Meu trabalho — e tudo o que você lerá nas páginas a seguir — gira em torno da escalabilidade neste sentido abrangente e inclusivo, alternando entre o mundo dos negócios, da política e tudo que se encontra entre eles. Em cada área, ir do pequeno para o grande é o principal desafio e a principal oportunidade.

Minhas três décadas na área da economia ofereceram uma perspectiva única baseada na ciência, com a qual responderemos a tais questões de modo sistemático. Ao terminar meu PhD em meados da década de 1990, as ciências sociais passavam por uma revolução de credibilidade, em especial a economia. À época, boa parte da área lidava principalmente com teorias e modelos computacionais, mas poucas dessas pesquisas ofereciam explicações convincentes quanto aos fenômenos do mundo real. Isso se deve, em grande parte, ao fato de a evidência de muitos pareceres estar quase sempre baseada em teorias ou correlações arbitrárias, em vez de conclusões extraídas de dados causais referentes a comportamentos humanos de fato. Eis onde a minha especialidade — o trabalho de campo — veio a calhar.

Meu interesse neste ramo da economia cresceu a partir de algo que eu fazia desde o ensino médio: comprar e vender cartas de beisebol. Desde o final da década de 1980, eu estudava a microeconomia das exposições regionais de cartas de beisebol — um mundo pequeno, estranho e incrível. Foi analisando esse mercado vivo e dinâmico que comecei a ver o mundo como meu próprio laboratório, e logo dei início à minha coleta de dados científicos desses mercados para valer. Estudar a tomada de decisões de pessoas reais no mundo real me permitiu chegar a conclusões plausíveis sobre causa e efeito e, em troca, a entender melhor os indivíduos e suas motivações. Nada estava fora dos limites, desde coisas complicadas como a forma pela qual os mercados podem operar de maneira mais eficiente, até questões sociais relevantes como o porquê de as pessoas discriminarem umas às outras.

Mais tarde, ampliei as coisas e comecei a estudar uma variedade de outros comportamentos em uma gama abrangente de indivíduos e populações. Essa pesquisa me permitiu viajar o mundo inteiro, desde a Flórida Central até a Costa Rica, depois para a África, Ásia e, por fim, Chicago. Às vezes, minha pesquisa virava o senso comum de cabeça para baixo, superando suposições sobre gênero (mulheres não são inerentemente menos competitivas do que homens; trata-se de um traço condicionado pela sociedade), doações de caridade (uma campanha de caridade atrairá mais doações a curto *e* a longo prazo se atrair doadores iniciais com a promessa de nunca mais incomodá-los novamente, em vez de utilizar a estratégia tradicional de manter contato constantemente) e motivação (o medo de perder um prêmio que já nos foi oferecido é um motivador mais poderoso do que a promessa de um prêmio futuro). Eu estava contente em continuar no ramo acadêmico, mas minha carreira deu uma virada inesperada quando me foi oferecido um trabalho na Casa Branca como economista sênior para George W. Bush em 2002.

Deixando de lado meu posicionamento político e todas as críticas (legítimas) recebidas pelo presidente Bush e sua administração, posso afirmar com segurança que, se houve uma coisa em que a Casa Branca sob o comando de Bush acertou — raramente recebendo o crédito por isso — foi a ênfase em políticas baseadas em dados científicos. (Exceto, se me permitem, em toda a questão das armas de destruição em massa... Nesse caso, há uma enorme falta de evidências! Devo dizer que fui contratado antes dessa confusão terrível, mas que nunca tive qualquer papel nisso.) Em outras palavras, a administração queria que as pesquisas ditassem o processo de tomada de decisões. Em retrospecto, esse foi um momento-chave na história das relações entre ciência e governo. Foi assim também que acabei em uma equipe focada em análises de custo-benefício para políticas e programas implementados pelo governo federal. Meu trabalho abrangia várias áreas, incluindo aconselhar Colin Powell e Condoleezza Rice sobre os fatores econômicos no reforço do controle das fronteiras, e atuar com a então senadora Hillary Clinton e seu time para desenvolver licitações para a Clear Skies Act.

Em essência, mesmo que eu não estivesse completamente ciente na época, o fio que conectava todos esses trabalhos era a escala — como desenvolver políticas que produzissem o maior impacto positivo no maior número de indivíduos da forma mais eficiente.

Frequentemente, a formulação de políticas é conduzida em um vácuo de informações. Uma política é proposta, votada e sancionada (ou vetada) com poucas considerações referentes ao impacto — relativo a custos — que terá quando for escalada no mundo real. Infelizmente, tais omissões podem vir com graves consequências no mundo real, desde resultados desiguais, com os quais algumas comunidades colhem mais benefícios da política do que outras, até excessos de custo e deficit orçamentários, para os quais os legisladores devem compensar cortando outros programas e serviços essenciais.

É claro que negligenciar a análise da escalabilidade de uma ideia pode acarretar consequências similares em muitos domínios além da formulação de políticas e do governo. Aqui está uma história verdadeira que vivenciei em primeira mão (com os nomes respectivamente alterados). No início dos anos 2000, um pequeno distrito escolar no Centro-Oeste estava passando por dificuldades com a aptidão dos alunos do seu jardim de infância há décadas. Os administradores achavam que já haviam tentado de tudo, com pouco êxito, e a superintendente do distrito, uma mulher incansável chamada Greta, estava chegando ao seu limite. Mason, um novo membro do conselho escolar e seguidor devoto da ciência por trás da educação infantil, havia lido a respeito de um novo programa que vinha produzindo resultados excelentes em outros distritos. Tal programa havia sido revisado por especialistas da comunidade acadêmica e relatava grandes vitórias em diversos indicadores de aprendizagem. Na última reunião do conselho escolar daquele ano, enquanto outros lamentavam as aflições do distrito, Mason ofereceu um pequeno vislumbre de esperança. "Encontrei uma solução", disse ele ao grupo. "A relação custo-benefício pode muito bem ser infinita, pois é muito alta." O conselho escolar prontamente votou pela adoção do programa. Boa jogada, certo?

Naquele outono, o distrito escolar introduziu cuidadosamente a nova iniciativa em uma "implementação experimental" para demonstrar à comunidade os benefícios daquele fabuloso novo currículo de maneira convincente. Greta e Mason estavam tão confiantes que o mencionaram em todo evento informal e reunião do Rotary Club em que estavam presentes. "Esperem só até estes alunos se inscreverem na universidade", vangloriou-se Mason no café da manhã com panquecas no Lions Club. "Logo teremos nossos primeiros estudantes em Harvard." Um ano depois, os dados sobre os benefícios e custos da intervenção chegaram. Quando Mason e Greta analisaram os resultados de testes cognitivos e comportamentais padronizados, ficaram chocados. Para sua surpresa, o programa não *passou* nem mesmo no teste de custo-benefício (ou seja, o custo excedia os benefícios!), quanto menos produziu a sonhada solução. Mason ficou sem palavras, e só conseguiu resmungar: "Acho que, desta vez, a ciência errou."

Mas o problema não era, efetivamente, a ciência, e sim o fato de que o programa, pura e simplesmente, *não era escalável*. Infelizmente, a história de Greta e Mason é mais comum do que se imagina.

Uma empresa farmacêutica desenvolve um promissor medicamento novo para dormir em seu laboratório, mas este não corresponde às promessas nos testes randomizados. Uma pequena empresa no Noroeste do Pacífico lança com êxito um produto, depois expande sua distribuição e descobre que as vendas na Costa Leste são baixas. Uma firma de capital de risco investe milhões em um novo aplicativo de entregas, o qual acaba por atrair a atenção e os cliques de apenas uma pequena parcela da sociedade. A escalabilidade é crítica não apenas para a política e a ciência, mas também para qualquer pessoa que se beneficie do sucesso de uma ideia. Muito frequentemente, ideias promissoras entram em colapso em escala.

Todos esses casos são exemplos de uma *queda de voltagem*: quando empreendimentos caem por terra em escala e os resultados positivos fracassam. (O termo "queda de voltagem" provém da literatura da ciência da implementação e pode ser traçado até o trabalho de Amy Kilbourne e seus coautores.) Quedas de voltagem ocorrem quando uma grande descarga elétrica de potencial que impulsiona pessoas e organizações se dissipa, deixando para trás esperanças frustradas, sem falar no dinheiro, trabalho duro e tempo perdidos. E elas são muito comuns. De acordo com o Straight Talk on Evidence, um empreendimento criado para monitorar a validade de pesquisas em disciplinas como desenvolvimento de software, medicina, educação, e outros, entre 50% e 90% dos programas vão perder voltagem em escala.

O Efeito Voltagem trata de uma ciência de escala: por que algumas ideias falham enquanto outras mudam o mundo, e como oferecer a cada ideia a sua melhor chance de êxito. Sucesso e fracasso não envolvem apenas sorte. Há uma explicação lógica de por que algumas ideias falham enquanto outras são bem-sucedidas. Certas ideias são escaláveis de modo previsível, enquanto outras são previsivelmente não escaláveis. Sem dúvida, seremos mais bem-aventurados e geraremos mais impacto se optarmos por escalar as ideias que são escaláveis de modo previsível.

Muitos de nós pensam que as ideias escaláveis possuem uma característica "milagrosa": alguma qualidade que lhes atribui um apelo "infalível". Esse tipo de pensamento é fundamentalmente incorreto. Não há uma qualidade única que distinga as ideias que terão um potencial de sucesso em escala daquelas que não terão. Mas há cinco características específicas que ideias escaláveis devem conter — as "características-chave" de ideias que podem escalar, e que chamo de Cinco Sinais Vitais. Eu as chamo de Sinais Vitais porque analisar a vitalidade de sua ideia é necessário antes de dar início à escala, e eu aponto as cinco principais. Um defeito em qualquer um destes critérios pode impossibilitar que uma ideia ganhe escala, mesmo nas mãos de um indivíduo notável. E nenhum empreendimento está imune a quedas de voltagem — nem mesmo empresas bem-sucedidas como a Uber, ou o governo dos Estados Unidos (ou qualquer outro), e nem administradores bem-intencionados como Greta e Mason, que cometeram o erro extremamente comum de pensar que, se algo funciona em outro lugar, deve funcionar em todos os lugares. As consequências podem ser profundas e, por isso, é essencial se resguardar contra quedas de voltagem desde a inspiração inicial até o lançamento, e até mesmo após o sucesso.

Este livro, no entanto, não trata apenas da queda de voltagem ou de como evitá-la à medida que você escala. O efeito voltagem age das duas maneiras, e é por isso que vou delinear técnicas comprovadas para se gerar *ganhos de voltagem em escala* — tipos de incentivos, características culturais e princípios econômicos que não apenas se manterão em escala, mas permitirão que seu impacto se multiplique. De modo geral, este livro oferecerá um guia concreto, passo a passo, para qualquer pessoa que deseje descartar ideias ruins e escalar as excelentes até o seu potencial máximo.

É preciso esclarecer por que isso é importante para mim. Eu quero que o Chicago Heights Early Childhood Center e outras iniciativas como estas passem no teste de voltagem e tragam mudanças significativas na maior escala possível. Quero que negócios inovadores sejam bem-sucedidos, aprimorando nossas vidas e fortalecendo nossa economia. Quero que as políticas e programas governamentais beneficiem todas as pessoas igualmente e custem menos para os contribuintes. Quando boas ideias ganham escala, todos ganham.

Os conhecimentos pautados em evidências sobre escala que descrevo neste livro fazem parte de um novo terreno, o qual estamos mapeando juntos no século XXI. Não se trata apenas do produto de uma confluência de questionamentos de pesquisas, experimentos comerciais e problemas urgentes que as mentes mais brilhantes do mundo vêm tentando solucionar. As lições sobre ganhos e perdas de voltagem que você lerá aqui também resultam de um momento histórico pelo qual toda a humanidade está passando — a era do big data. Como aproveitamos e utilizamos esses dados cabe inteiramente a nós, mas uma coisa é clara: a vasta quantidade de dados que podemos coletar hoje referentes a quase todo o espectro do comportamento humano, combinada com a capacidade computacional que temos para análise, pode resultar em um conhecimento valioso para qualquer um que tente dar escala ao seu empreendimento.

É compreensível que muitas pessoas vejam o profundo alcance das pesquisas com big data como algo desconcertante. Pode parecer uma invasão de privacidade, especialmente com relação às sérias preocupações quanto ao seu uso por parte de governos e empresas que têm os dados de cidadãos e clientes em mãos. Contudo, as inovações do big data também representam uma grande oportunidade para a humanidade. Conhecimentos baseados em dados sobre causas de morte ao redor do globo, por exemplo, permitiram escalar novas intervenções de saúde pública que melhoraram o bem-estar e a longevidade de milhões, e talvez até de bilhões, de pessoas. Para o meio ambiente, o big data pode ajudar a dar escala a programas que visam a aprimorar a conservação de energia em residências e empresas. O big data atinge até mesmo os nossos lares. Por exemplo, cerca de 10% das mulheres norte-americanas passam por problemas de fertilidade. Biologicamente, acompanhar a ovulação é um dos meios mais eficazes para as mulheres saberem quando seus corpos estão prontos para engravidar. Atualmente, o big data é utilizado em escala para ajudar mulheres a engravidar ao monitorar os sinais vitais de fertilidade e oferecer a elas os dados necessários para evitar idas custosas e desnecessárias aos centros de tratamento de fertilidade.

Porém, a maioria das pessoas e organizações deixam esses dados virem até elas — fazem uso de quaisquer dados já existentes. Como um pesquisador de campo que utiliza o mundo como laboratório, prefiro ir em busca dos dados, fechando parcerias com sistemas escolares, empresas da Fortune 500, governos, ONGs e startups para tentar compreender *os motivos* por trás desses dados. Por que algumas pessoas doam para caridade em certas condições e outras, não? Por que algumas escolas urbanas falham enquanto outras prosperam? Por que uma ideia funcionou em escala enquanto outra, que era inicialmente mais promissora, falhou? Nós podemos mudar o mundo gerando dados, não apenas para identificar ganhos e perdas de voltagem, mas também para compreendê-los.

O conjunto de estratégias que você aprenderá neste livro surgiu da união entre o big data e o pensamento econômico que definiu minha pesquisa e carreira. O livro convida legisladores a voltarem seu foco das políticas baseadas em evidências para as evidências baseadas em políticas. Para empreendedores, *O Efeito Voltagem* estabelece uma série de princípios científicos para orientar a tomada de decisões relativas a quais ideias têm a melhor chance para escala.

O Laboratório Vivo

Ao longo da vida, todos nós adquirimos conhecimentos e sabedoria que gostaríamos de compartilhar com os demais. Desta forma, você pode considerar este livro como minha humilde tentativa de dar escala aos conhecimentos que consegui adquirir durante minhas três décadas como economista. O cerne destas lições emana de um desafio. Ao sentarmos em um café na Market Street perto da sede da Uber em São Francisco, minha esposa, Dana Suskind, me desafiou a produzir um conhecimento científico sobre escalamento baseado nas minhas experiências e trabalhos acadêmicos anteriores. Como nunca fui de dizer não a um desafio, aceitei. Mas sabia que, para ser bem-sucedido, precisaria de bons parceiros. Escolhi a própria Dana e meu ex-estudante de PhD e coautor frequente, Omar Al-Ubaydli. Nos últimos anos, produzimos uma série de artigos acadêmicos sobre a ciência do escalamento, repletos de matemática tediosa, símbolos gregos e jargões obscuros. Neste livro, ofereço esta nova compreensão de forma simplificada, para que qualquer pessoa possa implementá-la: desde salas de aula até salas de reunião, de escritórios de ONGs a laboratórios de pesquisas, da Casa Branca à sua própria casa. Em suma, *O Efeito Voltagem* é para qualquer um que deseje aumentar a possibilidade de suas ideias ou empreendimentos serem bem-sucedidos.

Este livro é dividido em duas partes. A primeira metade vai ensiná-lo que o escalamento é um conceito frágil. Nela, introduzo os Cinco Sinais Vitais, ou os cinco elementos das características-chave que podem causar quedas de voltagem e impedir uma ideia de ser desenvolvida. O primeiro é o falso positivo — trata-se dos casos em que nunca houve nenhuma voltagem para começo de conversa, apesar de parecer que sim. O segundo é superestimar o quanto a sua ideia consegue captar de fato. Geralmente, isso resulta de não conhecer o seu público — ou de assumir que a pequena parcela de pessoas que compraram sua ideia é mais representativa da população geral do que de fato o é, de tal forma que, ao tentar expandir sua ideia, ela fracassa para um público maior. O terceiro é falhar em avaliar se seu sucesso inicial depende de ingredientes não escaláveis — circunstâncias únicas que não podem ser replicadas em escala. O quarto é quando a implementação de sua ideia tem consequências ou repercussões inesperadas, que saem pela culatra contra a própria ideia. O quinto é a "economia pelo lado da oferta" da escala — por exemplo, sua ideia será muito custosa para manter em escala? Após analisar os Cinco Sinais Vitais, você saberá se tem uma ideia que pode ganhar escala.

A segunda parte do livro trata de como produzir ganhos de voltagem ao adotar práticas para maximizar o impacto da escala. Nela, apresentarei quatro técnicas comprovadas para aumentar o resultado positivo em escala: o uso de incentivos provenientes da economia comportamental — como o princípio de aversão à perda — para gerar ganhos rápidos; a exploração de oportunidades facilmente perdidas nas margens de sua operação; saber quando parar no curto prazo para ganhar no longo prazo; e desenvolver uma cultura de alta voltagem que seja sustentável em escala.

Ao longo do caminho, olharemos de perto para histórias verídicas que ilustram as lições do efeito voltagem. Nos capítulos adiante, você ganhará uma nova perspectiva de como Elizabeth Holmes, fundadora da Theranos, conseguiu defraudar os investidores e enganar o público; por que o império gastronômico do chef celebridade/empreendedor Jamie Oliver entrou em colapso; e por que uma campanha bem-intencionada que visava a melhorar a segurança dos automóveis falhou após alcançar uma massa crítica. Vou falar a respeito das dicas comportamentais que desenvolvi para ajudar a empresa aérea Virgin Atlantic a economizar milhões de dólares e o governo da República Dominicana a coletar US$100 milhões a mais em impostos de seus cidadãos. Além disso, vou relatar a história do meu período na Uber e oferecer minha perspectiva interna sobre a queda de Travis Kalanick, e que insights podemos tirar disso para construir uma cultura escalável. Vou falar também sobre a minha mudança para a rival da Uber, Lyft, onde adquiri mais insights baseados em dados sobre o escalamento como economista-chefe da empresa. Essas histórias não ocorreram in vitro — ou seja, em um laboratório. Elas são demonstrações da ciência do escalamento *in vivo*, sendo o mundo meu laboratório vivo.

Os problemas que enfrentamos enquanto indivíduos e como uma comunidade global no século XXI são os mais desafiadores e abrangentes com os quais já tivemos que lidar. Isso significa que precisamos que as inovações funcionem em escala para solucionar esses problemas antes que seja tarde demais. Seja você um fundador, executivo, servidor público, pesquisador, cidadão preocupado ou guardião legal, você possui ideias com o potencial de oferecer escala a mudanças positivas dentro de sua comunidade, empresa, família, ou da sociedade em geral.

Pois bem, é hora de aumentar a voltagem.

Parte Um

SUA IDEIA PODE GANHAR ESCALA?

1

ENGANAÇÕES OU FALSOS POSITIVOS

Em 14 de setembro de 1986, a primeira-dama Nancy Reagan apareceu em rede nacional em um comunicado à nação no West Sitting Hall da Casa Branca. Ela sentou no sofá ao lado do marido, o então presidente Ronald Reagan, e olhou para a câmera. "Hoje, neste país, ninguém está a salvo do abuso de drogas e de álcool", disse. "Nem você, nem eu e certamente nem as nossas crianças." Essa transmissão foi o ponto culminante de todas as viagens feitas pela primeira-dama ao longo dos cinco anos precedentes para conscientizar a juventude norte-americana sobre os perigos do uso de drogas. Ela se tornou o rosto público do lado preventivo da campanha de guerra às drogas do presidente Reagan, e sua mensagem dependia de um jargão do qual milhões de pessoas ainda se lembram, e que ela empregou novamente na televisão naquela tarde. "Há pouco tempo, em Oakland, na Califórnia", disse Nancy Reagan aos telespectadores, "um grupo de crianças me perguntou o que deveriam fazer se lhes oferecessem drogas. E eu respondi: 'Apenas digam não.'"

Apesar de haver diferentes relatos sobre a origem deste jargão famoso — um estudo acadêmico, uma agência de publicidade, ou a própria primeira-dama — seu caráter "chiclete", para usar a linguagem do marketing, era inegável. A frase apareceu em outdoors, em músicas pop e em programas de televisão; clubes escolares foram intitulados em sua homenagem. E no imaginário popular, ela se tornou quase inseparável daquilo que o governo e os oficiais da lei viam como a joia da coroa da campanha de prevenção às drogas da Era Reagan: o Drug Abuse Resistance Education [Educação de Resistência às Drogas, em tradução livre], ou D.A.R.E.

Em 1983, o chefe do Departamento de Polícia de Los Angeles, Daryl Gates, anunciou uma mudança de abordagem do departamento em relação à guerra às drogas: em vez de abordar crianças pela posse ilegal de substâncias, o novo foco seria prevenir que tais drogas chegassem até os jovens. Foi assim que surgiu o D.A.R.E., com seu icônico logo de letras vermelhas sobre um fundo preto.

O D.A.R.E. era um programa educacional baseado em uma teoria de psicologia intitulada *inoculação social,* que tomou o conceito epidemiológico de vacinação — a administração de uma pequena dose de agentes infecciosos a fim de induzir uma imunidade — para aplicá-lo ao comportamento humano. A abordagem do programa envolvia levar oficiais uniformizados às escolas, onde interpretariam papéis e usariam outras técnicas educacionais para imunizar as crianças contra as tentações do uso de drogas. Isso certamente soava como uma ótima ideia, e as pesquisas iniciais sobre o D.A.R.E. eram encorajadoras. Como resultado, o governo abriu a torneira dos impostos coletados e logo o programa escalou para escolas do ensino fundamental e médio ao redor do país. Ao longo de 24 anos, 43 milhões de crianças espalhadas por mais de 40 regiões se formariam no D.A.R.E.

Havia apenas um problema: o D.A.R.E. não funcionava de fato.

Nas décadas após Nancy Reagan incitar a juventude da nação a "apenas dizer não" às drogas, inúmeros estudos demonstraram que o D.A.R.E. não persuadia os jovens a dizerem não. O programa fornecia às crianças uma grande quantidade de informações sobre drogas como maconha e álcool, mas falhava em produzir reduções estatísticas significativas referentes ao uso de drogas quando estes mesmos jovens tinham a oportunidade de usá-las. Um estudo inclusive observou que o programa *instigava* a curiosidade dos participantes em relação às drogas, e aumentava suas chances de experimentá-las.

É difícil superestimar o custo da queda de voltagem em escala do D.A.R.E. Por anos a fio, o programa consumiu o tempo e esforço de milhares de professores e oficiais que estavam profundamente envolvidos no bem-estar do nosso maior recurso natural: as gerações futuras.

Ainda assim, todo esse esforço e tempo, sem mencionar o dinheiro dos contribuintes, foram desperdiçados ao escalar o D.A.R.E. devido à sua premissa fundamentalmente equivocada. Pior ainda, isso desviou o apoio e os recursos de outras iniciativas que poderiam ter gerado resultados concretos. Por que o D.A.R.E. se tornou tamanho desastre é um exemplo clássico da primeira armadilha que todos que esperam escalar uma ideia ou empreendimento devem evitar: um *falso positivo*.

A Verdade sobre os Falsos Positivos

A primeira verdade sobre falsos positivos é que estes podem ser considerados como "mentiras" ou "alarmes falsos". No nível mais básico, um falso positivo ocorre quando se interpreta alguma evidência ou dado como prova de que algo é verdadeiro quando não o é de fato. Por exemplo, quando visitei uma fábrica de alta tecnologia na China que produzia fones de ouvido, caso um fone de ouvido que estivesse funcionando corretamente fosse marcado como defeituoso devido a um erro humano, isso caracterizava um falso positivo. Quando fui convocado para atuar no júri, um falso positivo poderia ter ocorrido caso tivéssemos determinado que um suspeito inocente era culpado. Falsos positivos também ocorrem na medicina, fenômeno que ganhou muita atenção durante a pandemia da Covid-19, quando alguns resultados de teste do vírus se mostraram não confiáveis, indicando que as pessoas haviam contraído o vírus quando, na verdade, não haviam. Infelizmente, falsos positivos são universais, ocorrendo nos mais variados contextos. Um estudo em 2005 descobriu que entre 94% e 99% das ligações de alarmes contra roubo se revelaram alarmes falsos, e que alarmes falsos somam entre 10% a 20% das chamadas à polícia.

No caso do D.A.R.E., a análise de 1985 feita pelo Instituto Nacional de Justiça Norte-americano envolvendo 1777 crianças de Honolulu, no Havaí, encontrou evidências "favoráveis ao potencial preventivo do programa". Além disso, um estudo subsequente conduzido em Los Angeles com quase a mesma quantidade de estudantes também concluiu que o D.A.R.E. levava a uma redução do uso de drogas. Esses resultados supostamente consistentes levaram escolas, departamentos de polícia e o próprio governo federal a concordarem com a expansão nacional do D.A.R.E. Ainda assim, um número considerável de análises científicas durante a década seguinte, examinando todos os estudos conhecidos e dados sobre o programa, resultaram em provas incontestáveis de que o D.A.R.E., na verdade, *não oferecia* nenhum impacto significativo. O que houve, então?

A resposta mais simples é: não é incomum que os dados "mintam". No estudo em Honolulu, por exemplo, os pesquisadores calcularam uma chance de 2% de que seus dados resultariam em um falso positivo. Infelizmente, as pesquisas subsequentes mostraram que, ou eles subestimaram a probabilidade, ou simplesmente caíram dentro dos 2%. Nunca houve nenhuma voltagem no D.A.R.E.

Como isso pode acontecer nos gloriosos salões da ciência? Primeiramente, devo esclarecer que, ao dizer que os dados "mentiram", estou me referindo aos "erros estatísticos". Por exemplo, ao retirar uma amostra de crianças de uma certa população (isto é, crianças vivendo em uma única cidade no Havaí), diferenças aleatórias entre elas podem gerar um "grupo atípico" que leva a uma conclusão falsa. Se os pesquisadores tivessem revisitado a população original de crianças em Honolulu e testado o D.A.R.E. novamente com um novo grupo de estudantes, eles provavelmente teriam visto que o programa não funcionou. (Um problema de interferência referente a isso é quando os resultados de um grupo não se traduzem para o outro; discutiremos essa questão no Capítulo 2). Infelizmente, falhas estatísticas deste tipo ocorrem o tempo todo.

Como vimos no caso do D.A.R.E., falsos positivos podem resultar em altos custos, porque acarretam decisões mal-informadas com consequências em cadeia — tempo e dinheiro que poderiam ser melhor investidos de outra forma. Isso é especialmente verdadeiro quando a "mentira" ou o erro não são detectados logo no início, fazendo com que empreendimentos pouco eficazes sofram uma queda de voltagem em escala. Em outras palavras, a verdade vem à tona uma hora, assim como ocorreu com o D.A.R.E., quando seus críticos produziram evidências empíricas esmagadoras sobre as falhas do programa. Eu testemunhei isso em primeira mão no meu próprio trabalho no mundo dos negócios.

Em 2006, o novo CEO da Chrysler, Thomas LaSorda, estava trabalhando sem descanso para tentar salvar sua empresa da falência. Ele procurou por mim e dois dos meus colegas da Universidade de Chicago, Steven Levitt e Chad Syverson, em busca de ideias para aumentar os lucros. Então, nós convidamos ele e outros quatro executivos seniores da Chrysler para uma reunião em Chicago. Uma ideia que surgiu dessa reunião foi a implementação de um programa de bem-estar. Pode parecer uma recomendação estranha para um fabricante de automóveis com dificuldade de conseguir uma fatia maior do mercado, mas aumentar os lucros não envolve apenas o número de vendas.

A Chrysler tinha um problema de absenteísmo. Como consequência, eles estavam perdendo muito dinheiro ao manter um "banco de reservas" com funcionários disponíveis para assumir a linha de produção de outros funcionários em licença médica em um determinado dia. Isso pode parecer uma despesa trivial para um dos maiores fabricantes de automóveis do mundo, mas, na verdade, um percentual de absenteísmo na casa dos 10% custa milhões de dólares anuais à empresa pelo pagamento de salário destes grupos. Além disso, ao analisarmos os índices de defeitos da fábrica da Chrysler em Sterling Heights, descobrimos que uma redução de 5% de absenteísmo ao longo de um período de três anos havia reduzido a quantidade de defeitos em produtos em cerca de quinhentos por mês! Além dos desafios do absenteísmo, a empresa também lutava com os altos custos de assistência médica e com o "presenteísmo" (funcionários com baixo desempenho devido a problemas de saúde). Estudos sugerem que programas de bem-estar para funcionários poderiam solucionar esses problemas interligados, e LaSorda acreditou — e eu esperei — que implementar um programa baseado nos princípios da economia comportamental poderia ajudar a Chrysler.

Uma empresa chamada Staywell Health Management, responsável pela gestão de programas e serviços relacionados à saúde dos funcionários e à produtividade da Chrysler, concordou em estabelecer uma parceria conosco para um estudo-piloto: uma intervenção de sete meses que chamamos de ANewHealthyLife [Uma Nova Vida Saudável, em tradução livre]. Conduzida em uma das 31 fábricas da Chrysler, a iniciativa utilizava incentivos financeiros (ou seja, nós pagávamos às pessoas) para envolver os funcionários em uma série de atividades saudáveis. Os resultados iniciais foram promissores. As pessoas em nosso programa de bem-estar aplicaram um número considerável de comportamentos saudáveis, tiveram menos gastos médicos e faltaram menos ao trabalho se comparadas àquelas que não participaram do programa. Em suma, nosso experimento parecia ter economizado muito dinheiro para a Chrysler em um período relativamente curto de tempo. LaSorda ficou impressionado o suficiente para destinar recursos para a expansão do programa às outras trinta fábricas.

Apesar da satisfação que meu time e eu sentimos pelos resultados alcançados, nós estávamos mais cautelosos. Durante meus anos conduzindo trabalhos de campo e revisando as pesquisas de outrem, eu já tinha testemunhado a minha cota de falsos positivos. Com isso em mente, discutimos sobre o fato de aquelas evidências se referirem a apenas uma amostra de funcionários de uma única fábrica, e que deveríamos executar mais um estudo-piloto com uma nova amostra antes de expandir o programa. Desta vez, os resultados foram menos positivos. Os participantes da iniciativa de saúde não obtiveram resultados melhores do que aqueles que não participaram, e isso em *todas* as séries de índices relevantes para a Chrysler: absenteísmo, presenteísmo, custos de assistência médica etc. Ops... Parece que os resultados iniciais foram um erro estatístico — um falso positivo.

Em outras palavras, os dados iniciais pareciam ter mentido.

Para ter certeza, executamos o programa em outras duas fábricas; novamente, nossa intervenção não gerou impacto. O programa de bem-estar não era tão eficaz quanto sugerido pelos dados do primeiro teste. LaSorda ficou desapontado, e com razão, mas não tão desapontado como ficaria caso a Chrysler tivesse pagado à Staywell para escalar nossa intervenção em todas as 31 fábricas da empresa. Detectar um falso positivo logo no início nos permitiu desenvolver um programa de bem-estar diferente, que de fato se provou eficaz.

Todo o episódio foi um forte lembrete de que ao selecionar uma amostra de pessoas para um estudo, é preciso compreender que se trata apenas disso: uma amostra. E, às vezes, as amostras podem não ser representativas de uma população inteira, o que significa que, ocasionalmente, os resultados da sua amostra não serão verdadeiros para toda uma população. Neste caso, os funcionários que participaram do primeiro piloto na Chrysler não representavam todos os funcionários daquela fábrica — e menos ainda os das demais. Assim, apesar de os dados iniciais parecerem sólidos, eles claramente não ofereciam uma visão completa da verdade.

O fato de erros estatísticos — como falsos positivos — ocorrerem mesmo em estudos de pesquisas bem elaborados é desconcertante, especialmente para aqueles entre nós (eu incluso) que veem a ciência como o bastião da verdade. Ainda assim, recordemos a fala de Winston Churchill sobre a democracia: ela é a pior forma de governo, exceto por todas as outras. De maneira similar, o método científico é o método "menos pior" para testar e refinar ideias importantes. E, como veremos mais adiante neste capítulo, há um meio de evitar certos tipos de armadilha em seus dados que impedem uma ideia de tomar escala.

Erros estatísticos, no entanto, são apenas uma das razões pelas quais os falsos positivos podem ser encontrados em tantas áreas. Outro dos principais responsáveis são os vieses escondidos na mente humana.

Viés de Confirmação, o Efeito Adesão e a Maldição do Vencedor

Em 1974, os psicólogos Daniel Kahneman e Amos Tversky publicaram um artigo acadêmico intitulado "Judgment Under Uncertainty: Heuristics and Biases" [Julgamento Sob a Incerteza: Heurísticas e Vieses, em tradução livre]. Se por acaso você precisar de um contraexemplo para o argumento de que boas ideias falharão em conseguir alcance sem um branding de qualidade, esta é a sua melhor opção. Apesar do título pouco atraente — lugar-comum na academia — Kahneman e Tversky essencialmente criaram um campo com essa publicação: o estudo de vieses cognitivos. Com uma série de experimentos engenhosos, eles descobriram várias fraquezas escondidas no julgamento humano que nos afastam de uma tomada de decisão racional.

Vieses cognitivos são distintos dos erros de cálculo e de outros que resultam da desinformação. Os erros que as pessoas cometem devido à desinformação podem ser corrigidos, de forma simples, ao se prover mais informações precisas, enquanto os vieses cognitivos são "enraizados" no cérebro, o que os torna difíceis de alterar e mais resistentes a correções, visto que a interpretação falha da mente ao analisar informações precisas é, precisamente, o problema. A colaboração marcante de Kahneman e Tversky resultou em diversos livros — por exemplo, *Rápido e Devagar: duas formas de pensar* de Kahneman, *Previsivelmente*

Irracional de Dan Ariely, e *O Projeto Desfazer* de Michael Lewis — e alguns dos vieses cognitivos estudados por eles foram parar no léxico cultural. Um destes é o chamado *viés de confirmação*, o qual elucida o motivo de falsos positivos inocentes, porém evitáveis, ocorrerem com tanta frequência.

No sentido mais básico, o viés de confirmação nos impede de enxergar possibilidades que possam vir a desafiar nossas suposições, e nos leva a reunir, interpretar e recordar informações de tal maneira que reforça nossas crenças preexistentes. A razão de termos essa armadilha em nossos pensamentos é que, ao receber uma informação, o cérebro de um indivíduo já está repleto de uma vasta quantidade de informações adquiridas anteriormente, além de um contexto social e história que projetam significados a essa nova informação. Devido ao nosso poder cerebral limitado para processar tudo isso, utilizamos atalhos mentais para tomar decisões rápidas e frequentemente instintivas. Um destes atalhos mentais é essencialmente filtrar ou ignorar uma informação que seja inconsistente com nossas expectativas ou suposições. Isso ocorre porque, como a ciência já nos ensinou, reconciliar informações novas e contraditórias requer mais energia mental do que processar novas informações consistentes com aquilo que já existe em nossas mentes — nossos cérebros preferem o caminho mais fácil.

Essa tendência pode aparecer contrária aos nossos próprios interesses, mas no contexto da nossa longa história darwiniana como espécie, o viés de confirmação faz muito sentido. Nosso cérebro evoluiu para reduzir incertezas e simplificar nossas respostas. Para nossos ancestrais, uma sombra podia se assemelhar a um predador; se eles assumissem isso e começassem a correr, tal suposição poderia salvar suas vidas. Caso parassem para analisar a informação e realmente pensar a respeito, eles poderiam acabar virando jantar.

Apesar de o viés de confirmação ter sido útil para nossa espécie em um passado distante, e de continuar sendo em alguns cenários, no caso de empreendimentos que requerem análises profundas e deliberações lentas — como testar uma ideia inovadora à qual desejamos dar escala — pode ser problemático. Pode ser prejudicial para a criatividade e para o pensamento crítico, por exemplo, que são os pilares tanto da inovação quanto do trabalho de alta qualidade. Pode levar médicos a oferecerem diagnósticos equivocados e tratamentos incorretos.

Pode levar legisladores, líderes empresariais, administradores e investidores a gastarem uma quantidade maciça de recursos em uma iniciativa ou investimento equivocados. E quando se trata de interpretar informações, seja nos negócios ou na ciência, pode produzir falsos positivos.

A clássica Tarefa de Seleção do psicólogo britânico Peter Wason, da década de 1960, ilustra o viés de confirmação em ação. Ele dava aos participantes três números e lhes pedia para adivinharem a regra aplicada na seleção destes números. Dada a sequência 2, 4, 6, por exemplo, eles tipicamente chegavam à hipótese de que se tratava de uma regra de números pares. Então, os participantes apresentavam outras sequências com números pares, e os pesquisadores lhes diziam se aqueles números confirmavam a regra. Por meio desse processo, os participantes recebiam a tarefa de determinar se sua hipótese estava correta. Após algumas tentativas corretas, os participantes acreditavam ter descoberto a regra. Mas, na verdade, eles não tinham, porque se tratava de uma regra muito mais simples: números crescentes.

O aspecto mais interessante desse estudo (e de muitos outros semelhantes) é que quase todos os participantes testavam apenas sequências numéricas que confirmassem suas teorias iniciais, e poucos arriscavam sequências que *desafiassem* suas hipóteses. O experimento de Wason demonstrou que a maioria das pessoas, independentemente de sua inteligência, falha ao examinar hipóteses de forma crítica. Em vez disso, elas apenas tentam confirmá-las com um "pensamento rápido", valendo-se de heurística rápida ou de atalhos mentais.

Outro atalho mental que tem o dom de produzir falsos positivos é o viés do *efeito adesão*. Também conhecido como "efeito rebanho", o efeito adesão surge das influências sociais em nossos processos mentais. Semelhante ao viés de confirmação, o efeito adesão interfere em nossas habilidades de recordar informações corretamente e analisá-las. Mas neste caso, estamos presos à onda inconsciente proveniente das visões e comportamentos alheios — o lado social da tomada de decisão. Em 1951, o pioneiro psicólogo social Solomon Asch desenvolveu um laboratório experimental, famoso nos dias de hoje, que pode nos ajudar a compreender esse tipo de pensamento grupal. Ele recrutou estudantes para participarem daquilo que pensaram se tratar de um experimento visual. Os estudantes se juntaram a vários outros supostos participantes — na verdade, cúmplices experimentais, ou cientistas disfarçados de participantes — em uma sala de aula.

Todos na sala foram apresentados a uma imagem de três linhas de diferentes comprimentos, sendo uma delas claramente mais longa do que as demais. Cada pessoa da sala respondeu em voz alta qual era a mais comprida. Após os primeiros cúmplices identificarem a linha errada, mais de um terço dos participantes, em média, seguiram a mesma resposta incorreta. Ao longo de doze sessões de teste, impressionantes 75% seguiram a resposta obviamente errada pelo menos uma vez. Em contraste, quando nenhum dos cúmplices estava presente para tentar persuadi-los, quase todos os participantes escolheram a resposta correta — demonstrando como é fácil subjugar nosso pensamento independentemente do desejo de "se encaixar" ou de "fazer parte do grupo". Além de ser um golpe desastroso à autoimagem de um indivíduo dotado de pensamento livre, isso também oferece implicações perturbantes para a ciência do escalamento.

Se olharmos para o efeito adesão a partir da perspectiva dos profissionais de marketing, cujo objetivo é criar demanda para produtos em escala, essa artimanha da mente humana é um presente divino: o desejo de se adequar, que direciona tantos dos nossos pensamentos e ações, pode ser convertido em dólares. De fato, há inúmeras pesquisas mostrando como o efeito adesão modula as decisões dos consumidores, a exemplo das roupas que compramos (já se perguntou o motivo de certas cores e estilos diferentes entrarem na moda todos os anos?), dos brinquedos que as crianças pedem aos pais (lembra o "Elmo Cócegas", da Vila Sésamo? Para seu próprio bem, espero que não), e times de esportes pelos quais torcemos e dos quais compramos os uniformes (historicamente, as camisas de basquete mais vendidas nos Estados Unidos correspondem às estrelas dos times que chegaram às finais da NBA de cada ano). O efeito adesão — ou contágio social, como é por vezes chamado — pode influenciar até mesmo nossas tendências políticas e, portanto, os resultados eleitorais. Apesar de ser bom para profissionais de marketing e estrategistas contratados para influenciar as pessoas a optarem por determinadas escolhas, e não outras, para aqueles que criam e lançam inovações que visam a beneficiar a sociedade, isso pode criar um falso positivo e acabar escalando ideias ruins.

O viés do efeito adesão pode levar à queda de voltagem em escala porque tem o potencial de delegar a seleção de ideias a alguns indivíduos em vez de uma equipe de pensadores livres. Em minhas experiências, seja em uma reunião de pais e professores, uma reunião no West Wing ou em uma reunião do conselho de administração, a dinâmica quase sempre se repete. O líder, que costuma ser a pessoa mais entusiasmada e determinada no recinto, tende a falar primeiro e mais alto, articulando seus planos, dominando a conversa subsequente e influenciando as opiniões e decisões de todos — seja implícita ou explicitamente. Afinal, nós tendemos a nos alinhar com a pessoa responsável pelas promoções e decisões salariais, apesar de não precisar haver uma dinâmica de poder para o viés do efeito adesão moldar o diálogo — isso pode ocorrer a qualquer momento em que uma pessoa exponha suas preferências de antemão. Ou seja, quando uma ideia ou intervenção é defendida vocalmente por uma fonte confiável e influente (que não precisa ser um especialista e que pode ter seus próprios planos), isso pode resultar em outras pessoas aderindo à causa. Em casos como estes, o que aparenta ser um consenso honesto pode ser, de fato, um falso positivo, em que qualquer pessoa na sala poderia se opor à ideia, se não fosse pelo seu desejo de adequar-se às visões expressas pelos demais. Quando se dá conta, o grupo votou por dar escala a uma ideia ruim, ou de forma muito antecipada, antes de pesquisas adicionais poderem ser realizadas. Tudo isso poderia ser evitado caso o líder tivesse escutado cuidadosamente os demais, compreendido que forçar um consenso, mesmo que implicitamente, não é o mesmo que construí-lo, e estivesse consciente do viés do efeito adesão.

Pense em como, no caso do D.A.R.E., a decisão do Instituto Nacional de Justiça Norte-americano em 1986 no que se referia à eficácia do programa acabou se revelando um falso positivo, e como isto não foi amplamente aceito até muito depois de o programa ganhar escala nacional. Neste ponto, o D.A.R.E. já possuía uma rede de figuras influentes sob seu efeito adesão: de chefes de polícia a educadores, passando por líderes de comunidades e a própria Nancy Reagan (que certamente não era uma especialista, mas era respeitada por milhões de pessoas), cuja campanha *"Apenas diga não"* basicamente viralizou. Além do mais, àquela altura, o D.A.R.E. já havia recebido financiamentos generosos, outra forma de sinalização social que pode ajudar uma ideia ruim a ser vista como aparentemente escalável.

O ponto aqui é que quando ideias ruins são endossadas por pessoas e instituições influentes, elas podem se tornar contagiosas. E uma vez que o efeito adesão tenha atingido uma massa crítica, o viés de confirmação torna muito mais complicado convencer as pessoas a mudarem suas crenças arraigadas. É por isso que levou tantos anos, e milhões de dólares desperdiçados, para o D.A.R.E. deixar sua abordagem falha de lado.

Esse padrão infeliz pode ocorrer em qualquer área, desde a educação (por exemplo, a adoção de novos programas curriculares badalados, porém ineficazes), a medicina (a ampla aceitação de procedimentos médicos de eficácia duvidosa) e muito mais. Em todos esses casos, o viés do efeito adesão não apenas resultou em prejuízos socioeconômicos, como também desviou financiamentos de programas e ideias que poderiam ser mais benéficas. Gerações inteiras de pessoas foram privadas de ideias que poderiam ter funcionado.

Há um último conjunto de tiques comportamentais ocultos que muitas vezes sabotam a escala: a *maldição do vencedor* combinada com a *falácia do custo irrecuperável* (esta última será explorada mais a fundo no Capítulo 7). Para contextualizar, imagine que você faz parte de uma empresa de capital privado que vem considerando adquirir uma nova empresa. Você e diversas outras companhias entram, então, em uma guerra de ofertas; a maior entre elas vencerá e poderá comprar a empresa. Você ficaria tentado a fazer uma oferta maior do que o seu valor real para sair vitorioso?

Simulei esse cenário em um experimento em sala de aula, mas em vez de uma empresa, os estudantes ofereciam valores por um pote de moedas. Após todos escreverem suas ofertas, anunciei o vencedor — vamos chamá-lo de Eli — que levantou o maior valor ofertado de US$25. Eu disse "Parabéns, Eli, você ganhou todas as moedas dentro do pote por US$25! Como se sente?"

"Eu me sinto muito feliz", disse ele. Após contarmos os trocados no pote e descobrirmos que havia menos de US$10, Eli já não estava tão feliz.

Conduzi esse exercício por mais de uma década, e em todas as vezes alguns estudantes pagavam um valor muito acima, assim como Eli. Isso ocorre porque quando todos estimam o valor, alguns inevitavelmente estimarão muito abaixo ou muito acima. Já que o maior apostador vence e precisa pagar, é certo que o "vencedor" perderá dinheiro.

Esse é um exemplo clássico da maldição do vencedor. Acontece o tempo todo, em quase todos os cenários que envolvem disputas de preço — capitalistas de risco lutando por uma chance de investir em um aplicativo novo, produtores de Hollywood batalhando por um roteiro disputado, colecionadores de arte dando lances por uma pintura de Basquiat, você dando lances no eBay etc. Esses são apenas alguns exemplos que ilustram um fenômeno mais amplo: sempre que há uma competição por um item de valor incerto, a parte que vence a disputa (ou compra a ideia, ou contrata o funcionário etc.) quase sempre desembolsa mais do que o valor real do item.

Aparentemente, ideias que podem ganhar escala são como esse pote de moedas. Pagamos a mais para dar início a algo, e depois, quando descobrimos que a ideia não era tão boa assim, ignoramos a verdade e seguimos dando escala devido ao viés do custo: não queremos admitir que acabamos de investir em um fracasso. Desperdiçar dinheiro suado em um investimento ruim, no entanto, não faz o problema desaparecer. Apenas agrava suas perdas. Quando você se encontra em tal situação, o único momento em que deveria estar confortável em dar o maior lance é no caso de possuir a receita secreta para tornar uma ideia grandiosa, aquilo que os economistas chamam de "vantagem comparativa". Isso pode surgir na forma de uma tecnologia patenteada necessária para dar escala a uma ideia, da posse de um recurso-chave necessário para operar em escala, ou até mesmo da experiência pessoal que lhe permitirá escalar a ideia mais rápido do que seus competidores. Apenas assim você poderá driblar a maldição do vencedor, porque estará ganhando ao ser vitorioso.

Seja devido a erros estatísticos ou a erros de julgamento humano, a crença de que a ideia pode escalar mais do que de fato é possível quase sempre resultará em gastos maiores e custos irrecuperáveis. Felizmente, no entanto, há um método que pode protegê-lo contra esses tipos de falsos positivos. E, de todas as coisas possíveis, nós devemos este método a uma xícara de chá que mudou o curso da história da ciência.

A Revolução da Replicação

No início da década de 1920, um jovem, brilhante e obstinado estatístico chamado Ronald Fisher trabalhava na Rothamsted Experimental Station, um centro de pesquisa de agricultura a cerca de 50km ao norte de Londres. Uma de suas colegas era uma bióloga brilhante especializada em algas, chamada Muriel Bristol. Durante um lanche à tarde, Fisher preparou para Bristol uma xícara de chá, a qual ela prontamente recusou. Quando indagada sobre o motivo, ela explicou que ele havia colocado o leite na xícara antes do chá, e que ela preferia o sabor quando o leite era acrescentado depois.

Fisher zombou da ideia de que a ordem em que o chá e o leite eram colocados fazia alguma diferença no sabor. Não fazia sentido para ele cientificamente, já que a estrutura molecular do líquido resultante seria a mesma. Mas Bristol retrucou, afirmando que podia sentir a diferença entre uma xícara de chá na qual o leite era colocado antes e uma na qual o leite era colocado depois. Um de seus colegas, um químico chamado William Roach, sugeriu que os três conduzissem um experimento para ver quem estava certo. O palco estava montado para uma disputa épica.

Eles realizaram o experimento de um modo bem simples: Bristol provaria oito xícaras de chá, quatro com o leite colocado antes e quatro com o leite colocado depois, em uma ordem desconhecida por ela. O que houve, então, no momento da verdade?

Ela adivinhou corretamente todas as oito xícaras.

Fisher ficou chocado. Bristol conseguiu sua vingança. Se ambos fossem pistoleiros no Velho Oeste, em vez de cientistas na Inglaterra, ela teria soprado a fumaça de sua pistola.

A importante descoberta científica que surgiu desse encontro não tinha nada a ver com leite e chá, no entanto (apesar de ter sido provado posteriormente que as moléculas do leite *de fato* reagem de forma diferente e produzem leves diferenças de sabor se o chá for acrescentado ao leite ou o contrário). O legado de tudo isso foi: ao desenvolver o teste com as oito xícaras de chá, Fisher percebeu que havia uma ciência concreta nos experimentos científicos, e logo depois decidiu estudá-los. (Bem, esta não é a verdade completa. Como qualquer história que valha a pena ser contada, havia um romance — William Roach e Muriel Bristol acabaram se casando!)

Em 1925, Fisher publicou o livro *Statistical Methods for Research Workers* [Sem tradução até o momento] e, uma década depois, publicou *The Design of Experiments* [Sem tradução até o momento]. Ambas as obras foram consideradas inovadoras e se tornaram textos fundacionais. Um dos principais fundamentos do design experimental estabelecidos por ele foi a *replicação*: a ideia de que o ato de repetir um teste aumentaria a confiabilidade dos seus resultados (o que Bristol claramente fez no experimento "uma senhora toma chá" — como o próprio Fisher o cunhara — ao provar não duas, mas oito xícaras de chá. Ao criar um conjunto de dados extenso, o pesquisador reduz as chances de variabilidade, ou de erros estatísticos, nos resultados. Com efeito, irritado por perder a discussão do chá, Fisher determinou que Bristol deveria provar *mais* xícaras para assegurar que seus palpites corretos não fossem um golpe de sorte. Visto de outra forma, ele acreditava que quanto mais o experimento fosse repetido, menores seriam as chances de chegar a um falso positivo.

Mas a replicação por si só não protege contra falsos positivos. É preciso aprofundar o conceito de replicação e buscar uma replicação *independente* do resultado. Ou seja, uma pessoa ou equipe sem interesse em seu sucesso deve testar sua ideia para ver se é possível replicá-la. Foi exatamente isso que *não* ocorreu até muito depois com o relatório do D.A.R.E. pelo Instituto Nacional de Justiça Norte-americano. Ainda assim, é similar com o que minha equipe fez com o programa de bem-estar criado para a Chrysler. Se, em vez de replicar, nós tivéssemos escalado um lançamento completo baseado naquele falso positivo ainda oculto, a empresa teria perdido muito dinheiro, sem mencionar que eu teria perdido toda a minha credibilidade. Neste caso, nós detectamos o erro sem uma replicação independente, já que estávamos motivados a duvidar de nós mesmos — se a Chrysler tivesse dado escala ao programa e este tivesse falhado, isso teria prejudicado nossas reputações.

Para replicar de modo eficaz, é preciso conduzir o mesmo estudo, programa ou teste de produto bem-sucedido novamente com o mesmo tipo de população, e idealmente você deve fazê-lo três ou quatro vezes antes de estar confiante de que alcançou uma verdade. Em alguns casos, isso pode não parecer viável, mas meu ponto principal é que, nessas circunstâncias, é necessário agir com cautela em vez de "avançar rápido e quebrar coisas". Do contrário, em breve, você mesmo estará arruinado.

Esse princípio também é válido para além do domínio da pesquisa científica. Na verdade, utilizamos essa mesma abordagem básica o tempo todo no dia a dia. Pense nos encontros. Em uma festa, por um breve instante, você conhece alguém com quem sente uma conexão, e cogita chamar essa pessoa para sair. Então, você pensa: essa sintonia foi real, ou — pensando melhor — as bebidas ingeridas na festa fizeram a conversa parecer melhor do que realmente foi? Talvez as piadas e histórias da outra pessoa (ou as suas próprias) perderão o brilho após alguns encontros. Há apenas um modo de descobrir: passar mais tempo com a pessoa até descobrir se vocês são, de fato, compatíveis. O mesmo vale para experimentar novos restaurantes, novos aplicativos, novos passatempos, e assim por diante; sabemos instintivamente que uma única experiência boa pode se tratar de um falso positivo, mas três ou quatro experiências boas oferecem dados confiáveis. Em outras palavras, a replicação está enraizada no comportamento humano.

Consideremos outro cenário da vida real, no qual há muito mais em jogo. Você vai até o médico e faz um exame de raio-X que revela uma aparente lesão cancerígena no lobo superior direito do seu pulmão. Oh-oh, um problema sério. A essa altura, você pode ter seu pulmão removido ou pode ter uma consulta com um pneumologista, que oferecerá uma segunda opinião, fará uma biópsia e coletará dados para determinar a necessidade de uma intervenção mais séria. Essa "replicação" pode descobrir que a lesão é apenas uma inflamação inofensiva, e que o diagnóstico de câncer se trata de um falso positivo.

Quando se trata de questões de saúde, é possível argumentar que uma terceira ou mesmo uma quarta opinião seja necessária. Se essa sugestão soar exagerada, considere um estudo bombástico conduzido por pesquisadores da Johns Hopkins Medicine em 2016, que estimou que mais de 250 mil norte-americanos morrem anualmente devido a erros médicos, fazendo destes erros a terceira maior causa de mortes, atrás apenas de doenças cardíacas e câncer!

No caso dos negócios, os falsos positivos geralmente são mais fáceis de detectar do que no mundo da medicina, pois basta testar um produto ou função em um grupo de consumidores. Por exemplo, quando a Lyft quer testar uma nova função, simplesmente a acrescenta no aplicativo, disponibilizando-a aos usuários em apenas dois ou três mercados, para começar. Isso oferece à equipe dados abrangentes para analisar antes de determinar se a função deve ganhar escala ou não.

Na intersecção da pesquisa científica e das políticas públicas, no entanto, reunir esses dados é algo mais complicado devido a uma falta de orçamento para replicações independentes ou análises mais demoradas. Há alguns anos, um pequeno estudo-piloto para um programa de aprimoramento da educação infantil na Flórida, chamado Collaborative Strategic Reading [Leitura Estratégica Colaborativa, em tradução livre], pareceu intensificar a adoção do hábito de leitura. O programa, então, foi escalado com rapidez para outros lugares, apenas para falhar miseravelmente: em uma série de testes realizados em cinco distritos diferentes em Oklahoma e no Texas, o programa não demonstrou qualquer efeito real nos hábitos de leitura e na compreensão. Uma quantia enorme de dinheiro teria sido poupada se eles simplesmente tivessem testado o programa em outros grupos de estudantes em Oklahoma e no Texas *antes* de escalá-lo. Claro, levaria mais tempo para chegar a ponto de tais programas poderem ser implementados de modo abrangente, mas talvez isso não fosse tão ruim assim.

No ramo da ciência, a prática da replicação se tornou uma fonte de tensões, levando àquilo que a mídia noticiou como "crise da replicação". Desde 2010, pesquisadores decidiram replicar diversos experimentos famosos — especialmente em psicologia — que ganharam notoriedade em grandes jornais e canais de televisão, e descobriram que os resultados falharam ao serem replicados. Esse padrão emergente levou um psicólogo a organizar uma tentativa de replicar uma centena de experimentos cujos resultados haviam aparecido em jornais acadêmicos de prestígio. De modo chocante — ou talvez não, considerando o que aprendemos sobre falsos positivos —, apenas 39% dos experimentos produziram os resultados relatados nos estudos publicados originalmente. A crise da replicação tem levado, de maneira previsível, a uma crise de credibilidade, a qual os cientistas têm se esforçado para solucionar. Eu mesmo estou envolvido em uma tentativa de retificar o que é conhecido como "viés de publicação" — um fenômeno no qual estudos que falharam em produzir os resultados desejados acabam sendo relegados ao arquivamento em vez de serem publicados. Isso é um problema, é claro, porque até mesmo — ou *especialmente* — essas falhas contribuem para o crescimento do conhecimento científico, do qual todos se beneficiam (ou melhor, todos, com exceção dos pesquisadores cujas hipóteses falham, o que explica o porquê de os resultados serem arquivados). A replicação é a chave para garantir que aprendamos com essas falhas, em vez de perder tempo e recursos buscando ideias baseadas em uma ciência falha.

Como vimos ao longo deste capítulo, falsos positivos são, na maioria dos casos, perfeitamente inocentes, derivados de erros estatísticos ou de inúmeros vieses cognitivos que moldam nossa percepção e comportamento. Mas também existe um lado mais obscuro para a questão.

É aí que os falsos positivos entram no domínio da duplicidade — outro inimigo da escala, além de um problema que ofusca as intenções mais nobres da ciência, ao mesmo tempo que também rouba bilhões de dólares de negócios e de investidores.

O Efeito Enganador

Brian Wansink era uma estrela do rock.

Na medida em que um cientista comportamental atinge relevância cultural, ele seria o Mick Jagger no mundo da psicologia alimentar. Como diretor do laboratório do prestigiado Food and Brand Lab, da Universidade de Cornell, ele chamou atenção dentro e fora do meio acadêmico graças à sua revolucionária pesquisa sobre a relação entre meio, consumo alimentar e padrões de compra. Ao longo dos anos, ele publicou várias descobertas impressionantes, demonstrando, por exemplo, que fazer compras com fome leva à compra de itens mais calóricos; que comer em um prato grande leva alguém a comer mais; e que o clássico livro *The Joy of Cooking* [Sem tradução até o momento] oferecia receitas cada vez menos saudáveis ao longo de suas muitas edições. Descobertas como essas, que atraíram uma cobertura leviana da imprensa, concederam a Brian autoridade e influência que se estendiam do governo federal até o mundo corporativo. Ele ajudou o governo dos Estados Unidos a lançar um novo guia alimentar, foi consultor do Google e do exército norte-americano e publicou diversos livros populares. Pessoas em posições de poder confiavam em Wansink, e investiram recursos para dar escala a suas ideias.

Então veio a reviravolta. Após tantos anos, descobriu-se que Wansink estava falsificando resultados. Sua carreira astronômica havia sido construída sobre uma ciência corrupta.

Até a escrita deste livro, dezenove dos estudos de Wansink já haviam sido retratados, enquanto muitos outros ainda estão sob revisão. Em 2018, o *Journal of the American Medical Association* retratou nada menos do que seis de seus estudos em um único dia. Mesmo com Wansink defendendo seu trabalho, cada vez mais evidências provavam a invalidez de suas pesquisas. A Universidade de Cornell lançou uma investigação que culminou em um comunicado de imprensa contundente, afirmando que Wansink esteve envolvido em más condutas acadêmicas, incluindo "falsificação de dados, falha em assegurar a precisão e a integridade dos dados [...] métodos de pesquisa inapropriados, [e] falha em obter as aprovações necessárias para a pesquisa". Em 2019, Wansink deixou a Universidade de Cornell e a academia. Sua estrela havia implodido.

Infelizmente, esse tipo de conduta é mais comum do que se imagina. Escrevi a respeito disso há alguns anos, em um artigo intitulado "Academic Economists Behaving Badly? A Survey on Three Areas of Unethical Behavior" [Economistas Acadêmicos de Péssima Conduta? Uma Pesquisa em Três Áreas do Comportamento Antiético, em tradução livre]. Por meio de uma técnica de pesquisa com respostas randomizadas (utilizada ao se tentar buscar a verdade sobre um assunto delicado), meus colegas e eu fizemos diversas perguntas a mil economistas acadêmicos sobre comportamentos éticos. Surpreendentemente, quase 5% dos participantes responderam afirmativamente a esta simples questão: "Você já falsificou dados de pesquisa?" Em outras palavras, 5% deles estavam efetivamente admitindo ser aquilo que o meu amigo Antonio Gracias, ex-presidente do conselho da Tesla e fundador da empresa de investimentos bilionária Valor Equity Partners, chama de "enganadores" — pessoas que mentem ou falsificam informações deliberadamente para produzir um falso positivo ou para conseguir o que desejam.

Como um economista que estuda incentivos, eu estava interessado na questão de o que motiva pessoas como Wansink a praticarem tais comportamentos, que, na melhor das hipóteses, caracterizam uma ciência de má-fé e, na pior, uma fraude absoluta. O que impele alguém a arriscar sua reputação e futuro profissional de tal forma? A resposta: o modo pelo qual os incentivos são estruturados.

Na academia, só é possível subir na hierarquia, ser escolhido para liderar um laboratório e garantir altas concessões (o que geralmente aumenta seu salário e, potencialmente, o valor das suas palestras) ao publicar suas pesquisas em jornais conhecidos. E como se chega a esses jornais? Por intermédio de descobertas inovadoras e empolgantes — se forem midiáticas, melhor ainda. Assim, quando Wansink tomou alguns atalhos e chegou a se envolver com fraudes, ele estava, de fato, respondendo aos incentivos construídos dentro da própria academia. É claro, a maioria dos cientistas mais prestigiados, que alcançaram o mesmo nível de sucesso que Wansink, o fizeram por meio de pesquisas legítimas, inovações e trabalho duro, mas eles são motivados pelos mesmos prêmios. Se pensarmos desse modo, é fácil entender como alguém poderia ser tentado a pular algumas etapas e aplicar uma abordagem que demonstra pouquíssimo respeito pela ciência e seu código de ética.

Os incentivos para mentir e trapacear são ainda maiores no mundo dos negócios, especialmente em nosso mundo de IPOs inflacionadas que transformam fundadores esforçados em milionários, e até mesmo bilionários, da noite para o dia. Um exemplo impressionante é Elizabeth Holmes, uma das maiores enganadoras do século XXI. Sua empresa, a Theranos, arrecadou mais de US$700 milhões de investidores e foi avaliada em US$9 bilhões graças à sua tecnologia inovadora de exames de sangue, que supostamente prometia revolucionar a prática da medicina ao redor do mundo. Hoje em dia, sabemos que a Theranos era, de fato, uma bomba-relógio: sua aclamada tecnologia não existia de verdade. Uma vez que ficou evidente que o analisador de sangue portátil no qual a empresa havia investido bilhões de dólares era um fiasco, Holmes começou a fraudá-lo utilizando máquinas feitas por outras empresas. Naturalmente, era impossível para a Theranos dar escala à sua tecnologia inexistente, levando a um dos mais severos e infames casos de queda de voltagem da história dos negócios!

A história de Holmes é fascinante por uma infinidade de razões. Primeiramente, esse fato ressalta a vulnerabilidade no coração de muitas empresas de investimento de alto risco: as pessoas apostam nos indivíduos que têm a ideia tanto quanto na ideia, propriamente. Isso foi particularmente verdadeiro no caso da tecnologia "moonshot" da Theranos, que "requeria" anos de "pesquisa e desenvolvimento". Na ausência de um produto pronto para o mercado, cujo sucesso pudesse ser mensurado, os investidores da Theranos confiaram em *indícios sociais* em vez de dados concretos.

A esperteza e o carisma de Holmes permitiram a ela adquirir a confiança dos investidores, que por sua vez a indicavam para outros investidores, levando a um efeito adesão. Além disso, graças ao viés de confirmação, investidores com participação financeira na empresa provavelmente ignoraram os sinais que iam contra as suas expectativas de que a empresa seria um imenso sucesso. E estes não são indivíduos nascidos ontem — entre eles estavam titãs dos negócios como Rupert Murdoch, Carlos Slim e Larry Ellison.

Esse desastre poderia ter sido evitado? Ou algumas pessoas simplesmente são mal-intencionadas, com um comportamento traiçoeiro que não pode ser evitado? A resposta recai sobre os investimentos. Graças às suas opções de ações, Elizabeth Holmes tinha muito a ganhar pelo sucesso da Theranos, e faria qualquer coisa para alcançá-lo. Em um dado ponto, essas opções foram avaliadas em mais de US$4 bilhões! Em outras palavras, ela tinha mais de 4 bilhões de incentivos para garantir uma vitória com aquela tecnologia. Mas conforme foi ficando claro que a promessa da empresa era inatingível — que a premissa básica de sua tecnologia de exames de sangue revolucionária continuava sendo fictícia — o incentivo de longo prazo para o sucesso financeiro deu lugar a um de curto prazo: esconder a verdade para protelar o desastre inevitável. Ela estava extremamente motivada a manter esse avião no ar com um novo combustível (dinheiro) em vez de assegurar que ele ficasse no ar com um produto real e um plano comercial. Porém, o combustível não era infinito, fazendo da queda algo inevitável.

Contudo, será que esse fim poderia ser evitado caso existissem incentivos para encorajar outras pessoas na empresa a notarem — e apontarem — os sinais de que algo estava errado? Os funcionários enfrentarão possíveis repercussões caso surjam informações contrárias ao desejo de seus superiores, como foi o caso dos funcionários da Theranos que foram atacados ao alertar sobre os problemas dentro da empresa, e depois ameaçados com processos legais por falar publicamente? Se esse for o caso, eles podem alterar seus relatórios consciente ou inconscientemente para se protegerem. Mas e se houvesse recompensas, ou pelo menos garantias contratuais, barrando a punição por compartilhar informações que contradizem as suposições e aspirações da empresa? Desta forma, eles teriam incentivos para relatar a verdade, que eventualmente vem à tona de um jeito ou de outro. Deste modo, a Theranos teria entrado em colapso mais cedo, ou de forma menos desastrosa.

A questão mais básica sobre incentivos para funcionários é um ponto fundamental ao se escalar qualquer produto ou iniciativa. Quando eu trabalhava na Uber, se um gerente tivesse uma ideia que ele ou ela pensasse ter potencial para beneficiar a empresa, adivinha quem seria encarregado de testar a ideia? O próprio gerente! E adivinha como as pessoas eram promovidas na Uber? Ao propor ideias de produtos que fossem entregues!

Evidentemente, mostrar dados de um modo que realce as forças de uma ideia ou reduza suas fraquezas é muito diferente de falsificar dados conscientemente, mas a solução de ambos é a mesma: a replicação independente, que é tão essencial para os negócios quanto para os cientistas. Caso alguém tenha uma ideia, é *outra* pessoa, sem qualquer relação com essa ideia e que não venha a obter o mesmo benefício financeiro a partir dela, quem deve testá-la, ou, pelo menos, replicá-la antes de ser entregue. Caso contrário, os incentivos entram em potencial conflito com a honestidade.

Portanto, a melhor maneira de se proteger de enganadores é manter os incentivos em primeiro lugar. Por exemplo, uma pessoa pensando em comprar uma empresa deve considerar se o vendedor quer se manter envolvido ou não. Caso o vendedor esteja planejando manter sua participação na empresa, eles será incentivado a agir de acordo com os interesses desta. Caso não queira manter sua participação, pode ser porque sabe de pontos negativos de pesquisa, produto ou mercado dos quais você não tem conhecimento. Apenas eles sabem a real validade dos dados. Uma vez, conduzi um experimento simulando esse cenário com um grupo de estudantes de MBA atuando no papel de empreendedores com uma ideia para vender, mas somente eles tinham os dados que indicavam se a ideia era escalável ou não. Eles, então, foram apresentados a vários acordos a partir dos quais poderiam escolher. Em um caso, os empreendedores receberiam o pagamento imediatamente e seguiriam seus rumos. Em outros, o pagamento dos empreendedores dependeria do quão bem o produto se saísse no mercado (essa é uma forma de "compartilhar fluxos de lucro", no dialeto da economia). Como esperado, os empreendedores que sabiam ter uma proposição ruim em mãos tendiam a não escolher essa estratégia. Em vez disso, tendiam a optar pelo pagamento imediato, deixando a ideia e lavando as próprias mãos. Eles venderam suas ideias (sem escalabilidade) e obtiveram um belo lucro.

Uma lição geral é que, além de vender ideias, as empresas devem engajar-se em um maior compartilhamento de lucros com seus funcionários, especialmente nos casos em que estes tomam decisões fundamentais sobre escalamento e compra. Fora do mundo das startups isso é raro, mas há muitos casos em que conectar a compensação com algum índice de desempenhos futuros (por exemplo, compradores de uma rede de varejo ou editores de aquisição em editoras tendo suas compensações relacionadas à venda dos produtos ou livros que escolhem) alinha os incentivos de modo mais preciso dentro das organizações e leva a menos erros de escala.

Além disso, se você está em uma posição de liderança, também deve incentivar sua equipe a ser uma "disruptora de vieses". Como vimos anteriormente, as organizações nem sempre incentivam os funcionários a falarem a verdade, e em muitos casos a pessoa que teve a ideia também é a única a testá-la. Isso se refere, de maneira geral, à necessidade de cada negócio e organização em ter um agente, uma equipe e/ou uma função que cumpra o papel de advogado do diabo em sua estrutura — em outras palavras, uma força que esteja sempre buscando mais informações, mais provas. Uma ideia realmente boa e com escalabilidade se manterá de pé mesmo sob o maior escrutínio.

* * *

A ESSA ALTURA, espero que esteja claro que o obstáculo mais nocivo para escalar com sucesso não é a ignorância. É a ilusão de conhecimento, proveniente de dados incorretos, vieses ocultos ou fraudes diretas. Por sorte, como vimos, todos esses problemas são superáveis. Ainda assim, até mesmo o dado mais sólido a ter sido replicado de forma independente, as pessoas confiáveis e os incentivos certos não garantem que um empreendimento ou ideia seja escalável.

Mesmo que seus dados se mostrem confiáveis entre certos grupos, não significa que tais resultados sejam aplicáveis ao público geral. Aqueles que são beneficiados pela sua ideia ou produto representam um grupo grande o suficiente para ter valor de escala? A resposta para essa pergunta pode garantir o sucesso, ou não, do seu empreendimento.

2

CONHEÇA SEU PÚBLICO

Na primavera de 2018, quase dois anos após minha entrevista em São Francisco, deixei a Uber para trabalhar no seu rival de transporte por aplicativos, a Lyft. Uma característica curiosa das leis trabalhistas da Califórnia me permitiu fazer a mudança sem precisar ficar fora de campo: deixei a Uber na sexta-feira, tirei o final de semana e comecei a trabalhar na Lyft já na segunda-feira seguinte, como economista-chefe.

O próprio Travis Kalanick havia deixado a Uber no verão anterior durante um turbilhão de escândalos (mais sobre isso no Capítulo 9), e após testemunhar a empresa quase implodir, eu estava pronto para uma mudança. Queria voltar à tranquilidade do mundo acadêmico ou procurar uma experiência diferente no Vale do Silício. Foi então que conheci o cofundador e CEO da Lyft, Logan Green.

Introvertido, pensativo e com um senso de humor brincalhão — motivo para os característicos "bigodes cor-de-rosa" que decoravam a frente dos carros dos motoristas da Lyft por tantos anos — Logan é uma figura diferente de Travis. Notei isso nos primeiros dez segundos após conhecê-lo pessoalmente, quando ele apertou minha mão, fez várias perguntas a meu respeito e aguardou pacientemente enquanto eu terminava cada resposta. Ainda assim, Logan e Travis compartilhavam do mesmo ardor missionário por mudar o transporte urbano.

Nascido em Los Angeles (como Travis, por acaso — o que decerto não é uma coincidência), Logan cresceu preso em engarrafamentos, olhando para as janelas de todos aqueles carros com pessoas melancólicas dentro. Os motoristas gastavam uma quantia considerável em combustível e seguros, sem mencionar o custo dos próprios veículos, e para quê? Para perder tempo e poluir o meio ambiente! Não fazia sentido para ele. Logan pensou se não haveria um outro modo de fazer isso acontecer: um que estruturasse as cidades em torno das pessoas, e não dos veículos. Após terminar a faculdade, Logan teve uma ideia: montar uma empresa de viagens compartilhadas que juntaria pessoas que estivessem procurando dividir viagens longas com segurança. Assim, em 2017, dois anos depois da inauguração da Uber, Logan Green e seu amigo John Zimmer fundaram a Zimride, empresa que logo seria renomeada como Lyft.

Assim como a maioria das empresas do Vale do Silício, a abordagem da Lyft quanto à escala era baseada em dados, de tal forma que me senti em casa, assim como quando comecei na Uber. Igualmente relevante, a Lyft tinha uma cultura de trabalho positiva que refletia o desejo genuíno de Logan em melhorar as vidas dos clientes. Mas a empresa ainda lutava por uma posição no mercado e para obter lucros, o que não era fácil com um competidor agressivo e eficaz como a Uber, mesmo sem Travis Kalanick no comando. Quando entrei na Lyft, Logan estava à procura de uma inovação significativa que permitisse à empresa ganhar escala mais rapidamente. E no final de 2018, cerca de seis meses depois de me juntar a eles, Logan achou que havia encontrado o bilhete premiado que garantiria mais clientes ao oferecer benefícios especiais: um programa de filiação.

Logan havia chegado a essa ideia em parte porque compreendia o poder de um cliente leal. Como membro devoto da Costco, ele sabia que os clientes estavam mais do que dispostos a pagar uma assinatura para ganhar acesso a grandes quantidades, preços baixos e à grande seleção de produtos de supermercados e lojas de departamentos que diferenciavam a Costco de seus maiores concorrentes. Logan admirava o modelo altamente lucrativo da Costco — em 2018, por exemplo, a empresa atingiu uma receita líquida de US$3 bilhões — assim como seu modelo de atendimento ao cliente, do qual ele mesmo usufruía. Ele não queria tornar a filiação obrigatória na Lyft, mas acreditava que esta tinha um grande potencial como opção para condutores e/ou passageiros habituais que gostavam da ideia de ter acesso especial a serviços extras.

Tais modelos não são raros no setor de transporte. Muitos negócios ao redor do mundo, desde linhas aéreas a postos de combustíveis e empresas ferroviárias, oferecem assinaturas pagas em troca de vantagens como upgrades, descontos e adições (como os salões de espera exclusivos e confortáveis em aeroportos). Logan pensou que, se bem planejado, um modelo semelhante poderia funcionar na Lyft, e talvez até tornar-se uma estratégia a longo prazo que traria usuários de transporte por aplicativos tão leais quanto os mais de 100 milhões de clientes da Costco. Antes de desenvolver o programa, Logan buscou opiniões sobre sua nova ideia com seus funcionários, incluindo eu mesmo. E nossa, eu certamente tinha algumas opiniões a respeito. Em poucas palavras, eu não achava que um programa de filiação pago poderia ganhar escala.

Como era de se esperar, eu era minoria ali. Durante os meses subsequentes, discuti amigavelmente sobre essa ideia com diversos executivos. Lembro-me de quatro reuniões diferentes que mais pareceram debates eleitorais. Dezenas de funcionários participaram e nos observaram disputando a questão. Era eu o touro, e Logan e os demais executivos os toureiros, ou o contrário? Eu não tinha certeza na época, mas certamente aquilo foi um bom entretenimento.

Concordei completamente com o argumento de Logan de que a diferenciação do produto e a lealdade seriam elementos centrais na estratégia para competir com a Uber naquela época e no futuro. Isso porque o único modo de se afastar de uma competição implacável por preços com um adversário formidável como a Uber era focar algo *diferente* do preço. Porém, nós discordamos sobre como esses dois pilares seriam utilizados para alavancar a nova estratégia da empresa. Logan estava confiante de que o programa de filiação era a resposta. Eu estava confiante de que não era. Meu argumento se baseava nas vulnerabilidades basais que diferenciavam a Lyft de empresas como Costco e Netflix. Eu pensava que um modelo de filiação só poderia ganhar escala se concedesse acesso a bens e serviços que *não* estivessem imediatamente disponíveis ou acessíveis sem a filiação. Essa era a receita secreta para sucessos como a Costco, onde os consumidores precisavam apresentar o cartão na entrada, algo incompatível com o nosso mercado, visto que a Uber e a Lyft oferecem serviços que são prestados segundos após o toque de um botão, e os passageiros podem acessar com facilidade outras opções de baixo custo, como táxis ou trens. Resumindo: se eu contemplar comprar 1kg de peito de frango na Costco, não terei a opção de baixar um aplicativo para ter um peito de frango do Sam's Club no meu carrinho.

Além disso, devido à constância relativa ao mercado de produtos alimentícios e bens de lojas de departamento, os preços e produtos tendem a ser os mesmos em todos os lugares e a todo tempo, e é assim que a Costco garante que sua seleção e suas promoções não estarão imediatamente disponíveis em outros varejistas. O transporte por aplicativos, por outro lado, é um produto dinâmico operando em micromercados nos quais os preços, a demanda, a oferta (de veículos disponíveis para os passageiros) e o tempo de chegada variam constantemente. Se a oferta de veículos de uma empresa cai, sua tarifa ou tempo de espera aumentam, e é muito fácil para as pessoas migrarem para um competidor. Com efeito, muitas pessoas usam dois aplicativos — elas têm tanto a Uber quanto a Lyft em seus celulares, e checam o tempo de espera e o preço em ambos antes de se decidirem. Alterna-se sem qualquer esforço; basta clicar no outro aplicativo em seu celular para obter uma estimativa, e realizar o pedido. Tap–tap–pronto.

O modelo da Costco não funciona desse modo, e tampouco a inscrição (leia-se: filiação) em serviços como a Netflix, nos quais os espectadores geralmente não cancelam sua conta de maneira impulsiva e migram para outro serviço de streaming na mesma hora. É preciso passar por um processo para se abrir uma conta e inserir as informações do cartão de crédito. Além disso, com o streaming, as pessoas costumam pagar por mais de uma plataforma ao mesmo tempo para terem um leque maior de opções.

Da mesma maneira, ser um membro da Costco não impede você de comprar em outros lugares. Você pode comprar todos os seus utensílios domésticos na Costco, mas optar por comprar alimentos em outras lojas que possuem outras seleções de produtos e marcas. No caso do transporte por aplicativos, não há esse tipo de diferenciação. Muitas vezes, os veículos têm tanto o adesivo da Lyft quanto da Uber no para-brisa. Os próprios motoristas utilizam dois aplicativos! E enquanto produtos similares como a Coca-Cola e a Pepsi possuem brandings diferentes, o fato de motoristas da Lyft e da Uber não possuírem dificulta — mas também torna muito mais importante — inspirar lealdade nos seus clientes. Isso também explica por que eu acreditava tanto que, a não ser que adicionássemos bens de consumo ou serviços à experiência de viagem que não estivessem disponíveis sem a filiação (pense em uma parceria com a United

Airlines que oferecesse upgrades gratuitos apenas para clientes leais da Lyft), ganhar escala seria difícil, se não impossível. E esses desafios não eram a minha única preocupação.

O Dilema da Disneyland

Os economistas estudam a precificação de programas de filiação desde que Arthur Lewis, o economista pioneiro (e vencedor do prêmio Nobel), escreveu, em 1941, um artigo sobre "tarifas em duas partes" — economês para negócios que exigem que seus clientes paguem uma taxa de inscrição para ter acesso a produtos pelos quais pagarão. Isso pode soar com um negócio desleal, mas nas circunstâncias corretas faz sentido. É o modelo da Costco, e você também encontrará essa abordagem em outros contextos.

Veja o famoso Rose Bowl Flea Market, realizado no epônimo estádio em Pasadena, Califórnia, no segundo domingo de cada mês. Para ter acesso à excêntrica variedade de antiguidades e bens raros que os vendedores expõem nas prateleiras, os visitantes devem pagar uma taxa de entrada. Como a disputa por achados especiais é acirrada, a precificação é feita de forma escalonada, começando por admissões VIP das 5h às 7h da manhã a US$25, caindo para US$18 entre 7h e 8h da manhã, US$14 entre 8h e 9h e, por fim, para o preço de admissão geral a US$9 a partir das 9h da manhã.

Em um artigo de 1971, intitulado "The Disneyland Dilemma" [O Dilema da Disneyland, em tradução livre], o economista Walter Oi apresentou as condições teóricas para um período em que os parques de diversão cobravam uma taxa de admissão aos visitantes, e também taxas separadas para cada atração — ou, em outras palavras, se o lucro das tarifas adicionais compensava perder os visitantes que não tinham condição ou não queriam pagar o custo adicional da entrada. A Disney, ao final, optou por apenas uma tarifa; como muitos pais e mães de crianças sabem, os visitantes pagam pela entrada, mas uma vez dentro do parque, todas as atrações são gratuitas. (No entanto, em micromercados semimonopolistas como a Disneyland, comidas, lembrancinhas e outros produtos funcionam como uma segunda tarifa extremamente lucrativa. Isso não é exatamente um exemplo de programa de filiação, mas ilustra como muitos negócios podem se safar com tarifas explosivas em situações nas quais os clientes não têm acesso imediato a outras opções.)

No caso da Lyft, o programa de filiação não foi pensado como algo exploratório. Logan queria criar um conjunto de preços disponível para todos *e* oferecer aos passageiros a opção de adquirir o programa de filiação e ganhar acesso a certos bônus, como descontos ou preferências (prioridade para conseguir um veículo, por exemplo). Como regra geral, os consumidores estão interessados em pagar pelo programa contanto que os benefícios adquiridos pela filiação (preços baixos, serviços mais rápidos, entre outros) sejam mais valiosos que o seu preço. Se este não for o caso, o programa não terá escala.

Dito isso, há dois tipos de consumidores que costumam adquirir programas de filiação. Para o primeiro tipo — vamos chamá-los de "JoGoods" — os melhores benefícios os incentivam a comprar *ainda mais* produtos (ou mais viagens, no caso da Lyft). Psicologicamente, quanto mais eles aproveitam o desconto, mais a tarifa inicial parece ter valido a pena, mesmo que estejam gastando mais do que o fariam caso não se filiassem. Esse padrão de comportamento explica por que promoções de mercado do tipo "compre um item e leve o segundo pela metade do preço" funcionam tão bem: consumidores querem aproveitar o desconto, e então acabam comprando dois produtos, quando na verdade precisam de apenas um. Esse é o ponto ideal para as empresas, e é o que Logan estava apostando que aconteceria com a Lyft — os consumidores conseguiriam um bom acordo, aproveitariam o serviço ainda mais e realizariam mais viagens. Os dois lados sairiam ganhando ao final.

No entanto, também há um segundo tipo de consumidor – que chamaremos aqui de "NoGoods". Eles adquirem o programa de filiação por se tratar de um bom negócio; diferentemente dos JoGoods, no entanto, eles não realizam mais viagens. Nesses casos, a filiação vale a pena porque eles já faziam muitas viagens, e os descontos passaram a ser aplicados a todos os pedidos que eles já realizariam de qualquer maneira. Esse é o ponto negativo para a Lyft: os NoGoods mantêm o mesmo número de viagens, mas pagam menos, e a taxa de filiação que a Lyft coleta deles não compensa.

O desafio de qualquer empresa que deseja apresentar um programa de filiação escalável é o mesmo: deve haver uma proporção entre JoGoods e NoGoods; do contrário, haverá prejuízos. Portanto, você deve pensar sobre quais de seus consumidores são mais propensos a buscar o programa.

Essa foi a minha maior objeção ao lançamento do programa de filiação tarifado da Lyft. Eu intuí que a maioria dos passageiros que abraçariam o programa seriam aqueles que já realizavam muitas viagens — aqueles que se beneficiariam mais, mas não viajariam mais. Em outras palavras, os NoGoods. Se eu estivesse certo, estes clientes poderiam não apenas acabar com os lucros do programa, mas também aumentar os custos da empresa.

Claro, eu disse que o programa de filiação inspiraria lealdade e tornaria a Lyft mais atraente para muitas pessoas; mas também disse que poderia gerar um desastre para o balanço das contas. E qual o ponto em ser leal a uma empresa se isso for deixá-la no vermelho? Por fim, Logan pensou que seria importante testar sua ideia com um lançamento experimental. Eu tinha meus receios, mas a sensatez de executar um programa-piloto e coletar dados antes de dar escala à ideia de modo abrangente era algo com o qual ambos concordávamos!

Assim, a empresa preparou um experimento no qual diferentes clientes receberiam uma inscrição mensal com descontos variados e valores antecipados. Por cerca de duas semanas, no início de março de 2019, cerca de 1,2 milhão de pessoas receberam a oportunidade de comprar um de seis pacotes de filiação distribuídos de modo aleatório:

1. US$5 antecipados por 5% em todas as viagens
2. US$10 antecipados por 5% em todas as viagens
3. US$10 antecipados por 10% em todas as viagens
4. US$15 antecipados por 10% em todas as viagens
5. US$20 antecipados por 10% em todas as viagens
6. US$25 antecipados por 15% em todas as viagens

Durante aquelas duas semanas, os passageiros da Lyft que aceitaram uma dessas seis ofertas cruzaram suas cidades, gerando uma rede de dados.

Descobrir os padrões de comportamento de cada grupo seria essencial para determinar se o modelo de filiação tinha de fato potencial de escala e, se sim, qual seria o preço e a taxa de desconto ideais, tanto para a empresa quanto para os consumidores.

Acredite quando digo que não me alegrei com o fato de que, após decifrar todos os dados, descobrimos que eu estava certo: das seis estruturas de preços diferentes, nenhuma teria escala. Para entender o porquê, retornemos aos nossos dois tipos de consumidores, os JoGoods e NoGoods. Afinal, os 1,2 milhão de clientes experimentais não eram uniformes. Eles possuíam necessidades de transporte e poderes aquisitivos diferentes, sem mencionar tendências diferentes de como e quando gastar seu dinheiro. E tais estilos de consumo idiossincráticos os levariam a utilizar a filiação de modo diferente. Alguns gastariam mais; outros economizariam mais. Assim, minha equipe mergulhou e procurou por agrupamentos para estabelecer padrões. Com isso, poderíamos extrapolar os tipos de membros com os quais a empresa provavelmente perderia dinheiro ou não.

Os resultados foram absolutos: os NoGoods eram quase três vezes mais predominantes do que os JoGoods, sinalizando que a vasta maioria da base de clientes que compraram o programa de filiação não viajaram mais vezes. Pelo contrário, estavam fazendo o mesmo número de viagens, porém com uma taxa de desconto (um bom negócio do ponto de vista do consumidor, mas nada bom para nós). Claro, o número geral de viagens aumentou graças aos JoGoods, mas a chave para determinar a escalabilidade da filiação era uma questão não apenas de contar o número de viagens, mas de descobrir *quem* estava viajando mais. Os dados sugeriram que em uma proporção de três para um entre JoGoods e NoGoods, quanto mais expandíssemos o programa, mais dinheiro perderíamos com os NoGoods, se comparado ao que ganhávamos com os JoGoods. Isso seria impossível de escalar.

Voltando à economia básica, isso significava que precisaríamos mudar o cálculo do custo-benefício, fosse alterando o custo antecipado ou tornando os benefícios da filiação mais atrativos. No primeiro caso, ao nos aprofundarmos nos dados do experimento, descobrimos que, de modo geral, quando o custo antecipado era maior e o desconto era o mesmo, menos pessoas optavam pela filiação do que no caso de um desconto maior e um custo igual. Se estivéssemos apenas tentando maximizar o número de pessoas filiadas, a solução teria sido óbvia: aumentar o desconto. Mas lembre-se de que não estávamos preocupados com a quantidade total de pessoas; nós nos importávamos com *quem* se filiava. Precisávamos encontrar uma estrutura que atraísse mais JoGoods e menos NoGoods.

Nossa análise de todos esses dados demonstrou que a filiação ideal não era uma das opções consideradas inicialmente, e sim uma que oferecia 7,5% de desconto por viagem por um pagamento antecipado de US$19,99. Nesse modelo de precificação, menos consumidores se filiariam (com efeito, apenas uma pequena parcela dos clientes da Lyft), mas *aumentaríamos os lucros*.

Quando decidimos a estrutura de precificação e desconto, Logan sabia que, se quiséssemos dar escala ao programa, também precisaríamos aumentar o número de clientes em potencial, e teríamos de incluir benefícios mais atraentes ao programa de filiação — que, vale ressaltar, não estavam disponíveis sem uma inscrição. Por meio de pesquisas de satisfação e análises conjuntas, aprendemos que, além de uma viagem de baixo custo, segura e confiável, os clientes gostavam da prioridade de translado para aeroportos, descontos surpresa, ausência de taxas de cancelamento, e ofertas exclusivas.

Juntamos tudo isso e, no final de 2019, o Lyft Pink nasceu. Recomendado para clientes que faziam duas ou três viagens por semana, os membros ganhavam a promessa de uma experiência "elevada" por apenas US$19,99 mensais: 15% de desconto em viagens ilimitadas, prioridade de translado para aeroportos, isenção de três taxas de cancelamento por mês (se reagendadas dentro de 15 minutos), isenção de taxas de achados e perdidos (para pertences deixados nos veículos), descontos surpresa e ofertas exclusivas, além de três corridas de bicicleta ou scooter de 30 minutos (por intermédio do serviço de compartilhamento de bicicleta da Lyft) por mês, nos locais selecionados. O desconto da viagem era o sorvete e as ofertas, as cerejas no topo. Logan acreditava que os benefícios extras, somados às viagens com 15% de desconto (em vez dos 7,5% inicialmente previstos), motivariam mais JoGoods a se filiarem.

Era um conjunto de vantagens encorajador — tão encorajador que, três meses depois, milhares de usuários da Lyft já haviam se registrado. Mas então, como bem sabemos, a pandemia do coronavírus chegou e, em meados de março de 2020, o mundo inteiro parou. O transporte por aplicativos praticamente estagnou e, mesmo após o início das reaberturas, o negócio já não era o mesmo para a Lyft. A empresa teve dificuldades para manter suas operações, tanto no lado dos custos como no lado dos clientes. Dentro da empresa, acreditava-se que o Lyft Pink desempenharia um papel ainda mais importante. Até o lançamento deste livro, e conforme vamos deixando a pandemia para trás, apenas o tempo e os dados dirão se o Lyft Pink ganhará escala. Eu permaneço otimista, mas só saberemos com os resultados em mãos. Por fim, o número relativo de JoGoods em relação aos NoGoods será o fator decisivo para determinar se o Lyft Pink poderá se manter em escala.

Conheça seu Público

A história do Lyft Pink ilustra um desafio em dar escala a empreendimentos de todas as variedades: conhecer seu público. Isso é importante porque, caso você não entenda bem os diferentes tipos de pessoas que servirá, não poderá predizer com sucesso como elas responderão ao produto, serviço ou intervenção em escala. Assim, depois de solucionar o problema dos falsos positivos — discutidos no Capítulo 1 — e de demonstrar com confiança a eficácia do empreendimento ao qual deseja dar escala, o próximo passo é responder à seguinte pergunta: "Quão *abrangente* será a ideia?"

De modo geral, quando se dá escala a uma ideia ou empreendimento por meio de culturas, climas, geografias e grupos socioeconômicos diversos, é inevitável que pessoas distintas tomem decisões muito diferentes. E sempre há o risco de as pessoas que participam de um estudo-piloto ou lançamento experimental se comportarem de formas que são particulares a um lugar ou cultura específicos. Para dar um exemplo óbvio, mas ilustrativo, uma nova linha de roupas de praia pode esgotar rapidamente nas prateleiras do Sul da Califórnia, mas é provável que não ganhe escala ao longo da Costa do Pacífico até o Alasca. De modo similar, kits de sobrevivência para terremotos vendem muito em partes dos Estados Unidos que são vulneráveis a terremotos, mas nem tanto em outros locais, de tal forma que dar escala a uma campanha publicitária de abrangência nacional não faria sentido.

Fazendo uma analogia, pensemos em comediantes. Para uma comediante alcançar o sucesso, é preciso que *conheça seu público*. Piadas ovacionadas em um determinado lugar provavelmente não o serão em outro. De modo semelhante, uma ideia que obtenha sucesso com um grupo pode falhar com outro. É por isso que você deve conhecer o seu público — isto é, exatamente para quem a sua ideia é direcionada — para analisar o seu potencial sucesso em escala. Por exemplo, a rede social Pinterest é usada majoritariamente por mulheres, o que estabelece um limite para a sua base de usuários e potencial de lucro. Evidentemente, muitos negócios simplesmente possuem limitações inerentes, e não há problema nisso. Sua ideia ainda pode servir a um propósito e gerar lucros, mesmo com um limite definido. Observe os aplicativos de encontros. Eles escalam com facilidade, mas apenas até certo ponto. Desde o início, essas empresas sabem que nunca ganharão escala entre pessoas comprometidas com relacionamentos monogâmicos. (Enquanto isso, o aplicativo Ashley Madison, com seu slogan "A vida é curta. Curta um caso", afirma ter entrado em um mercado pouco discutido, mas com 70 milhões de pessoas que estão em relacionamentos sérios, porém não tão comprometidas com eles.)

Ao conceber um produto ou programa em escala para impacto máximo, no entanto, você idealmente deseja atingir o máximo de pessoas possível. Quanto mais universal o apelo da ideia, mais fácil é para ela ganhar escala. Com isso em mente, você deve levar em consideração que os consumidores têm necessidades, hábitos de consumo e tendências comportamentais diferentes, e então encontrar o ponto onde os interesses e benefícios convergem. Afinal, em terra de Ciclopes, não se vende óculos normais.

Caso as necessidades e demandas específicas de grupos ou segmentos de consumidores únicos forem ignoradas, é de se esperar que ocorram quedas de voltagem. Para exemplificar de um modo bem didático (escrevi a respeito disso em um livro didático de economia), basta pensar na história da Blue Light Special, as luzes azuis do Kmart. Em 1965, o gerente de loja do Kmart em Indiana teve uma ideia brilhante — literalmente. Ele passou a pendurar uma sirene policial azul sobre os itens que não estavam vendendo bem, reduzindo seus preços e então ligando a sirene quando um funcionário vinha com um megafone anunciando algo como: "Atenção, clientes do Kmart! As jaquetas de inverno masculinas no corredor 3 estão com 50% de desconto. Venham antes que elas acabem!" Esse espetáculo atraía a atenção dos clientes, que então corriam para aproveitar o desconto antes que fosse tarde demais. E foi assim que a famosa Blue Light Special do Kmart — uma das primeiras versões do que é conhecido hoje como "oferta relâmpago" — nasceu.

Rumores sobre essa técnica se espalharam, e logo todos os Kmarts do país começaram a instalar Blue Light Specials, alcançando um sucesso semelhante. Como inovação promocional, isso escalou de maneira brilhante. A exaltação que prendia a atenção dos olhos e ouvidos, além do senso de urgência entre os clientes, era parte desse brilho. A outra parte era que a escolha dos produtos que entrariam em promoção cabia aos gerentes da loja, que conheciam sua clientela. Eles conversavam com os clientes, além de morarem nas mesmas comunidades e compartilharem certas experiências com eles. Logo, os gerentes do Kmart começaram a selecionar não apenas itens empoeirados nas prateleiras, mas também produtos voltados às necessidades particulares dos consumidores em um local e horário específicos, como pás ou sal para derreter gelo na manhã seguinte a uma nevasca forte. Sam Walton, fundador do Walmart, chamou a Blue Light Special de "uma das maiores ideias promocionais de todos os tempos".

Então, o Kmart arruinou tudo. Em vez de permitir que cada loja individual escolhesse os bens que receberiam descontos, todos os produtos vendidos na Blue Light Special passariam a ser decididos com meses de antecedência pelo escritório corporativo em Hoffman Estates, no Illinois. Isso significava que em um determinado dia, os mesmos produtos seriam vendidos como ofertas da Blue Light Special independentemente se a loja estivesse localizada em Laramie, Wyoming; em Sarasota, Flórida; ou em Seattle, Washington. Desta forma, quando uma onda de calor varresse Sarasota ou uma chuva prolongada atingisse Seattle, os gerentes na Flórida e em Washington não teriam autonomia para adaptar as promoções de forma a atender aos interesses de seus clientes. Ao ignorar as particularidades dos diferentes segmentos de clientes, essa nova política gerou um curto-circuito na escalabilidade já comprovada do programa.

Do Viés de Seleção a Indivíduos WEIRD

A inevitável variabilidade entre públicos e segmentos de clientes diferentes traz outro desafio ao escalamento. Para realmente se exercer um impacto generalizado, não é suficiente entender como seus clientes ou público atuais diferem entre si por meio de geografias, grupos demográficos, e assim por diante. Também é preciso pensar em como o seu público atual pode se diferenciar do seu público futuro.

Dito de outra forma, o público inicial — ou pessoas testadas, ou segmentos de mercado — que lhe rendeu um sucesso inicial é uma parcela representativa do grupo maior de pessoas que você espera atingir em escala? Ao olhar os resultados das etapas iniciais de qualquer empreendimento, é preciso verificar se se está atuando com o que os cientistas chamam de *representatividade da população*.

A ausência de representatividade pode ocorrer acidentalmente ou por intermédio de uma seleção intencional da amostra. Quando ocorre de modo acidental, é um fenômeno conhecido como *viés de seleção* — quando as pessoas aderem a programas de forma não randomizada. Isso é problemático, porque as pessoas que escolhem participar em um programa ou estudo-piloto são as mais propensas a serem beneficiadas. É claro que os insones vão direto ao centro de testes médicos em busca de uma nova pílula para dormir! Mas quando uma parte desproporcional das amostras é composta por pessoas que optam participar porque provavelmente vão se beneficiar disso, isso pode vir a distorcer os resultados, criando uma imagem mais otimista que não se sustentaria em escala — o que os cientistas chamam de "viés de seleção". De modo similar, as pessoas que aderem a um programa de saúde podem estar mais motivadas a melhorar sua saúde — e, portanto, são mais prováveis de engajar em outros comportamentos saudáveis — do que aquelas que optam por não aderir. Nesses casos, é possível atribuir equivocadamente resultados de melhora na saúde à intervenção, em vez de a outros hábitos saudáveis: um falso positivo. Se, por exemplo, a equipe de pesquisa e desenvolvimento responsável pela nova medicação para dormir falhar em antecipar e corrigir o viés de seleção, os resultados podem indicar que a medicação é eficaz, quando, de fato, ela é eficaz apenas para um segmento da população, e não para o grupo como um todo. Isso é ruim para a empresa que investiu no medicamento, e que perderá dinheiro, mas também para as pessoas que necessitam de um novo medicamento para ajudá-las a dormir melhor.

Minha talentosa ex-estudante Tova Levin liderou uma estratégia experimental na Humana, uma empresa de assistência médica que tomava suas decisões mediante testagens rápidas e que, portanto, baseava-se em estudos bem elaborados para garantir que os efeitos desejados se sustentassem em escala. Por exemplo, em alguns estudos diferenciados que procuravam melhorar determinantes sociais de saúde, como solidão e insegurança alimentar, a equipe de Tova desenvolveu estudos comparando populações randomizadas e de significância estatística ao redor do país, assegurando que os resultados não fossem falhos ou subprodutos de um viés de seleção.

Isso também pode acontecer em outros lugares no mundo dos negócios. Em meados de 1990, o McDonald's fez uma testagem extensiva em grupos focais para um novo produto que seria lançado como um hambúrguer mais sofisticado e um pouco mais caro: o Arch Deluxe. As pessoas que participaram nos grupos focais gostaram do produto, então dar escala a ele nos Estados Unidos parecia uma aposta certeira. Mas, na verdade, o Arch Deluxe acabou se tornando um belo fracasso — ele não ganhou escala.

Como essa enorme falha pôde ocorrer? As pessoas que participaram dos grupos focais não eram um reflexo confiável dos clientes do McDonald's, de modo geral. Afinal, uma pessoa que decide participar de um grupo focal provavelmente é alguém louco por McDonald's, ou que adora qualquer tipo de hambúrguer, ou ambos. Mas a média das pessoas, ao que parece, vai ao McDonald's pelo Big Mac, e não por uma versão mais chique dele. A lição aqui deveria ser clara: não presuma que sua clientela inicial é necessariamente representativa da população como um todo.

Nos exemplos anteriores, o viés de seleção resultou em uma amostra não representativa de pessoas que optaram por participar em um teste. No entanto, o risco de o viés de seleção arruinar suas esperanças de escala também pode ocorrer em amostras de população selecionadas deliberadamente. Tomemos como exemplo o que aconteceu quando pesquisadores se dedicaram à procura de um tratamento para deficiências de ferro que resultavam em anemia, um problema comum na Índia e em outros locais. As pessoas que sofrem de anemia possuem poucos glóbulos vermelhos saudáveis para carregar o oxigênio pelos tecidos do corpo, resultando em fadiga, inflamação e outros efeitos prejudiciais à saúde e à qualidade de vida da pessoa. Como um caminho possível para minimizar esse problema em larga escala, os pesquisadores executaram estudos-piloto medindo os benefícios do consumo de sal enriquecido com ferro. Os participantes do estudo que receberam o tratamento apresentaram uma melhoria significativa, e o programa foi escalado. No entanto, verificou-se que o sal enriquecido com ferro não teve efeitos no objetivo da política de reduzir a prevalência de anemia nas grandes populações. A voltagem despencou. Por quê?

Os pesquisadores procuraram especificamente por meninas adolescentes para participarem dos estudos originais. Apesar de o tratamento beneficiar particularmente sua fisiologia, esses ganhos para a saúde não se manifestaram em escala maior na população geral. Nem todas as pessoas com anemia por deficiência de ferro são jovens adolescentes; se a intervenção não era exclusivamente designada para elas, portanto, nunca deveria ter sido testada exclusivamente com elas, para início de conversa. Erros similares ocorreram em outros lugares que tentaram dar escala a iniciativas que reduzissem os índices de transmissão de DST e promovessem sexo seguro, devido a variações nos hábitos de diversas comunidades no que se refere ao sexo.

Esse exemplo realça que sempre há um risco — ou tentação — de que os pesquisadores busquem deliberadamente uma população específica que deve se beneficiar mais do programa, produto ou medicamento, com o intuito de mostrar efeitos consideráveis, já que isso pode aumentar as chances de reconhecimento público e aumentar seus fundos ou investimentos. De modo semelhante, pode ser mais barato convencer pessoas a participarem de um estudo quando estas esperam se beneficiar disso. Assim, alguns pesquisadores podem ver isso como algo vantajoso: resultados melhores a custos menores.

Compare isso com uma iniciativa da Nurse-Family Partnership, que acompanhou o impacto de visitas domiciliares a mães de primeira viagem por parte de enfermeiras registradas, para cuidados pré-natal e resultados de gravidez. O projeto também analisava se essas visitas poderiam reduzir o abuso infantil e casos de negligência, além de aprimorar a preparação para a escola. Para garantir que suas amostras fossem o mais representativas possível, o fundador do programa, David Olds, executou programas-piloto em três cidades: Memphis, no Tennessee; Denver, no Colorado; e Elmira, em Nova York. Essas três localidades ofereciam uma variação demográfica familiar considerável: Memphis tem uma extensa população negra, Denver tinha muita diversidade étnica, e Elmira era uma tradicional cidade manufatureira com uma predominância de residentes brancos.

As intervenções positivas se provaram muito valiosas. As mães viram uma redução dos índices de fumo e problemas de saúde entre gestantes, além da redução de gravidezes subsequentes pouco espaçadas. Elas também conseguiram mais trabalhos remunerados, dependendo menos de assistências governamentais, e conseguiram uma estabilidade maior em suas relações íntimas. Quanto às crianças, aquelas incluídas no programa se destacaram academicamente em comparação com os colegas que não receberam visitas das enfermeiras, além de desenvolverem habilidades linguísticas e de autocontrole melhores. E o melhor de tudo foi a replicação desses benefícios em trabalhos de acompanhamento nestas e em outras cidades.

Uma solução ainda melhor é testar apenas uma seleção *randomizada* de pessoas. A amostra não deve ser escolhida de modo tendencioso; casos de escolhas tendenciosas deliberadas nos levam de volta ao questionamento moral da falsificação, que de fato ocorre. Dito isso, na maioria das vezes, o viés de seleção resulta simplesmente de um descuido. É por isso que testes randomizados são o padrão de excelência para as pesquisas farmacêuticas.

Em 2008, a Opower, uma plataforma de engajamento com o cliente para empresas de serviços públicos, lançou um programa de conservação de energia que envolvia enviar cartas para os clientes mostrando o seu gasto energético comparado com outras pessoas da mesma comunidade. A ideia era que eles se sentiriam motivados a economizar mais energia ao saber o quanto seus vizinhos economizavam. A Opower executou esse "empurrão" comportamental em 111 testes randomizados controlados envolvendo 8,6 milhões de residências nos Estados Unidos. O brilhante e jovem economista Hunt Allcott se debruçou sobre os dados e encontrou resultados iniciais impressionantes, com grandes economias de energia. Além disso, esses resultados se mantiveram por inúmeras replicações. Seria um sucesso certeiro em escala por todo o país, certo? Errado.

Apesar do primeiro grupo de resultados mostrar que o programa era bem eficaz entre milhões de residências, se ele funcionaria em escala ou não dependeria da amostra real de companhias que participaram do programa original e de suas replicações. Companhias em áreas mais ambientalistas tinham mais chances de estar nesses testes, e seus consumidores eram mais responsivos ao empurrão. Conforme o programa migrava para locais onde as pessoas tendiam a ter valores e prioridades diferentes, no entanto, as cartas deixavam de fazer diferença no quesito economia de energia. A iniciativa obteve um sucesso espetacular nos mercados originais, mas teve muito menos voltagem nos demais. Assim, dar escala nacional ao programa seria um erro imenso, ou pelo menos geraria uma queda de voltagem severa.

A empresa não havia filtrado o "viés de seleção de locais", nem havia previsto seu próprio viés ao ler aos dados de modo incorreto. Falhar em compreender plenamente como diferentes segmentos da sua amostra de população podem divergir do seu público em escala é uma das razões pelas quais erramos os cálculos de representatividade da amostra em relação à população geral. Pude ver esse problema em primeira mão em Chicago Heights. Em média, nossa Parent Academy melhorou os resultados na educação e no desenvolvimento das crianças. Nesse sentido, foi um grande sucesso. Ao mergulhar nos dados, entretanto, descobrimos que isso se aplicava *apenas* a famílias hispânicas, mas não para famílias negras e brancas. A chave era que ter uma unidade familiar de múltiplas gerações importava muito, e dentro de Chicago Heights, na média, as famílias hispânicas eram mais multigeracionais e intactas do que as famílias negras e brancas. Isso significava que, quando a mãe ou o pai não podiam comparecer a uma reunião ou ajudar seus filhos com o dever de casa, uma tia ou um tio, avô ou avó, primo ou prima podia atuar para ajudá-los a não perder o ritmo. Nesse caso, era importante para os propósitos da escala analisar uma amostra randomizada de famílias no estudo original para garantir que compreenderíamos quais tipos de famílias se beneficiavam da intervenção (em vez de seguir a estratégia da Opower e permitir que as pessoas se autosselecionassem para o programa, porque neste caso teríamos uma maioria de famílias hispânicas).

Esses desafios abalaram os fundamentos das ciências sociais, que estão na base de boa parte da nossa compreensão atual da natureza humana. Nos últimos cem anos, psicólogos e cientistas de diversas outras disciplinas (incluindo a economia) conduziram experimentos dos quais extraíram achados supostamente universais sobre a natureza humana — por exemplo, o que motiva as pessoas a se envolverem em atividades cooperativas, os mecanismos internos dos mercados, o motivo de as pessoas discriminarem, e muito mais. Essas descobertas influenciaram tudo, desde a estrutura das instituições de intercâmbio até as leis federais de igualdade salarial. Os dados estavam lá, as replicações estavam lá. O que poderia dar errado? Para falar a verdade, tudo.

Em meados da década de 1990, Joseph Henrich era um excelente doutorando em antropologia. Sua pesquisa o levou a conduzir uma pesquisa de campo com uma comunidade indígena da região amazônica no Peru. Ele decidiu aplicar um experimento de economia comportamental para descobrir se as pessoas daquela comunidade demonstravam as mesmas atitudes em relação à noção de justiça que os cientistas, que a tomavam como um componente básico da cognição humana — isto é, a nossa crença de que pessoas egoístas (neste caso, que falhavam em distribuir dinheiro de modo igualitário em um jogo experimental) merecem ser punidas. Para sua surpresa, os participantes peruanos não responderam desse modo no jogo, optando por *não* punir os jogadores que agiram de forma egoísta. Essa descoberta levantou uma questão que Henrich examinaria ao longo dos 25 anos seguintes: os achados supostamente universais das ciências sociais eram aplicáveis somente àquilo que ele denominou como pessoas "WEIRD" — ou seja, pessoas de sociedades Ocidentais (*Western*), com acesso à Educação (*Educated*), Industrializadas (*Industrialized*), Ricas (*Rich*) e Democráticas (*Democratic*)? Seriam muitas descobertas científicas ocidentais na realidade impossíveis de se escalar pelo mundo?

A resposta, devastadoramente, aparenta ser positiva em muitos casos, uma descoberta que forçou cientistas em inúmeras áreas a questionarem certos fundamentos. A esta altura, você deve estar se perguntando como tantos cientistas podem ter ignorado o impacto aparentemente óbvio (em retrospecto) da cultura sobre o comportamento humano. A resposta se encontra no simples fato de que, historicamente, a vasta maioria dos voluntários em pesquisas provêm de culturas ocidentais. De fato, a maioria dos pesquisadores das ciências sociais nos Estados Unidos buscam participantes para os estudos na própria comunidade de suas universidades — e basta dizer que estudantes universitários norte-americanos (passa a mangueira de cerveja!) não são a amostra mais representativa da espantosa diversidade de seres humanos que povoam nosso planeta.

Esse imenso ponto cego científico sugere que muitas descobertas supostamente incontestáveis podem não ser aplicáveis (ou "escaláveis") em populações que não façam parte do grupo WEIRD. Na minha própria pesquisa de campo, por exemplo, descobri que suposições culturais bastante difundidas nas sociedades ocidentais patriarcais, referentes às mulheres serem intrinsecamente menos agressivas do que os homens, não são aplicáveis a uma sociedade matriarcal na Índia. Sob as condições certas, mulheres são tão competitivas, dominantes e sedentas por poder quanto os homens! Além disso, os homens nessa sociedade se comportam mais como o estereótipo ocidental da mulher.

Em suma, se nós, nas ciências sociais, desejamos criar impacto na maior escala possível, temos muito trabalho a fazer. Devemos conduzir novas pesquisas com amostras mais abrangentes de participantes e em diversas comunidades ao redor do mundo, e devemos conduzir grande parte desse trabalho em "experimentos de campo naturais" — em ambientes onde os participantes estejam executando certas tarefas com naturalidade, e onde não estejam elegendo a si próprios para o experimento. Tal abordagem combina os elementos mais atrativos do método experimental e dados que ocorrem de modo natural. Em muitos casos, precisamos deixar de lado a mentalidade de criar políticas baseadas em evidências e optar por produzir evidências baseadas em políticas.

Os negócios podem — e o fazem cada vez mais — aplicar essa abordagem ao testar suas ideias ou produtos em grupos culturalmente mais diversos, e ao esquecer grupos focais em prol de experimentos conduzidos em "meios naturais". Pense novamente sobre como testamos o Lyft Pink — trata-se simplesmente de um experimento em um meio natural.

A grande lição aqui é uma que você ignora por sua própria conta e risco: ao analisar as respostas iniciais à sua ideia, olhe nas entrelinhas e se assegure de que as pessoas do grupo são representativas da população mais abrangente que você deseja alcançar no final. Para revelar um verdadeiro conhecimento acionável, é importante reconhecer as heterogeneidades em vez de escondê-las. Na verdade, sugiro ir ainda mais fundo: faça tudo o que puder logo de início para revelar e examinar as diferenças escondidas entre as pessoas que você eventualmente espera servir em escala, não apenas porque isso provavelmente trará insights valiosos quanto à escalabilidade da sua ideia, mas também porque é o que vai diferenciá-lo dos competidores. Essas diferenças podem envolver qualquer coisa, desde a localização geográfica (como vimos no caso do Kmart) e a estrutura familiar (como vimos com a Parent Academy) até padrões de comportamento (como vimos nos testes do programa de filiação da Lyft) e atitudes e normas culturais (como papéis de gênero ou o que significa "justiça") — e tudo que se encontra no meio disso.

Se você for o diretor de uma escola de ensino médio e está considerando implementar uma nova intervenção supostamente incrível — digamos, para aumentar o índice de aprovação de estudantes em universidades — investigue se os estudantes em locais com programas já existentes têm características socioeconômicas diferentes dos seus estudantes. Caso você seja um investidor de risco querendo investir em uma empresa promissora, descubra exatamente onde o modelo de negócios está obtendo sucesso e com quem. Em suma, pense no seu público. Então, quando estiver pronto para aumentar a voltagem, procure por pessoas as quais não está atendendo, mas que poderia caso alterasse um pouco o seu modelo.

O que nos leva a uma importante questão: o que devemos fazer se descobrirmos que o nosso atual modelo não ganhará escala além de um certo ponto, mas ainda assim tivermos a ambição de expandir?

Aumentando seu Público

Rafael Ilishayev e Yakir Gola gostavam muito de fumar narguilés.

Como calouros da Universidade Drexel na Filadélfia, em 2013, os amigos de 20 anos gostavam de ficar sentados ao redor de um, conversando e soprando noite adentro — isto é, até o tabaco acabar ou eles ficarem famintos. Então, eles teriam que se arrastar até a loja de conveniência mais próxima e que ainda estivesse aberta, ou pior, encerrar a noite. Esse dilema constante lhes deu uma ideia.

Usando o capital semente de um negócio de mobílias usadas que haviam criado juntos, Rafa e Yakir abriram uma nova empresa com uma premissa simples: *uma loja de conveniência que fazia entregas*. Eles criaram um aplicativo para outros usuários realizarem seus pedidos, e logo estavam trabalhando cem horas por semana, dirigindo pela Filadélfia para entregar todo tipo de coisa, desde tabaco para narguilés até batatinhas fritas, de engradados de cervejas a minhocas de gelatina, de sorvetes a tacos requentáveis. Apropriadamente nomeada de Gopuff, a empresa era uma espécie de Amazon para universitários esfomeados, mas com entregas realizadas dentro de trinta minutos. A partir desse começo humilde, a Gopuff obteve escala em uma velocidade avassaladora. Rafa e Yakir conseguiram investidores-anjo, contrataram uma equipe de funcionários, negociaram vendas de atacado com algumas marcas, contrataram seus próprios motoristas, e usaram as redes sociais para atrair millennials. O empreendimento conseguiu obter escala tão naturalmente pelo fato de eles conhecerem seu público muito bem.

Eles expandiram suas operações para outras cidades, e logo Rafa e Yakir conquistaram uma boa parcela do nicho recente e em rápida evolução que era o delivery de alimentos. Até a publicação deste livro, a Gopuff possuía 7 mil funcionários e atuava em mais de 650 cidades; em 2019, a empresa gerou mais de US$250 milhões em receita e, segundo consta, o conglomerado japonês SoftBank investiu US$750 milhões na empresa. Se os dois fundadores estavam cientes disso no lançamento ou não, a Gopuff foi perfeitamente estruturada para ganhar escala em uma base específica de clientes, e uma que eles conheciam bem: pessoas como eles. Assim como muitas outras grandes ideias, a deles surgiu ao identificarem algo que eles mesmos queriam e que, como se provou, muitas outras pessoas também queriam.

Ainda assim, por mais lucrativa que a Gopuff fosse, Rafa e Yakir perceberam que havia um limite para o seu mercado. A maioria dos adultos não tem o mesmo estilo de vida que os estudantes universitários. Isso significa que havia uma enorme base de clientes em potencial que eles estavam ignorando. Eles já tinham a infraestrutura de distribuição pronta para seguir escalando, mas, para isso, era preciso repensar o que estavam oferecendo — e para quem.

Em 2020, Rafa e Yakir entraram em contato comigo para discutir como expandir a Gopuff para novos mercados. Eu disse a eles que sua expansão tinha o potencial de ir por água abaixo caso não analisassem adequadamente as realidades do seu público-alvo em diferentes demografias (leia-se: mais velhas). Rafa e Yakir decidiram acertadamente que precisariam oferecer uma seleção mais abrangente de produtos para capturar clientes novos e diferentes. Em outras palavras, eles precisavam de diversificação. Para atender a clientes mais velhos, por exemplo, eles precisariam ser uma farmácia de pronta-entrega em vez de apenas uma loja de conveniência. Para atrair famílias novas, eles precisariam oferecer um serviço 24 horas de entrega de fraldas, alimentos para bebês, lenços umedecidos e assim por diante. E para ganhar a atenção desses clientes novos e mais maduros, eles precisariam de uma nova estratégia de marketing. Eles aplicaram todas essas mudanças e, em 2020, veio um empurrão inesperado para o negócio: a pandemia do coronavírus. Na primeira metade de 2020, suas vendas cresceram em 400%.

A Gopuff ganhou escala meteórica não por replicar seu sucesso inicial e oferecer aos mesmos clientes mais do que eles já queriam. Em vez disso, eles expandiram ao oferecer uma seleção mais abrangente de produtos destinados a expandir sua base de clientes. Com essa abordagem, eles expandiram de vez essa base, simplesmente oferecendo opções diferentes para pessoas diferentes.

Restaurantes fast-food fazem isso o tempo todo ao adicionar novos itens aos seus cardápios, o que geralmente funciona melhor do que no caso do Arch Deluxe. Por exemplo, em 2018, a Taco Bell introduziu as Nacho Fries, que logo se tornaram o item mais popular da cadeia de restaurantes com mais de meio século de história. Enquanto as Nacho Fries já eram um produto fixo no cardápio internacional da Taco Bell, sua estreia nos Estados Unidos entusiasmou os clientes habituais, além de atrair novos.

E se a expansão da sua seleção de produtos se provar complicada ou custosa demais para se sustentar em escala? Tente manter o mesmo produto, mas experimentando com formas de torná-lo mais barato ou mais fácil de produzir (por exemplo, procure por outros modelos de produção e distribuição melhores). Você também pode analisar a opção de levar o produto para um mercado potencialmente melhor, onde encontrará mais pessoas que precisam e que podem pagar por ele. Se nenhuma dessas opções funcionar, no entanto, então pode ser a hora de parar ou dinamizar as coisas.

Princípios similares se aplicam em iniciativas sem fins lucrativos e políticas públicas. Quando formei uma parceria com o Sierra Club para ajudá-los a levantar capital, eu já havia aprendido com a minha experiência de campo que os homens eram compelidos a oferecer mais dinheiro quando havia uma equivalência de doações (algo como "se você doar US$100 hoje, vamos combiná-los com os US$100 de um doador anônimo"). As mulheres, por outro lado, não eram movidas por isso. Claro, eu não queria deixar de lado possíveis doadoras, então explorei outras opções, como pequenos presentes para os doadores. De modo semelhante, ao descobrirmos que nossa Parent Academy em Chicago Heights funcionava apenas com famílias hispânicas, não paramos por aí. Começamos a desenvolver programas — "ajuste de produtos", efetivamente — como um programa de pré-escola em tempo integral que acabou não funcionando entre famílias negras e brancas.

Ao aumentar a escala de programas como esses em um mundo tão bagunçado, talvez seja preciso olhar para além de uma abordagem uniformizada. Então, prepare-se para fazer ajustes e garantir que *todos* os grupos sejam atingidos.

* * *

SEJA NO MUNDO dos negócios, da pesquisa científica, da educação ou das políticas públicas, até mesmo as melhores ideias sofrerão perda de voltagem em escala se as necessidades de seu futuro público não forem atendidas de modo apropriado. Mas, como estamos prestes a aprender, as circunstâncias — o terceiro obstáculo dos Cinco Sinais Vitais — também são um ponto extremamente importante.

3

É O CHEF OU SÃO OS INGREDIENTES?

Quando o jovial chef celebridade britânico Jamie Oliver abriu a matriz de seu restaurante Jamie's Italian no Reino Unido, em 2008, parecia que ele tinha a receita perfeita, não apenas para uma comida italiana saudável e deliciosa a um preço razoável, mas também para uma cadeia que tinha o potencial de escalar rapidamente.

A esta altura, Oliver já era conhecido ao redor do mundo. Após ser descoberto por uma equipe de filmagem da BBC em 1997, o telegênico jovem *sous chef* logo ganhou um show próprio, *The Naked Chef*, seguido do livro de receitas best-seller *Jamie Oliver — O chef sem mistérios* ("sem mistérios", aqui, refere-se ao estilo simples que Oliver pregava). Ele valorizava ingredientes frescos e baratos e receitas simples em vez de iguarias raras e técnicas sofisticadas, e mostrava às pessoas que não era necessário um treinamento árduo ou aspirar à grandiosidade culinária para cozinhar uma refeição nutritiva e deliciosa em casa. Essa abordagem teve um grande apelo, conquistando telespectadores de todas as idades e sexos.

Outros programas de televisão e livros de receitas de Jamie Oliver foram lançados, assim como os esforços admiráveis de sua fundação, que buscava reduzir a obesidade e doenças relacionadas à alimentação ao promover a educação culinária e nutricional em escolas britânicas. Ele também criou um programa de treinamento sem fins lucrativos para transformar jovens marginalizados em chefs talentosos, o que não apenas os colocava no caminho de uma carreira promissora, mas também fornecia diversidade à indústria dos restaurantes. Oliver escalou não apenas sua abordagem à culinária, como também um conjunto de valores e uma mensagem de esperança — a de que a alimentação pode ser o caminho para uma mudança positiva na sociedade. Parecia que o único objetivo deste jovem de bochechas rosadas, que havia crescido cortando cebolas e enchendo canecas na cozinha do *pub* de seus pais em uma vila, fora sair em busca de conquistar o mundo altamente competitivo da culinária de restaurantes. E quem diria que ele não conseguiria? A carreira de Oliver até este ponto havia demonstrado que ele era o tipo de pessoa capaz de construir um império e fazer isso parecer ser uma tarefa fácil.

Por essa razão, ninguém ficou surpreso quando o primeiro Jamie's Italian, em Oxford, atraiu multidões de clientes famintos logo na abertura. Ele recebeu uma crítica admirável no *The Guardian*. E mais importante, o restaurante servia comida de alta qualidade a um preço que não esvaziava os bolsos do cidadão comum. Parecia que o toque de Midas de Oliver continuaria a transformar comida em ouro. Todavia, ele tinha um plano ambicioso de expansão para o Jamie's Italian que testaria a sagacidade de seu negócio. Como afirmava a crítica do *The Guardian:* "Se Jamie conseguir replicar esta forma inicial de Oxford, ele logo estará liderando um rebanho premiado de vacas leiteiras à prova de recessão." Em outras palavras, se ele conseguisse dar escala a essa prova inicial de conceito, o Jamie's Italian seria irrefreável. Essa era a ambição de Oliver, mas, como já vimos, dar escala a um negócio muitas vezes revela suas falhas ocultas. Será que o Jamie's Italian conseguiria aumentar a voltagem e atender às expectativas? Ou sofreria uma queda de voltagem?

A nova rede de Oliver obteve tanto sucesso que em alguns anos expandiu para 70 localidades em 27 mercados diferentes, muitos destes no exterior. Foi impressionante ele ter conseguido expandir o empreendimento tão rapidamente porque, como regra geral, o toque especial do chef na cozinha não é escalável. O toque único de uma pessoa em qualquer habilidade especializada não é algo que possa ser produzido em larga escala, e por um motivo muito simples: essa pessoa não pode ser clonada. Para colocar em termos econômicos clássicos, a oferta (de um talento culinário único) é limitada, não importa quão alta seja a demanda, o que faz do escalamento uma aposta perdida nesses casos, a não ser que o chef seja capaz de passar seu toque mágico para seus discípulos ou funcionários — algo muito difícil de se fazer. Isso explica por que pouquíssimos restaurantes requintados abrem em mais de uma localidade, ou, se abrem, sua qualidade tende a cair e, em pouco tempo, o número de consumidores. O talento humano é difícil, se não impossível, de se escalar. A indústria de restaurantes aprendeu essa lição do modo mais difícil, e é por isso que muitos dos melhores chefs do mundo são sábios ao medir o sucesso de seus empreendimentos com base na reputação e na qualidade, em vez da escalabilidade.

O inigualável El Bulli, do chef Ferran Adrià, na Espanha, é o epítome desse tipo de sucesso; esse experimento audacioso de gastronomia molecular se baseou unicamente em sua perícia e talentos únicos. O processo criativo de Adrià era tão intenso que por muitos anos ele fechava o restaurante por até seis meses para inventar novos pratos inovadores. Não exatamente uma abordagem eficiente, mas ele sabia das suas próprias limitações e as utilizava a seu favor. Nos últimos anos antes de o restaurante fechar as portas (por livre escolha), relata-se que, anualmente, 1 milhão de pessoas tentaram fazer reservas no El Bulli para seus apenas 8 mil lugares (mostrando como a raridade e a exclusividade vendem). Adrià estava bem ciente de que se tivesse tentando dar escala ao seu cardápio inovador — com seu pioneiro aquafaba de feijão branco e suas azeitonas líquidas desconstruídas — em cozinhas sem a sua supervisão, ele quase certamente teria testemunhado uma queda de voltagem e de qualidade significativas. Em outras palavras, ele entendia que, como o chef, ele mesmo era o ingrediente secreto para o sucesso do El Bulli.

Como, então, Oliver superou esse obstáculo e conseguiu dar escala ao que não era escalável?

Para começar, a fórmula do Jamie's Italian ganhou escala tão bem desde o princípio porque o nome e o rosto de Oliver serviam como a marca que atraía as pessoas. A fama e o reconhecimento da marca são extremamente passíveis de ganhar escala se as pessoas gostam e confiam em você, e Oliver não era apenas uma celebridade, mas um chef celebridade que havia conquistado sua credibilidade. No entanto, somente isso não garantiria que a rede conseguiria obter sucesso em escala. Incontáveis restaurantes de chefs celebridades — e também de simples celebridades — falharam antes mesmo de ganhar escala. O que mantinha os clientes voltando e novos clientes chegando ao Jamie's Italian era que, assim como seus livros de receitas, os pratos se baseavam em ingredientes frescos preparados de modo simples, em vez de ingredientes extravagantes ou de uma visão criativa laboriosa. De modo simples, Oliver não era um chef do mesmo tipo que Ferran Adrià. Seu brilhantismo na cozinha não vinha de um estilo inovador ou técnico; vinha de sua abordagem acessível. Isso significava que outros chefs poderiam replicar suas receitas com facilidade ao mesmo tempo que mantinham os preços base que sustentavam a alta demanda. Deste modo, ele contornou o impasse que tornava a maioria dos grandes chefs não escaláveis. Enquanto o ingrediente secreto de Ferran Adrià era ele mesmo, o ingrediente secreto de Oliver *eram, de fato,* os seus ingredientes. E diferentemente de humanos com talentos especiais, os ingredientes são notavelmente escaláveis.

Ainda assim, uma expansão em larga escala tão rápida uma hora cobraria seu preço de Oliver. O que ele não compreendeu era que havia outros ingredientes menos visíveis, porém tão essenciais para o sucesso das receitas do seu império que, se saíssem da equação, toda a rede desmoronaria. E foi exatamente o que aconteceu.

O primeiro era o diretor-geral Simon Blagden. Um executivo experiente, Blagden cuidava das operações de negócios do Jamie's Italian desde o início da rede e estava estranhamente adaptado a saber onde, quando e como abrir novas localidades. Era uma habilidade única e difícil de escalar, que envolvia aproveitar seus anos de experiência na indústria dos restaurantes para determinar com exatidão a escolha de parceiros para a franquia — idealmente, parceiros de negócios cujos valores se alinhassem com os de Oliver e que dariam prioridade a fontes de ingredientes orgânicos de qualidade e manteriam a alta qualidade dos alimentos, mesmo que isso significasse lucros menores. Blagden também era responsável pela cultura positiva da empresa, que mantinha um índice elevado de retenção de funcionários na cozinha — tarefa complicada em uma indústria cuja norma é a da rotatividade frequente. Os instintos de negócios de Blagden foram se aprimorando com o tempo, principalmente em relação a contratar e trabalhar com as pessoas certas. Ele era indispensável para o empreendimento de Oliver conforme este começava a ganhar escala.

E havia também o próprio Oliver. Mesmo com o crescimento da franquia, ele tentava se manter presente ao máximo para supervisionar as operações. Seu espírito e missão faziam parte da sua marca culinária, e essa parte sua era escalável. Apesar de Oliver não ser a pessoa cozinhando as refeições servidas sob o seu nome ao redor do mundo, seu impacto em cada um de seus restaurantes podia ser sentido. Infelizmente, Oliver subestimou sua própria importância para a rede.

As coisas começaram a desandar em 2017, quando Blagden e outros dois altos executivos deixaram o Jamie's Italian. Ao substituí-los, Oliver cometeu o erro de elevar alguém novo na empresa, alguém que era lamentavelmente não qualificado para manter a rede de restaurantes funcionando adequadamente em escala: seu cunhado, Paul Hunt. Um ex-acionista, Hunt havia sido multado por uso de informações privilegiadas em 1999, o que indicava que ele não era a melhor escolha para a cultura orientada por valores do Jamie's Italian. Ainda mais importante, Hunt não possuía os anos de experiência na indústria de restaurantes que o trabalho exigia. Hunt era bom para cortar as extensões endividadas do império comercial de Oliver e aquelas que estavam perdendo dinheiro, mas faltava-lhe o toque mágico de Blagden quando se tratava da tarefa crucial de selecionar novas localidades e parceiros para expansão. Como o futuro CEO do Jamie's Italian diria em um *post-mortem* público: "Estávamos abrindo restaurantes demais, rápido demais, e nos lugares errados." Hunt também não era bom em reter funcionários, o que fazia dele alguém despreparado para manter a cultura empresarial positiva em escala de outrora. Ex-funcionários de Oliver mais tarde o descreveriam como uma pessoa violenta e sexista, o que despedaçou o moral da empresa. (Para constar, Oliver defendeu o cunhado publicamente e buscou diminuir sua responsabilidade.)

Para piorar as coisas, àquela altura Oliver estava sobrecarregado e tinha pouco tempo para se dedicar ao Jamie's Italian. Sua ausência, combinada com as limitações de Hunt, resultou em um vácuo na liderança que impediu a empresa de se adaptar de forma ágil às mudanças de mercado acarretadas pela alavancada dos aplicativos de entrega. Este é um lembrete útil de que ser bem-sucedido em escala não se trata apenas de manter produtividade, distribuição e demanda. Também se trata de ser ágil o suficiente para se adaptar às mudanças de cenário. E se as pessoas-chave estiverem muito escassas — lembre-se, humanos não ganham escala! —, um empreendimento pode acabar se tornando moroso.

No entanto, o pior que pode acontecer a qualquer restaurante — pior até do que perder espaço para competidores — aconteceu com o Jamie's Italian: a qualidade da comida caiu. Críticas abomináveis se amontoaram na internet ("Comida e serviços horríveis", escreveu um cliente no TripAdvisor, ecoando os sentimentos de muitos outros) e na imprensa. Quando a influente crítica do *Sunday Times* reclamou do Jamie's Italian, descrevendo que a experiência a fez querer gritar e quebrar tudo, Jamie Oliver provavelmente sentiu algo parecido. No começo de 2019, a rede estava no vermelho por US$100 milhões, forçando Oliver a fechar 25 restaurantes no Reino Unido e dispensar cerca de mil funcionários. Em 2020, Oliver não teve escolha, e precisou fechar mais localidades, até mesmo em Taiwan e Hong Kong.

Por alguns anos, Oliver conquistou o que poucos chefs conseguem: sucesso em escala. Mas ao final, os ganhos de voltagem se provaram insustentáveis, e o empreendimento por fim falhou.

Negociáveis versus Não Negociáveis

O colapso do Jamie's Italian não se deu devido a um falso positivo (o paladar não mente) ou devido à ignorância da empresa quanto à sua clientela (tanto as opções do cardápio quanto os preços foram definidos para atrair clientes de classe média). Pelo contrário, isso ocorreu porque Oliver não parecia compreender as razões para sua ascendência rápida, para começo de conversa. Ele não valorizou as condições relevantes que o levaram ao sucesso em escala — e que *precisavam se manter* para sustentar a alta voltagem.

No Capítulo 2, vimos que a perda de voltagem pode resultar de se julgar erroneamente o grau em que o público ou os clientes representam a população geral. Mas qualquer pessoa desejando dar escala a uma ideia ou empreendimento também deve levar em consideração a *representatividade da situação*, ou as circunstâncias necessárias para a escala. As condições situacionais do Jamie's Italian em escala eram semelhantes àquelas presentes no início da franquia? A resposta é sim... até que certos fatores indispensáveis mudaram.

Em qualquer ideia ou empreendimento — não apenas redes de restaurantes — para sustentar uma escala, é preciso saber o que gera um alto desempenho e fazer de tudo para mantê-lo. Para conseguir isso é preciso, antes de qualquer coisa, determinar se o seu molho secreto é o "chef" ou os "ingredientes". Em outras palavras, o seu sucesso em pequena escala se baseia em grande parte nas pessoas indispensáveis à sua ideia ou produto — digamos, um engenheiro que construiu a plataforma para o seu negócio, ou o representante de uma celebridade que angaria fundos para seus empreendimentos sem fins lucrativos — ou na ideia e no produto em si? Caso envolva pessoas, a peça-chave é entender se os responsáveis pela implementação da ideia serão leais aos seus ingredientes (isso é chamado de "vontade política" nos ciclos políticos). Saber disso não configura metade da batalha — é a batalha inteira.

Se a sua resposta for o "chef" (ou seja, as pessoas), provavelmente haverá um limite para o quanto você consegue crescer, já que, como vimos, pessoas com habilidades únicas são inerentemente não escaláveis. No entanto, isso não quer dizer que você não possa ser lucrativo, contanto que reconheça suas limitações de escala desde o início. List Trucking é um dos inúmeros exemplos. Meu avô deu início ao negócio da família, e era um esquema de um homem só: um homem, um caminhão, um salário bom. Meu pai assumiu e expandiu um pouco, mas ainda tinha apenas alguns caminhões e liderava tudo sozinho. Então meu irmão assumiu, e mesmo agora, é apenas ele e mais um funcionário. Meu avô, pai e irmão são grandes homens e trabalhadores ferrenhos. Mas adivinhe só? Eles não ganharam escala, porque estão no negócio do chef em vez dos ingredientes. Claro, há transportadoras que ganharam escala com centenas, e até milhares, de caminhões e funcionários, mas para muitas empresas pequenas o toque personalizado é a chave, ainda que não seja escalável. E tudo bem. Esses homens da minha família aceitaram o fato de que vão liderar uma empresa pequena a vida inteira, e têm sido felizes e bem-sucedidos com isso.

O ponto é simples: você precisa saber se sua ideia é do tipo familiar ou do tipo Uber. Se a sua depende de uma combinação de chef *e* ingredientes, como o Jamie's Italian, você precisa determinar a importância relativa de cada um. Quando se trata de ingredientes, você deve saber diferenciar *negociáveis* de *não negociáveis*, e então descobrir se seus ingredientes não negociáveis — aqueles sem os quais seu empreendimento não pode sobreviver — são, de fato, escaláveis.

Considere a editora da versão original deste livro, a Currency, que é um selo da Penguin Random House. Sua rede de distribuição é o ingrediente-chave do negócio, e é escalável, porque há sistemas e infraestrutura organizados de tal forma que se duzentas livrarias abrissem no país, a editora teria condições de enviar livros para todas elas na virada da noite. Mas outro ingrediente-chave é o conteúdo de qualidade, que não ganha escala porque há um número limitado de boas ideias e bons escritores no mundo (assim como há um número limitado de chefs de alto nível). Portanto, se pretendem obter mais escala, eles primeiro precisam identificar quais desses ingredientes-chave têm potencial de escala ou não. Neste caso, se eles fossem dobrar de tamanho, não poderiam manter a fidelidade ao conteúdo, mas sim à distribuição.

Se você desacelerar um pouco e observar ao redor, verá que a ideia de negociáveis e não negociáveis está por toda parte. Ao desmantelar os componentes de um carro, é bem fácil ver o que é negociável e o que não é. Para um veículo servir seu propósito, quatro pneus e um motor são não negociáveis, enquanto um sistema de navegação de última geração e telas de televisão nos bancos dos passageiros não são. Na economia, a prática de avaliar tais partes componentes é conhecida como *hedonismo*. Executar análises hedônicas semelhantes de sua ideia é uma característica central na ciência da escala.

Não negociáveis têm um valor infinito, já que seu empreendimento não pode funcionar em escala sem eles. Os negociáveis, no entanto, possuem valor finito. O aumento de escala só pode obter sucesso quando os não negociáveis permanecem em vigor. Em geral, um empreendimento em crescimento começará a perder voltagem ao chegar ao ponto em que os ingredientes não negociáveis deixam de ganhar escala.

Mantendo a Fé

Como os exemplos anteriores mostram, para obter uma voltagem alta conforme se cresce é preciso manter *fidelidade* às suas fontes de sucesso não negociáveis e escaláveis. No caso do Airbnb, por exemplo, seus fatores não negociáveis ao começar eram sua plataforma digital e rede de hospedeiros, e a empresa foi capaz de manter esses elementos em escala (o que por sua vez não os impediu de experimentar lançar outros empreendimentos em escala). Conforme você cresce, também pode estabelecer novos não negociáveis, seja substituindo ou adicionando outros. Veja a Netflix. Nos anos iniciais, os ingredientes não negociáveis incluíam a infraestrutura de distribuição necessária para operar seu serviço de DVD por entrega. Hoje, essa infraestrutura se mantém relevante, mas já é negociável, enquanto novos não negociáveis incluem sua seleção de conteúdos de streaming e a plataforma online pela qual transmite seus conteúdos.

Manter-se fiel aos seus não negociáveis, no entanto, às vezes apresenta dificuldades conforme se ganha escala. Um dos maiores exemplos desse problema é o desafio de longa data de praticantes de medicina para conseguir fazer com que seus pacientes tomem os medicamentos regularmente — o que é conhecido como compliance médico (ou "aderência"). As medicações prescritas representam um não negociável para a prática eficaz da medicina. Os pacientes precisam disso para se curar. Aquele eczema fúngico não vai desaparecer se você não aplicar a pomada, e sua infecção na garganta não vai sarar sem antibióticos. É natural que um paciente que não tomar o medicamento de modo consistente, tal como prescrito (com a exceção de medicamentos experimentais sem eficácia comprovada ou drogas com alto risco de efeitos colaterais por interação ou intolerância medicamentosa), não receberá os benefícios necessários.

Ainda assim, o descumprimento de tratamentos assombra profissionais de medicina ao redor do mundo. Com efeito, os médicos têm procurado entender o fenômeno há mais de um século. Não se pode dar escala aos conhecimentos e avanços médicos se os pacientes que deveriam receber os benefícios não os administram de modo apropriado. Desta forma, pacientes teimosos configuram um obstáculo consistente para a escala.

A falta de compliance também pode se tornar um obstáculo significativo para escalar políticas e bens públicos. Pense da seguinte forma: a comunidade não se beneficia da construção de um parque novo se ninguém for utilizá-lo. De modo similar, há zero benefícios em um programa de treinamento para retorno ao mercado de trabalho no qual ninguém se inscreve. Esses exemplos podem parecer inconsequentes, mas imagine quinhentos parques que ninguém usa ou quinhentos programas de treinamento de retorno ao mercado de trabalho sem inscrições. Eles representam falhas enormes em escala.

Compliance — outro modo de dizer "uso" — é um ingrediente não negociável para praticamente qualquer política, programa ou empreendimento em escala. Assim como grupos focais precisam estar atentos para evitar deturpar como seria uma determinada população futura em escala, os planejadores de estudos-piloto devem prestar atenção às quedas em níveis de compliance devido a um lançamento extenso. Essa armadilha oculta também se estende ao mundo dos negócios.

Há uma razão para haver tantas pesquisas sobre compliance no mundo da medicina. Claro, a área da medicina se importa com o bem-estar dos pacientes, mas devido à imensa sede de lucro por parte das grandes farmacêuticas, essas empresas possuem um forte interesse em incentivar o uso de seus medicamentos. Não é surpresa que muitos estudos da área sejam financiados pela Big Pharma. Companhias de seguros claramente também são motivadas por lucros: elas querem que você tome remédios e fique saudável para ter menos reclamações! O mesmo se aplica para seguros de vida: quanto mais tempo você viver, pagamentos cada vez mais caros serão revertidos para a empresa, e mais eles poderão atrasar o pagamento da cobertura final.

Qualquer negócio pautado em pagamentos e consumo recorrentes se depara com a problemática do compliance — que, para ganhar escala, você não apenas precisa que as pessoas venham até aquilo que elaborou, mas que elas usem e recebam benefícios o suficiente para usarem de novo, e de novo. O mercado Trader Joe's não pode deixá-lo viciado em um de seus molhos se você não provar e gostar antes. (O mesmo se aplica a produtos fisicamente viciantes, como cigarros.) De modo similar, se você não aparece no primeiro dia do programa de treinamento de retorno ao mercado de trabalho para achá-lo útil, é provável que você não dê continuidade; e se você não tomar o medicamento por alguns dias, mas ainda assim começar a se sentir melhor, é menos provável que termine o ciclo completo do tratamento. Portanto, para uma ideia ou produto obter sucesso em escala, não basta apenas encontrar o seu público; você precisa garantir que seu público se engaje da forma desejada com o que você tem a oferecer. Isso não é negociável.

Naturalmente, a questão de por que as pessoas não tomam os medicamentos que lhes trazem benefícios é mais chocante e psicologicamente complexa do que por que as pessoas não compram ou usam o molho do Trader Joe's. A diferença é que, com a maioria dos medicamentos, o custo é imediato, enquanto o benefício — sentir-se melhor — vem no futuro. Mas com o molho do Trader Joe's, você experimenta o benefício do sabor no momento em que ingere o produto. Já que nós, humanos, tendemos a ter o viés do presente (valorizamos mais coisas imediatas), não é fácil convencer as pessoas a tomarem um medicamento de modo consistente, se os benefícios não surgirem em questão de semanas ou meses. No final, o desafio é idêntico, porque em ambos os casos (e todos que se encontram entre) o sucesso se resume a conseguir os incentivos certos. Com o currículo educacional do Chicago Heights Early Childhood Education Center, pude presenciar em primeira mão o que acontece ao se falhar nisso.

No terceiro ano do nosso experimento no CHECC, havíamos planejado um programa que trouxe conquistas impressionantes para as crianças. O currículo em si tinha dois pilares não negociáveis: um tempo de instrução explícito focado em desenvolver habilidades tanto cognitivas quanto não cognitivas, e a participação direcionada dos pais. Nós sabíamos que se tratava de um desafio duplo: conseguir a inscrição dos pais na Parent Academy e o cumprimento dos seus protocolos, já que uma variedade de circunstâncias da vida dificultava o envolvimento desejado de muitos pais da comunidade. Assim, decidimos oferecer incentivos financeiros para garantir sua participação.

Enquanto alguns de nós podem ter noções românticas de como o dinheiro não deveria ser necessário para motivar os pais a se envolverem mais na educação escolar de seus filhos, minha pesquisa havia demonstrado que incentivos financeiros como esse eram um empurrão comportamental poderoso, especialmente em comunidades marginalizadas nas quais os pais estão muitas vezes sobrecarregados e têm dificuldades para atender às necessidades básicas da família. Em Chicago Heights, os pagamentos eram essenciais e sabíamos disso. Mas não sabíamos exatamente quão essenciais seriam até um distrito escolar em Londres entrar em contato conosco para dizer que haviam lido a respeito do nosso sucesso com o currículo do CHECC e que gostariam de implementá-lo.

Enquanto eu e meus colegas Robert Metcalfe e Sally Sadoff ajudávamos autoridades de escolas em Londres a prepararem o currículo, descobrimos um porém: o distrito escolar tinha uma política que proibia oferecer incentivos financeiros aos pais pelo envolvimento na educação de seus filhos. Os administradores tinham suas próprias razões para instituir essa política, as quais faziam sentido para mim. Mas isso não mudava o fato de que o pagamento às famílias era um fator não negociável para dar escala ao nosso programa. Nós explicamos isso aos responsáveis, mas eles insistiram em implementar o currículo de Chicago Heights de qualquer maneira.

Como eu temia, os pais estavam relutantes em se inscrever — sobretudo porque não poderiam despender o tempo necessário — e aqueles que se inscreveram apresentaram uma frequência ainda pior do que aquela observada entre os estudantes mais indisciplinados nos distritos escolares de menor rendimento acadêmico nos Estados Unidos. Não foi surpresa que seus filhos não se beneficiaram do currículo. Como poderiam? Eles nunca receberam o componente não negociável do programa. Isso seria semelhante a não tomar sua medicação no auge de uma reação alérgica, mas ainda assim esperar que suas alergias melhorem.

O ponto aqui é que você não tem controle total sobre como as pessoas se envolverão com sua ideia ou empreendimento durante a expansão. Você pode, às vezes, incentivar as pessoas a consentirem com os componentes não negociáveis, mas não pode forçá-las. Às vezes, essa falha em atender aos requisitos é dramática, como no caso de Londres, onde remover os incentivos financeiros dos pais era como remover as rodas de um carro — um erro hedônico fatal.

Em outros casos, a falta de fidelidade aos componentes não negociáveis é mais sutil ou amena. Isso leva a um *program drift* (também chamado de *mission drift*), que é bem diferente da não conformidade, no sentido de que a falta de fidelidade se origina do comportamento dos implementadores da ideia em vez do comportamento de seus usuários. Com o *program drift*, os componentes não negociáveis não são cumpridos em escala, seja pelas limitações organizacionais que não estavam presentes em pequena escala ou porque os implementadores não queriam ou podiam replicar o programa de modo fiel. Isso causa o surgimento de um programa completamente diferente em escala. O *program drift* é semelhante a uma rede de restaurantes que coloca um prato de lagosta no cardápio em suas primeiras localidades e que segue oferecendo o item em novas localidades ao redor do país — só que, em vez de lagosta, o prato é feito com caranguejo. Em um exemplo um pouco mais relevante de *program drift*, podemos olhar para o programa Head Start do governo dos Estados Unidos.

O Head Start foi lançado em 1965 como parte da Great Society de Lyndon B. Johnson, uma grande iniciativa social que incluía legislações para a Guerra à Pobreza. Componente-chave do programa, o Head Start buscava mitigar uma gama de adversidades enfrentadas por comunidades de baixa renda, desde a educação na primeira infância até a saúde e a nutrição. Trinta anos depois, um programa novo e mais focado surgiu sob a égide do Head Start. O Early Head Start havia crescido a partir de um avanço recente nos entendimentos científicos a respeito do desenvolvimento infantil — mais precisamente, o desenvolvimento que ocorre entre o nascimento e os 3 anos de idade. Como resultado, seus programas foram estruturados para as necessidades específicas de bebês e crianças pequenas, e focava promover o seu desenvolvimento físico, cognitivo, social e emocional por meio de cuidados seguros e enriquecedores. Desde então, ele cresceu a ponto de chegar a ser uma das maiores intervenções para a primeira infância financiadas por um governo federal no mundo inteiro. Começando com 68 programas em 1995, já se expandiu para 1.200 programas; em 2019, mais de 3 milhões de crianças e famílias já haviam participado do Early Head Start.

Seguindo o modelo já estabelecido do Head Start, o Early Head Start focava oferecer apoio para os pais tomarem um papel mais ativo na educação de seus filhos. Uma das peças-chave (leia-se: não negociáveis) do Early Head Start é o seu serviço de visita domiciliar. Duas vezes por mês, um funcionário visita cada família por cerca de 1h30 para ajudar os pais a encontrarem meios para estimular o desenvolvimento da criança. Nos anos após o lançamento do Early Head Start, esse programa de visitas domiciliares rendeu ganhos significativos no preparo escolar e reforçou as práticas parentais. Uma vitória completa — pelo menos quando executada em pequena escala. No entanto, quando o programa ganhou escala, experienciou quedas de voltagem consideráveis, especialmente no caso de visitas domiciliares a famílias em risco. Após uma análise mais detalhada, descobriu-se que havia uma variação significativa na qualidade das visitas domiciliares ao redor do país. Mais pessoas atendidas em escala significava mais oportunidades para quedas de qualidade.

O problema era que, quanto mais famílias em risco os funcionários do Head Start visitavam, mais eles encontravam pais que enfrentavam mais distrações do que um pai típico tem que lidar. Compreensível dizer que esses pais tinham muito menos tempo para se dedicar à educação dos seus filhos; eles estavam muito ocupados colocando comida na mesa e garantido que as contas fossem pagas. Basicamente, a própria vida estava no caminho. Como resultado, as visitas domiciliares se "afastaram" do método e da missão do Early Head Start. Não se tratava mais do Early Head Start tal como fora originalmente planejado e testado. O programa havia se transformado em algo que soava o mesmo, mas que na verdade era bem diferente e muito menos eficaz.

Os serviços de visitas domiciliares pararam de manter a fidelidade com seus componentes não negociáveis em escala, porque o Early Head Start não havia compreendido bem esses não negociáveis — os pais terem o tempo e o foco para se envolverem no aprendizado dos filhos — para começo de conversa. A consequência foi uma queda na participação, o que apenas isolou ainda mais muitas crianças de serviços que poderiam ter beneficiado seu desenvolvimento e seu futuro.

Em programas nos quais a pesquisa acadêmica se cruza com financiamento governamental/filantrópico e a implementação sem fins lucrativos, o *program drift* é bem comum. Normalmente, isso ocorre porque o financiamento provém de diversas fontes, cada uma com suas próprias prioridades e agendas — por exemplo, uma fundação cujos doadores querem pontuações de teste mais altas por parte de todos, um distrito escolar que exige que nenhuma criança seja deixada para trás, e pesquisadores universitários que querem resultados publicáveis. Cada uma dessas partes pode impor demandas que enfraquecem os componentes não negociáveis. Quedas de voltagem em tais situações são particularmente ardilosas porque avaliar apropriadamente programas que ganham escala no sistema público leva muito tempo, e isso permite que as falhas não sejam detectadas por anos a fio. Assim, uma grande quantidade de dinheiro e de recursos humanos é desperdiçada antes de os problemas serem devidamente identificados, compreendidos e retificados.

O conceito de drift não é exclusivo do mundo lento das intervenções políticas e pesquisas acadêmicas. Ele também atormenta os negócios, especialmente quando a qualidade do produto não consegue manter os padrões de satisfação do consumidor. No Jamie's Italian, por exemplo, a combinação de má gestão e recursos sobrecarregados causou uma queda na qualidade da comida — algo que o autor Paul Midler chama de *quality fade* [algo como uma "queda lenta de qualidade"]. Curiosamente, o lugar onde o *mission drift* tem atraído maior escrutínio é na interseção entre empreendimentos sem fins lucrativos e com fins lucrativos.

Nas últimas décadas, os negócios têm se reorientado cada vez mais para incluir o impacto social em suas prioridades estratégicas, enquanto muitas entidades sem fins lucrativos têm desenvolvido simultaneamente extensões com fins lucrativos para sustentar suas operações. Na prática, isso significa que agora vemos empresas de capital de risco tentando não apenas obter quantias absurdas de dinheiro, mas também melhorar o mundo ao fazê-lo; ao mesmo tempo, vemos grupos sem fins lucrativos que tentam manter seus programas por intermédio de negócios com fins lucrativos — por exemplo, a American Association for Retired Persons (AARP) financia suas atividades com um negócio de seguros que gera US$1 bilhão anualmente. Pesquisadores descobriram que em empreendimentos sociais e comerciais, essa característica dual de "servir a dois mestres" geralmente leva a um *mission drift*. Quando gerar lucro *e* bem-estar social é algo não negociável, os recursos costumam ser escassos demais para prover o apoio necessário para cada um.

Como, então, uma organização pode combater a não conformidade e o drift? Lidar com os incentivos econômicos e psicológicos em cada um é um lugar pertinente para começar. Para um compliance melhor, precisamos encontrar meios para tornar os benefícios mais imediatos e visíveis, enquanto tentamos reduzir o custo de compliance. Para o drift, descobrimos que ter pessoas com interesse pessoal em manter a fidelidade de uma ideia — digamos, o fundador da empresa ou o cientista que originalmente descobriu uma inovação médica — no time de implementação minimiza o *program drift*. Fora isso, se os implementadores entenderem os *porquês* da missão, eles serão muito mais fiéis a ela.

No mundo dos negócios do século XXI, no entanto, a perda de fidelidade a componentes não negociáveis, que leva a uma queda de voltagem maior em escala, costuma não ter relação com o drift. Em vez disso, ela costuma resultar da introdução de um novo ingrediente incrível, que parece ganhar escala magnificamente: uma nova tecnologia inovadora.

Tecnologias Smart, Pessoas Ignorantes

A maioria das tecnologias digitais são inerentemente escaláveis. Sequências de código são replicáveis de modo infinito e instantâneo, e as pessoas vão se "conformar" com o seu produto porque é precisamente aquilo pelo que pagaram uma boa quantia. Portanto, se uma nova tecnologia é a fundação de seu empreendimento, você deve achar que seus componentes não negociáveis estão seguros em escala, já que cada cópia é idêntica.

Vamos com calma.

Lembre-se da plataforma de gerenciamento Opower, do Capítulo 2. Em 2010, dois anos após o lançamento de sua iniciativa para economizar energia, a empresa tinha um novo conjunto de dados que meu brilhante estudante de pós-doutorado Rob Metcalfe se ofereceu para analisar para eles com a ajuda do nosso time. Trabalhando com a Honeywell, a Opower havia criado recentemente o que chamavam de um termostato smart inovador. Para conservar energia, o aparelho podia executar funções como mudar a temperatura de residências cujos ocupantes estivessem no trabalho ou dormindo e reduzir os custos ao adquirir mais energia durante horários fora de pico e menos durante os horários de pico. O aparelho também podia se conectar a um aplicativo para os consumidores poderem ajustar o termostato a partir de qualquer ponto da residência, contanto que estivessem com o celular em mãos.

Ele tinha todas as marcas de um produto de sucesso. Após o termostato passar em todos os testes de engenharia e obter uma performance excepcional como protótipo, a Opower o distribuiu amplamente em áreas centrais da Califórnia. Inexplicavelmente, as previstas economias de energia nunca se materializaram. Foi então que o nosso time (Chris Clapp, Rob Metcalfe, Michael Price e eu) se envolveu para descobrir o porquê.

Olhando os dados de quase 200 mil residências, determinamos que a explicação para a queda de voltagem era simples: a adoção nem sempre se iguala à compliance. Claro, o termostato smart havia sido instalado nas residências dos consumidores e o aplicativo em seus celulares, mas isso não significa que os clientes estivessem utilizando-o da maneira apropriada. As configurações padrão de fato geravam aumentos na economia, mas na prática os consumidores gradualmente alteravam as configurações e voltavam aos seus padrões de uso habituais, o que afetou as vantagens prometidas.

O problema era que os engenheiros não haviam feito um modelo factível do comportamento humano. Em essência, os ganhos de economia prometidos assumiam um consumidor "perfeito", que utilizava a tecnologia da melhor maneira possível. A realidade, no entanto, era que seus clientes eram humanos, e humanos são impulsivos, suscetíveis a erros, orientados por heurística; eles têm uma tendência a buscar gratificações de curto prazo, e nem sempre são bons em entender ou seguir instruções. Talvez os consumidores não quisessem que seus cães ficassem presos em uma casa congelante quando estivessem no trabalho, ou quem sabe eles gostassem de encontrar suas casas já aquecidas, em vez de ainda se aquecendo. A incompetência, ociosidade e desperdício humanos não devem ser subestimados, especialmente em escala! Os engenheiros deveriam ter construído e testado o termostato com essas tendências em mente. Sem uma testagem apropriada do produto por clientes reais, seria impossível adivinhar a infinidade de modos pelos quais os clientes utilizariam a inovação incorretamente e acabariam com quaisquer ganhos pretendidos.

Em suma, eles podem ter construído um termostato smart, mas os humanos que o utilizaram certamente não eram tão inteligentes assim. Na verdade, o problema da Opower não foi tão diferente de pacientes que não tomam as medicações prescritas, já que ambas, as pílulas e as inovações tecnológicas, são ingredientes perfeitamente escaláveis na teoria, mas apenas se houver o devido compliance. Desde então, meu time desenvolveu um trabalho de campo para mostrar como incentivar um maior engajamento dos consumidores para com o termostato smart, e os resultados iniciais são promissores.

Claro, olhando em retrospecto com uma compreensão perfeita, a melhor escolha para a Opower teria sido evitar um desempenho decepcionante ao antecipar e resolver os desafios de compliance durante a fase de desenvolvimento do aparelho. Isso requer tanto imaginação quanto testagem beta com pessoas que não sejam engenheiros proficientes em tecnologia. Empresas de tecnologia de alto padrão, como a Apple, costumam fazer isso. Seguindo o legado de Steve Jobs, a Apple possui um programa beta que permite aos usuários testarem os softwares ainda não lançados para identificar possíveis erros. Usuários registrados recebem um acesso antecipado ao novo software que a Apple está prestes a lançar e podem enviar seus feedbacks.

Ao contrário de inovações como o termostato smart, que possui uma curva de aprendizado mais abrupta, as tecnologias intuitivas geralmente são muito mais fáceis de escalar logo após o lançamento. Veja o Instagram, por exemplo. É extremamente simples de usar. Você pode tirar uma foto e postá-la, e então os outros podem vê-la. Não precisa de instruções, e mesmo as pessoas que não postam fotos podem usar o aplicativo como voyeurs. A simplicidade e facilidade de uso são componentes não negociáveis do Instagram, e o aplicativo funciona igualmente bem com seus mais de 1 bilhão de usuários ao redor do mundo, que o acessam hoje do mesmo modo que os primeiros cem usuários.

Um último exemplo de uma tecnologia recente que ganhou escala excepcionalmente bem vem, não de um negócio, mas do ativismo social. Nos dias após o assassinato de George Floyd pelo policial Derek Chauvin, de Minneapolis, em maio de 2020, antes que qualquer pessoa fosse responsabilizada pelo crime, o Grassroots Law Project[1] organizou uma onda de chamadas em busca de justiça, inundando as linhas telefônicas e caixas postais de oficiais públicos em Minnesota. Tudo o que os voluntários precisavam fazer era ligar para o número oferecido pelo Grassroots Law Project, que tocava uma mensagem ensinando-os sobre o que dizer e então os transferia para o gabinete de um oficial público. Depois de falarem com alguém ou deixarem uma mensagem, os voluntários só precisavam pressionar o botão de asterisco e seriam redirecionados para o próximo gabinete. Os voluntários apertaram o botão de asterisco novamente, e novamente, e deixaram mensagem após mensagem, de forma a garantir que suas vozes fossem ouvidas. Grandes atos inovadores como este aumentam a eficácia da resolução de necessidades já existentes. Em questão de dias, Derek Chauvin foi preso e processado, com os outros policiais envolvidos sendo presos dias depois. Dos muitos fatores envolvidos nessa vitória da justiça, a tecnologia dos telefonemas automáticos certamente se encontra entre eles, e continuará a ser uma ferramenta valiosa para os ativistas que desejam atingir uma grande quantidade de pessoas com sua mensagem, porque tecnologias intuitivas tendem a ganhar escala.

A lição aqui é facilitar o compliance. Pode levar mais tempo, dinheiro, trabalho e energia criativa no início para planejar e testar uma nova tecnologia com uma gama maior de pessoas. Mas uma vez que — para invocar a lei de Murphy — o que pode dar errado quase sempre dá errado em escala, o esforço extra valerá a pena.

Para evitar quedas de voltagem oriundas de circunstâncias em mudança quando o empreendimento ganha escala, sou a favor de inverter os modelos tradicionais de pesquisa e desenvolvimento de produto. Isso significa que você vai *começar* por imaginar como o sucesso será em escala, aplicado a *toda* a população, com suas situações variadas, e durante um longo período de tempo. Para conquistar esse objetivo, é preciso identificar seus componentes não negociáveis desde o início. Por exemplo, se um projeto educacional depende de ter 50 mil professores em escala, você não deve escolher os dez melhores para o estudo-piloto. Professores excelentes não serão representativos dos 49.990

---

1 [N. do. T.] Organização sem fins lucrativos voltada para pressionar as reformas do sistema legal e prisional dos Estados Unidos.

professores de segunda e terceira categoria adicionais que você precisará contratar. De modo semelhante, se o currículo requer uma inteligência à la Albert Einstein para funcionar, você precisará desenvolver uma tecnologia que possa dar escala a um ensino desse calibre, porque o currículo não ganhará escala sem isso. Para legisladores, isso significa mudar o roteiro de políticas baseadas em evidências para evidências baseadas em políticas.

Caso haja determinados obstáculos organizacionais em escala — que vão desde o tamanho do prédio até as tecnologias disponíveis, passando por preocupações quanto à segurança contra invasões — teste se estes são negociáveis ou não no estudo original. Se forem não negociáveis, mas não estiverem disponíveis em escala, então se trata de uma ideia não escalável. Essa abordagem geral é chamada de "indução reversa", e a veremos em mais detalhes no Capítulo 5.

* * *

AO ACEITARMOS AS realidades do que as nossas ideias têm a oferecer, poderemos escalá-las para o sucesso de forma mais realista. Precisamos entender nossas restrições em configurações ecologicamente válidas antes de começarmos a trabalhar dentro delas. Isso não significa diminuir o ritmo. Significa compreender para qual lado correr antes de sair em disparada.

Eu trabalhei com muitos corredores rápidos no mundo dos negócios, e até mesmo os mais velozes entre eles nunca vencem se forem na direção errada.

Mas o que você pode fazer quando mantém os seus componentes não negociáveis e acaba descobrindo que ganhar escala com sucesso também traz consequências não intencionais, que ameaçam desfazer todo o seu trabalho duro?

4

TRANSBORDAMENTOS

Em 1965, Ralph Nader, o lendário ativista pelos direitos do consumidor, na época um advogado de 31 anos, publicou seu primeiro livro, *Unsafe at Any Speed: The Designed-In Dangers of the American Automobile* [Sem tradução até o momento]. Um best-seller inesperado e explosivo, o livro de Nader optou por uma abordagem bem direta logo em sua primeira sentença: "Há mais de meio século, os veículos vêm trazendo morte, ferimentos, sofrimento e privação incalculáveis a milhões de pessoas."

Em cada capítulo, Nader discorreu sobre as diferentes facetas do design de veículos que desnecessária ou excessivamente colocavam motoristas, passageiros e pedestres em risco. Ele examinou a ciência das colisões, por exemplo, e demonstrou como os fabricantes ordenavam aos engenheiros que priorizassem o design em detrimento da segurança; ele discutiu sobre a poluição do ar causada por veículos em cidades com trânsito intenso, como Los Angeles. Sua lista de reclamações era um pedido acalorado por regulação — e funcionou. Meses após a publicação do livro, o governo dos Estados Unidos, geralmente lento, moveu-se com rapidez para criar a National Highway Traffic Safety Administration. Em 1968, uma lei federal de referência foi aprovada, obrigando todos os veículos de uso pessoal a serem equipados com cintos de segurança.

Na superfície, parecia que Ralph Nader havia sido bem-sucedido em tornar as estradas norte-americanas mais seguras. Ou foi mais complexo do que isso?

Avancemos para 1975, quando meu astuto colega Sam Peltzman, da Universidade de Chicago, publicou um artigo intitulado "The Effects of Automobile Safety Regulation" [Os Efeitos das Regulações de Segurança

Veicular, em tradução livre]. O modesto título desmentia a conclusão chocante de Peltzman: a década de medidas encabeçadas por Nader para aumentar a segurança veicular não havia tornado a direção mais segura para as pessoas. Como Peltzman colocou: "O único resultado desse estudo que pode ser comunicado com confiança é que as regulações de segurança veicular não acarretaram a redução de mortes no trânsito." Talvez mais surpreendente do que isso tenha sido a sua explicação do motivo. Os motoristas se sentiam mais seguros por causa das medidas legais ativas que os protegiam, de tal forma que se arriscavam *mais* ao dirigir e, por isso, causavam mais acidentes. *Já que estou tão seguro com meu cinto de segurança*, um motorista podia pensar (conscientemente ou não), *por que não pisar no acelerador?* Cintos de segurança aumentam a segurança de um indivíduo em caso de acidentes, mas, em escala, também pareciam levar a um aumento do número total de acidentes. Era como se um aumento de voltagem tivesse sido eliminado por uma queda de voltagem daí decorrente — uma consequência não intencional e chocante.

Apesar do artigo controverso de Peltzman na época — como era de se esperar, houve o uso político por ativistas pró e contra regulação — muitas pesquisas nos anos que se seguiram ofereceram conclusões semelhantes em outras áreas. Verifica-se que as pessoas tendem a se envolver em comportamentos mais arriscados quando medidas são impostas para mantê-las seguras. Dê um capacete a um ciclista, e ele vai pedalar de forma mais inconsequente — e pior ainda, os carros próximos a ele também serão conduzidos com menor cautela. Em 2009, um estudo seguiu a linha de pesquisa pioneira de Peltzman e descobriu que motoristas da NASCAR que usavam o novo sistema de restrição para cabeça e pescoço tinham menos lesões graves, mas houve um aumento do número de acidentes e danos em veículos. Em suma, medidas de segurança têm o potencial de minar o seu próprio propósito.

Esse fenômeno, que veio a ser conhecido como o efeito Peltzman, é muitas vezes utilizado como uma lente para estudar a *compensação do risco* — a teoria de que fazemos escolhas diferentes dependendo de quão seguros nos sentimos em uma dada situação (isto é, nos arriscamos mais quando nos sentimos mais protegidos, e menos quando nos sentimos vulneráveis). É por isso que, após os ataques de 11 de setembro e o medo de terroristas obterem acesso a armas nucleares, o cientista político Scott Sagan argumentou que aumentar as forças de segurança em instalações nucleares poderia, na verdade, torná-las menos protegidas. O efeito Peltzman também chegou aos mercados de seguros, nos quais pessoas com cobertura arriscam-se mais do que aquelas sem, um fenômeno conhecido como *risco moral*. Claro, esse padrão de comportamento humano pode ter implicações gravíssimas em escala.

A lição mais óbvia aqui é que escolhas aparentemente livres feitas no dia a dia podem, na verdade, ser moldadas por efeitos ocultos dos quais não estamos cientes. (Além disso, você deve sim usar um cinto de segurança *e* dirigir com cuidado!) Mas no contexto de escala, isso ilumina outra causa de quedas de voltagem que devemos evitar: o *efeito transbordamento*. Trata-se do impacto não intencional que um evento ou resultado pode ter em outro evento ou resultado; um clássico exemplo é quando uma cidade abre uma nova fábrica e a poluição do ar resultante afeta a saúde dos residentes nas imediações. A ocorrência desse efeito ilustra a rede de eventos da qual não podemos escapar, as criações do homem e o mundo natural. O termo "efeito transbordamento" tem sido aplicado em áreas distantes como psicologia, sociologia, biologia marinha, ornitologia e nanotecnologia, mas para os fins deste livro vamos defini-lo no seu sentido humano, como o impacto não intencional das ações de um grupo de pessoas sobre outro. E nada torna os transbordamentos mais prováveis e evidentes do que dar escala a um empreendimento para uma porção de pessoas. Lembre-se da lei de Murphy: tudo o que pode dar errado vai dar errado... *em escala*. Ou, para simplificar, algo inesperado tem muito mais chances de ocorrer em escala do que fora de escala.

Transbordamentos que Emergem em Escala

O efeito transbordamento está sob uma categoria básica conhecida popularmente como a lei das consequências não intencionais. A ideia é autoexplicativa: às vezes, uma ação com um resultado planejado gera um resultado surpreendente. Como visto pela campanha bem-intencionada de Ralph Nader por reformas e regulações automotivas, só porque você planeja que algo gere um determinado efeito, não quer dizer que não haverá outros efeitos também. E esse fenômeno geralmente se torna mais visível em escala.

Uma das formas pelas quais o transbordamento pode afetar perigosamente uma operação em escala resulta daquilo que os economistas chamam de *efeitos de equilíbrio geral*, um termo que descreve mudanças em um mercado ou sistema global que provavelmente não se manifestam em pequena escala. Na área da economia, os efeitos de equilíbrio geral referem-se às relações autoajustáveis entre oferta e demanda modeladas pelo próprio desenvolvimento do mercado. De modo mais abrangente, isso significa simplesmente que quando o equilíbrio de um sistema é alterado em uma determinada área, o sistema vai se ajustar em outras áreas até que o equilíbrio seja restaurado. Um ajuste acaba afetando todo o sistema.

Vemos muitos exemplos disso no mercado de trabalho. Digamos que em um determinado ano, 50% dos estudantes decidem mudar seu curso para economia. O que aconteceria alguns anos depois, quando entrassem no mercado de trabalho? Assumindo que não haja nenhum aumento de demanda por economistas, o grande influxo de novos economistas no mercado (aumento de oferta) causaria uma queda dos salários — uma queda significativa de voltagem. No entanto, digamos que eu conduzisse um experimento onde escolhesse de modo aleatório apenas cem estudantes, forçasse metade deles a migrar para o curso de economia, e depois analisasse quanto estavam ganhando em seu primeiro emprego. Estes formandos adicionais não teriam um impacto negativo em seu poder aquisitivo, porque meros cinquenta estudantes não são suficientes para abalar o equilíbrio do mercado de trabalho global.

Eis o problema: nossos experimentos geralmente nos oferecem respostas nos moldes do meu experimento em pequena escala. Eles não ilustram grandes movimentos, como todos, ou até mesmo 50% dos estudantes universitários. Ainda assim, em um sentido bem real, é exatamente isso que queremos saber antes de ganhar escala, especialmente no mundo da política: quais são os efeitos totais da minha ideia em um mundo onde *todos* mudam, e onde *toda* e *qualquer coisa* pode mudar? Ideias não existem em placas de Petri, e uma inovação pode ter consequências negativas que divergem do seu propósito original, mas que *só se tornam visíveis em escala*.

Você pode imaginar um resultado parecido em programas de capacitação profissional em larga escala voltados a oferecer mais oportunidades às pessoas. Eles parecem excelentes na teoria, mas, na realidade, quanto mais habilidosas as pessoas se tornam, maior será a competição por empregos bem remunerados. Essa competição tem o potencial de reduzir salários para todos os trabalhadores altamente qualificados, tornando as iniciativas de capacitação profissional problemáticas e menos atraentes, ou, no mínimo, uma faca de dois gumes, em escala. Mais uma vez, os efeitos de equilíbrio geral podem derrubar expectativas.

O mundo do compartilhamento de viagens é outro laboratório perfeito para desvendar os efeitos de equilíbrio geral. Por exemplo, quando eu trabalhava na Uber, Travis Kalanick concordou em aumentar a remuneração dos motoristas ao aumentar suas tarifas básicas. Parecia uma abordagem lógica — tarifas mais altas resultam em mais dinheiro, certo? Mesmo assim, as aparências podem enganar.

Quando os economistas Jonathan Hall, John Horton e Daniel Knoepfle examinaram os aumentos da tarifa básica da Uber em 36 países ao longo de 105 semanas, descobriram um padrão interessante: o aumento das tarifas básicas levou a um aumento significativo dos lucros dos motoristas por algumas semanas, mas na sexta semana, esses lucros haviam sido reduzidos a uma quantia um pouco acima do valor original da tarifa e, na quinquagésima semana, desapareceram por completo. Por quê? Porque o aumento da tarifa tornava trabalhar para a Uber algo mais atraente, o que por sua vez incentivava os motoristas existentes a oferecerem mais viagens, ao mesmo tempo que atraía novos motoristas. Como resultado, o lado da oferta do mercado se tornou mais competitivo, o que significava que, na média, cada motorista faria menos viagens, eliminando os lucros pretendidos pelo aumento das tarifas. A consequência não intencional — ou o transbordamento — do aumento da tarifa básica dos motoristas em escala acabou frustrando as ações bem-intencionadas da Uber.

Algum tempo depois, observei um efeito de transbordamento semelhante nos motoristas da Uber em Seattle. O que aconteceu foi bem simples. Em uma tarde de sexta-feira, oferecemos cupons de US$5 de desconto em viagens a um grupo de usuários da Uber, e então comparamos seu comportamento nessa sexta-feira com os de usuários que não receberam o cupom. Obviamente, os clientes com cupom fizeram mais viagens do que os que não receberam, e o aumento de ganhos com essas viagens foi mais do que suficiente para cobrir os descontos dos cupons oferecidos. À primeira vista, parecia que havíamos tirado a sorte grande: uma pequena alteração com o potencial de gerar grandes lucros.

Impulsionados por esse sucesso inicial, aumentamos a escala da iniciativa dos cupons de US$5 para incluir um grupo muito maior de clientes em Seattle. Em vez de gerar lucros maiores, no entanto, essa expansão trouxe uma forte queda de voltagem. Os cupons aumentaram a quantidade de usuários imediatamente, como havia ocorrido no teste inicial. Então, veio o desequilíbrio do mercado, e o número de viagens caiu de repente por toda a cidade. Parecia que a oferta atraente de antes havia se tornado repulsiva da noite para o dia, como um delicioso prato de comida deixado do lado de fora da geladeira para estragar. Por que isso havia ocorrido? Ao olharmos para os dados, o motivo ficou evidente. Não é que o nosso sucesso inicial em pequena escala tivesse sido um falso positivo, nem que os motoristas que participaram do estudo-piloto não representassem fielmente a população de Seattle como um todo. Em escala, a oferta do cupom a princípio acarretou um aumento de demanda a ponto de tornar a oferta de motoristas insuficiente. A falta de motoristas resultou em um aumento da tarifa de preços e do tempo de espera, que por sua vez reduziu a demanda geral. O mercado vivo e dinâmico estava apenas buscando o reequilíbrio. Apesar de a estratégia parecer à prova de falhas entre um subgrupo pequeno de usuários, ela se transformou em um verdadeiro desastre em escala. Para usar o termo de Malcolm Gladwell, havia um ponto de inflexão no qual uma boa ideia se tornava uma ideia ruim.

Mesmo a nível macro, os efeitos de transbordamento funcionam do mesmo modo. Por exemplo, epidemiologistas costumam relatar que muitos poluentes no ar e na água são inofensivos, porque estão presentes em níveis tão baixos que os mecanismos de proteção naturais do corpo podem reparar seus danos, não acarretando efeitos nocivos. Todavia, se a usina de geração de energia que produz estes poluentes se expandir, ou uma nova for implementada, o limiar crítico pode ser excedido. Basta olhar para a nossa história com os automóveis e aeronaves. Essas inovações tecnológicas no transporte revolucionaram a vida humana. Nossos ancestrais do século XIX ficariam maravilhados ao ver quão fácil e rápido é vermos e visitarmos lugares e pessoas ao redor do mundo. Mas em escala, ao longo do tempo, nossos avanços na tecnologia de transporte também contribuíram em grande escala com as mudanças climáticas, que ameaçam alterar radicalmente a vida humana no planeta.

Enquanto tendemos a focar problemas imprevisíveis que podem surgir a partir dos transbordamentos, os efeitos não intencionais não são necessariamente negativos quando se trata de escala. Na área do desenvolvimento internacional, há muita preocupação quanto à cadeia de impactos que as organizações de ajuda internacional podem ter em comunidades locais. Na economia do desenvolvimento, em particular, transferências de dinheiro para residentes em locais devastados pela pobreza é um tópico passivo de análises. Por exemplo, uma organização não governamental ansiosa por estimular a economia local ao oferecer dinheiro ou microempréstimos a um número significativo de residentes deveria estar atenta a quaisquer transbordamentos possíveis. Essa infusão de dinheiro em escala aumentaria a inflação ou a estratificação social? Em 2014, um grupo de economistas notáveis — Dennis Egger, Johannes Haushofer, Edward Miguel, Paul Niehaus e Michael W. Walker — buscou responder a essas perguntas com um experimento de campo em uma área rural do Quênia assolada pela pobreza. Eles providenciaram transferências de dinheiro aleatórias e únicas de US$1 mil para cerca de 10 mil famílias que viviam em casas com telhados de palha, distribuídas em 653 vilas na região do Siaya, próxima ao Lago Vitória. Isso mesmo, um total de US$10 milhões! Como os pesquisadores apontaram, "as transferências em dinheiro acumularam até 15% do PIB local durante os doze meses do programa".

Durante os próximos dois anos e meio, eles coletaram todo tipo de dados econômicos e não encontraram evidências de transbordamentos negativos. Por exemplo, a inflação não aumentou, como eles temiam. Mas diversos transbordamentos positivos ocorreram. Descobriu-se que as infusões de dinheiro aumentaram significativamente o consumo não apenas das famílias que receberam a quantia — o que já era de se esperar — mas também entre famílias que *não* faziam parte do experimento. Naturalmente, o aumento do consumo entre aqueles que receberam o dinheiro significou mais lucros para o comércio local, o que por sua vez significou que os donos desses empreendimentos podiam empregar mais funcionários locais — resultando em um cenário no qual ambos, os comerciantes e funcionários, tinham mais dinheiro para gastar. O resultado geral de uma infusão de dinheiro em larga escala na economia criou, por assim dizer, uma maré alta que levantou todos os barcos. Uma família não precisava receber o dinheiro diretamente para se beneficiar dos efeitos dos pagamentos na economia regional como um todo. Isso ocorreu graças ao transbordamento do equilíbrio geral.

No mundo dos negócios, você pode pensar na palavra de ordem "disrupção" como outro modo de descrever os transbordamentos de equilíbrio geral. Nossa era digital acarretou inúmeras ondas de disrupção, e continuará a fazê-lo. O ritmo acelerado da inovação perturbou o equilíbrio de forma sísmica, enviando empresas e até mesmo indústrias inteiras — como agências de viagem e revistas impressas — diretamente para a lixeira da história. Ainda assim, como qualquer outro sistema que deseja equilíbrio, o mundo dos negócios continua a se autoajustar, com novas empresas e indústrias emergindo constantemente no lugar das que foram deixadas para trás.

A nível macro, os transbordamentos podem gerar manchetes. Quantos casos de fábricas que geraram empregos, mas também produziram um excesso de poluição prejudicial à saúde da comunidade local, já vieram à tona? Ou uma nova rodovia que beneficia a infraestrutura de transporte de uma cidade, mas reduz o valor das residências adjacentes que agora precisam lidar com níveis elevados de ruídos e poluição? Há inúmeros exemplos como esses — os economistas os chamam de *externalidades* — já que a geração de reações não intencionais para ações intencionais é difusa e muito comum.

Em escala, essas reações não intencionais podem gerar repercussões ao redor do globo, mas é importante lembrar que os transbordamentos surgem de uma vasta rede de escolhas individuais que eventualmente atingem uma massa crítica. Entender como isso ocorre a nível macro é essencial para planejar e sustentar um empreendimento escalável. No entanto, focar apenas o macro é um equívoco.

A nível micro, os efeitos de transbordamento podem ter o mesmo impacto, apesar de geralmente se manifestarem de forma indireta ou até mesmo indetectável. Senti isso pela primeira vez quando tentei fazer uma boa ação ao arrecadar dinheiro para a nossa organização local de beisebol juvenil, a Flossmoor Firebirds, em Flossmoor, Illinois.

O Lado Social de Transbordamentos

No verão de 2010, contratei mais de duzentos solicitadores (ou cabos eleitorais) para irem de porta em porta em busca de doações para o time de jovens jogadores desfavorecidos que se chamava Firebirds. Eu estava inseguro em relação a quanto pagar-lhes pelo seu tempo, mas então me ocorreu que eu estava diante de uma oportunidade fortuita de experimento de campo. Seriam US$10 a hora o suficiente para incentivar os solicitadores a reunirem a quantia desejada de doações? E aumentar o incentivo financeiro aumentaria seus níveis de motivação, resultando em ainda mais doações? Com isso em mente, resolvi fazer um pequeno experimento: após dividi-los em dois grupos (aleatórios), contratei metade dos solicitadores por US$15 a hora e a outra metade por US$10 dólares a hora. Naturalmente, isso foi feito em privado, então eles sabiam apenas a respeito do próprio pagamento. Depois, todos se reuniram em vans que os levaram a diferentes bairros para tentar arrecadar votos. Para facilitar a logística do transporte, os dois grupos foram misturados nas vans. Pensei que eles não conversariam muito sobre o pagamento; entretanto, caso me perguntassem, eu tinha uma resposta pronta: uma diferença de valores era possível, sim (ninguém perguntou).

Ao revisar os dados, ficou evidente que os cabos eleitorais recebendo US$15 por hora haviam trabalhado muito mais. Eles abordaram mais residências por hora e conseguiram arrecadar mais dinheiro de cada uma se comparados aos que receberam US$10 por hora. Os US$5 extras valeram a pena.

Quando a temporada de angariação de fundos chegou novamente no verão seguinte, contratei centenas de solicitadores mais uma vez, e desta vez paguei US$15 por hora para todos eles, pensando que conseguiria aproveitar as descobertas científicas do verão anterior em prol dos jogadores desfavorecidos. Tudo estava indo bem até que, em um final de semana no fim do verão, nós começamos a ficar sem dinheiro. Ao perceber que precisávamos economizar para alcançar a meta da arrecadação, pagamos vários outros solicitadores por apenas US$10 a hora. Eu esperava que eles não conseguiriam obter tantas doações quanto os cabos que recebiam US$15 a hora, mas que o investimento de US$10 a hora ainda valeria a pena. Para a minha surpresa, esses solicitadores com remuneração menor trabalharam tanto quanto, e arrecadaram quase a mesma quantia que seus colegas que receberam mais.

Essa virada foi surpreendente. Será que o tamanho do incentivo financeiro realmente não tinha um efeito demonstrativo sobre a motivação ou o desempenho dos cabos eleitorais? Nitidamente, eu precisaria executar outro experimento de campo para entender os efeitos desses pagamentos.

Assim, no verão seguinte, planejamos um experimento com três configurações de vans. O primeiro conjunto de vans tinha alguns solicitadores que receberiam US$15 por hora e outros que receberiam US$10 por hora. Essa era a mesma estrutura do primeiro verão, quando misturamos os funcionários com ambas as remunerações. O segundo conjunto de vans continha apenas solicitadores que receberiam US$15 por hora. Enquanto isso, o terceiro conjunto transportava solicitadores de US$10 a hora. Vale ressaltar que os solicitadores no segundo e terceiro grupo não faziam ideia da existência uns dos outros, ou de que outros solicitadores estavam recebendo uma quantia diferente da sua.

O que aconteceu em seguida foi fascinante. Eu não encontrei diferenças de desempenho ao comparar os solicitadores nas vans 2 e 3. Cada grupo arrecadou com a mesma eficácia; seus pagamentos diferentes não tiveram impacto sobre quão bem eles se saíram ao bater de porta em porta, pedindo por doações. Porém, no grupo misturado (o conjunto da primeira van), pudemos observar novamente diferenças entre a quantia recebida e o esforço no trabalho: aqueles que receberam mais se saíram consideravelmente melhor em todos os aspectos do que os que receberam menos.

Como se verificou, não eram os US$5 a mais que incentivavam os solicitadores a trabalharem mais. Eram os US$5 a *menos* que *des*incentivavam aqueles que sabiam quanto os demais estavam recebendo a mais. O fato, contrário à minha crença inicial no primeiro verão, era que os solicitadores conversavam sobre o pagamento, e isso acabava *des*incentivando aqueles que recebiam menos. Este grupo se furtou aos seus deveres visitando menos residências, e ainda se envolveu com mais roubos, desviando doações em um índice muito mais elevado do que os solicitadores mais bem remunerados.

Esse é um exemplo do fenômeno psicológico chamado de *desmoralização ressentida*. É o outro lado da moeda do famoso efeito John Henry, que é o viés introduzido em experimentos quando membros do grupo de controle estão cientes de que estão sendo comparados com o grupo de experimentação, e reagem se esforçando mais do que normalmente o fariam. No meu experimento de campo, os solicitadores fizeram o oposto. O ressentimento resultante do conhecimento da diferença salarial (isto é, de que eles estavam sendo mal pagos em comparação com seus colegas) criou um efeito não intencional que prejudicou nossa arrecadação de fundos.

Intuitivamente, pode fazer sentido que se você paga mais dinheiro a alguém, essa pessoa se esforçará mais. Mas dentro do entrelaçar dos acontecimentos, pessoas e circunstâncias, essa aparente verdade pode ser quebrada de um modo inesperado. Eu deveria ter pagado US$10 por hora a todos, e nós teríamos angariado mais dinheiro para aqueles jogadores desfavorecidos.

Os resultados desse experimento de campo trazem implicações mais abrangentes do que apenas a arrecadação de fundos. É relevante, para um novo movimento em muitos setores da economia, que as empresas e organizações sejam mais transparentes quanto aos salários dos funcionários. A ideia é que os dados salariais devem ser públicos — ao menos dentro da empresa — para que todos saibam o quanto os outros estão ganhando, desde a base até o topo. Baseado no meu experimento com a arrecadação para o time de beisebol, é de se esperar que tornar os salários transparentes possa resultar em uma desmoralização ressentida se as pessoas verem seus colegas ganhando mais. Mas essa não é toda a história.

Em 2017, dois economistas habilidosos, Zoë Cullen e Ricardo Perez-Truglia, executaram um experimento de campo engenhoso com 2.060 funcionários de um banco comercial multibilionário para explorar como as ideias equivocadas dos funcionários quanto aos salários de seus gerentes e colegas poderiam afetar suas motivações e comportamentos. No banco que Cullen e Perez-Truglia estudaram, os gerentes ganhavam, em média, entre 114% e 643% a mais do que outros funcionários. Enquanto isso, os salários de funcionários que não ocupavam cargos gerenciais variava entre 16% a mais e 16% a menos do que a média salarial de seus colegas com o mesmo cargo e na mesma unidade. Ao receberem uma pesquisa designada para averiguar sua percepção dos salários dos colegas, os funcionários subestimaram os salários de seus gerentes em 14,1%, mas se saíram um pouco melhor em adivinhar os de seus colegas. Isso é relevante porque sugere que se os funcionários soubessem o quanto seus gerentes ganhavam a *mais* do que pensavam, eles poderiam sentir um ressentimento ainda maior e, portanto, sentirem-se ainda menos motivados.

Então, veio a parte divertida. Os pesquisadores providenciaram as informações salariais de gerentes e funcionários, e observaram seus comportamentos nos meses subsequentes. Depois de analisar os resultados, eles descobriram que os funcionários que receberam a informação de que seus gerentes ganhavam 10% a mais do que pensaram originalmente trabalharam apenas *um pouco* mais; o número médio de horas trabalhadas aumentou em 1,5% nos 90 dias seguintes. Por outro lado, quando os funcionários descobriram que seus colegas ganhavam 10% a mais do que eles, trabalharam 9,4% a menos nos 90 dias seguintes. Isso chegou a desmoralizar os funcionários a ponto de estes considerarem deixar a empresa.

Acontece que, quando as pessoas descobrem que seus gerentes ganham mais do que pensavam, isso pode ter um efeito motivador. Isso ocorre porque elas se sentem mais animadas por suas futuras perspectivas salariais — e esse efeito no todo é mais forte do que qualquer desmoralização ressentida relacionada ao fato de o superior receber um salário muito maior que o deles. Por outro lado, quando se trata de colegas ganhando mais, o ressentimento relacionado ao que é percebido (talvez com razão) como uma disparidade injusta ofusca qualquer otimismo possível sobre o futuro.

Quais são, então, os efeitos de transbordamento possíveis desse tipo de transparência salarial em escala? Primeiramente, é importante reconhecer que, conforme as organizações crescem, elas tendem a adicionar menos cargos de gerência do que cargos não relacionados à gerência. Para cada gerente contratado pela empresa, geralmente muitos outros funcionários de hierarquia menor são contratados, de tal forma que, conforme a empresa cresce, a razão entre gerentes e funcionários diminui. Em grandes empresas, portanto, é provável que haja muito mais funcionários do que gerentes. Assim, se as empresas desejarem divulgar os salários dos gerentes, a proposta de valor dessa escolha melhora conforme a organização ganha escala. Isso equivale dizer que se pode esperar um aumento de voltagem. Divulgar os salários de funcionários de menor hierarquia, no entanto, poderia produzir uma queda de voltagem conforme se ganha escala (assumindo-se que estes funcionários não possuam igualdade salarial), já que há mais funcionários que podem experienciar a desmoralização ressentida, levando a uma queda de desempenho e induzindo-os a buscar emprego em outros lugares.

De modo mais abrangente, os líderes devem reconhecer que as pessoas não tomam decisões em uma bolha. O comportamento individual também é afetado pela informação à qual temos acesso, particularmente quando nos comparamos aos outros. Conforme esses exemplos de salários são disponibilizados, é crucial estar atento a efeitos de transbordamento ocultos como esses, e uma grande agilidade se faz necessária para responder a eles de modo eficaz. Há muito a se aprender com as surpresas que geram resultados inesperados e revelam novos insights.

Transbordamentos Sociais de Alta Voltagem

Quer estejamos cientes disso ou não, nossos colegas podem influenciar nosso comportamento de um jeito poderoso e inesperado. E apesar de a compreensão dessas dinâmicas no local de trabalho ser imprescindível, os transbordamentos entre colegas — ou pares — não são exclusividade deste espaço. Ser um pai me levou a pensar muito sobre o impacto dos colegas dos meus filhos em sua formação de capital humano (economês para educação). De fato, recentemente, os efeitos dos pares na educação têm recebido bastante atenção de pesquisadores e professores, muitos dos quais argumentam que a composição de colegas é um determinante tão importante para o futuro dos estudantes quanto outros fatores citados frequentemente, incluindo qualidade dos professores, tamanho da turma e envolvimento da família. O brilhante trabalho do economista Bruce Sacerdote revela que nas educações básica (ensinos fundamental e médio) e superior, dentro de certos contextos e para certos resultados, os efeitos dos pares são de fato um determinante poderoso de por que os estudantes se formam de um determinado modo. Essa pesquisa, combinada com minha experiência pessoal como pai, encaixou-se nas minhas expectativas quando minha equipe se preparava para lançar o Chicago Heights Early Childhood Center.

Desde o dia em que abrimos as portas da escola, eu acreditava que o aprendizado na primeira infância era fundamentalmente uma atividade social. Assim, os transbordamentos tinham o potencial de surgir, e eu esperava que fossem do tipo positivo. Pesquisas anteriores mostraram que em experimentos como o nosso, os efeitos no *grupo de tratamento* (os participantes que eram selecionados aleatoriamente para receber a intervenção, que no nosso caso era um currículo de educação infantil) poderiam, mediante pura proximidade, ter uma influência inesperada no *grupo de controle* (participantes que não receberam a intervenção, mas que são analisados para fins de comparação). Um "efeito de tratamento" transbordando deste modo parecia muito provável dentro do contexto do CHECC, porque as crianças e pais de ambos os grupos viviam nos mesmos bairros e pertenciam às mesmas comunidades. Claro, a grande questão era como esses efeitos poderiam se manifestar se déssemos escala ao programa do CHECC para outras escolas e mais crianças. Mas, primeiro, era preciso ter certeza de que os transbordamentos ajudavam em vez de prejudicar, e meus sábios colegas Fatemeh Momeni e Yves Zenou se juntaram a mim para examinar como isso poderia ocorrer.

Meses se passaram, e então alguns anos. Enquanto isso, dia após dia, as adoráveis crianças enchiam nossas salas de aula, nas quais os diligentes professores seguiam fielmente nosso currículo. O principal currículo para o grupo de tratamento incluía técnicas especiais desenvolvidas para fortalecer tanto as habilidades cognitivas (atividades que envolviam algum esforço intelectual, como raciocínio e memória) quanto as habilidades não cognitivas das crianças (habilidades interpessoais, como trabalho em equipe e compartilhamento). Ao final de cada dia, as crianças de ambos os grupos voltavam para suas casas, e muitas passavam mais tempo juntas. Elas brincavam de pega-pega, praticavam esportes, se divertiam e, é claro, tinham conflitos para resolver. Em suma, eram apenas crianças sendo crianças, e ao fazerem essas coisas juntas, elas se comunicavam constantemente. E foi assim que se deu o *transbordamento direto* — do grupo de tratamento para o de controle.

Essencialmente, as crianças que faziam parte do programa de tratamento estavam transmitindo o desenvolvimento acelerado de suas habilidades cognitivas e não cognitivas para as crianças do grupo de controle *apenas pela proximidade e pelas interações diárias*. Quando as crianças passavam tempo juntas, o modo como aquelas que pertenciam ao grupo de tratamento falavam, compartilhavam e brincavam era registrado de forma sutil e inconsciente entre as crianças do grupo de controle que, em um dado momento, começaram a simular os comportamentos, escolhas e habilidades que seus colegas aprenderam em nosso programa. Esse efeito foi, inclusive, altamente localizado, aumentando conforme a distância espacial diminuía (isto é, entre as crianças que moravam próximas umas das outras). Vimos mais uma vez o princípio do efeito da maré, no qual os benefícios de alguns membros do grupo transbordavam para beneficiar o grupo como um todo. Esse transbordamento praticamente garante que, ao ganhar escala, o programa venha a gerar um ganho de voltagem para a maioria das crianças na comunidade.

Vimos um efeito similar dentro dos grupos de tratamento em nosso programa, com as crianças que obtiveram um desenvolvimento acelerado de habilidades cognitivas e não cognitivas criando um ciclo de autorreforço que causou o desenvolvimento acelerado de todo o grupo. De modo simples, as crianças incentivavam o desenvolvimento acelerado umas nas outras. Os ganhos do grupo de tratamento transbordaram diretamente de volta para o grupo de tratamento, desbloqueando um ganho de voltagem exponencial — benefícios multiplicados! Esse efeito é projetado para ganhar escala porque as vantagens acumuladas são intensificadas com mais participantes.

Enquanto isso, havia ainda outro transbordamento ocorrendo em Chicago Heights. Ao mesmo tempo que as crianças da comunidade brincavam juntas, os pais inevitavelmente conversavam entre si. Os adultos no grupo de tratamento discutiam sobre a participação de seus filhos em nosso programa, e a sua própria participação em nossa Parent Academy, talvez até mencionando algumas das novas técnicas que estavam aprendendo. Em outras palavras, as notícias sobre o CHECC estavam circulando, e a motivação dos pais em relação ao futuro de seus filhos se espalhava como fogo! Naturalmente, os pais do grupo de controle (que haviam se inscrito para o programa, mas não foram selecionados, e cujos filhos não foram aleatoriamente selecionados para o nosso programa de tratamento), assim como os outros pais, também se preocupavam com o futuro de seus filhos, então ouvir de outras famílias a respeito do programa os motivava a serem criativos e a procurar por meios de apoiar, de maneira independente, o desenvolvimento cognitivo e não cognitivo deles — talvez por meio de programas extracurriculares ou de algum apoio complementar, ou pela implementação de técnicas que escutaram por parte de outros adultos que participaram do Parent Academy.

De certa forma, esse efeito é similar ao dos funcionários que trabalharam mais ao saberem que seus gerentes recebiam salários mais elevados. Em vez de se ressentirem pelo fato de que não haviam sido selecionados aleatoriamente para o programa, os pais do grupo de controle se esforçaram mais para se envolver na educação dos filhos, porque os pais do CHECC ofereceram-lhes um modelo de inspiração e instigaram um otimismo de que seus filhos poderiam alcançar os mesmos benefícios que as crianças do programa adquiriram. Era como se os pais do CHECC tivessem aberto os seus olhos para um novo horizonte de possibilidades, e eles quisessem garantir que seus filhos não ficariam para trás. Esse efeito não planejado do programa CHECC representou um enorme transbordamento positivo. Dito isso, quando incluímos os efeitos do transbordamento às medidas originais de eficácia do programa, o seu impacto geral expandiu em, pelo menos, dez vezes. Alta voltagem em ação!

Ainda assim, também havia um transbordamento negativo que deve ser reconhecido. O tempo extra que os pais do CHECC estavam investindo na educação das crianças participantes do programa tinha que vir de algum outro lugar, e nossos dados mostraram que esse tempo geralmente era desviado das interações com o(s) irmão(s) e irmã(s) da criança. Uma consequência não intencional, portanto, era o fato de os irmãos e irmãs receberem menos atenção dos pais. Apesar de esse efeito ser pequeno quando comparado ao transbordamento direto mencionado anteriormente, não considerá-lo faria a intervenção parecer mais benéfica do que realmente foi. Para obter o quadro completo, tivemos que observar a totalidade do ecossistema e considerar o impacto do programa em *todas* as crianças envolvidas.

Os transbordamentos positivos observados no CHECC são do tipo conhecido como *efeito de rede*, ou *externalidade de rede*, e que é potencialmente relevante para os negócios neste século XXI profundamente digitalizado. Tomemos os exemplos do Facebook e do LinkedIn (ou basicamente qualquer rede social). Se apenas dez pessoas usarem essas plataformas, os benefícios oriundos serão pequenos, porque a rede é pequena. No caso do Facebook, você quer se manter conectado às vidas das pessoas que conhece; no caso do LinkedIn, não haverá muito terreno novo para explorar contatos profissionais se houver poucos usuários. Mas se várias pessoas utilizarem esses serviços, os benefícios serão maiores. Esse tipo de ganho de voltagem é chamado de *crescimento parabólico*. E conforme a rede cresce, os benefícios aos membros também aumentam cada vez mais — até o ponto que é conhecido como "aprisionamento tecnológico", no qual os membros ficam de certo modo aprisionados a essas plataformas.

Ou pense no Lyft Pink, do Capítulo 2. Conforme mais passageiros se juntam ao serviço, mais motoristas também se juntam. Isso possibilita uma queda dos tempos de espera e das tarifas, porque há mais correspondências disponíveis entre motoristas e passageiros. E com a queda dos tempos de espera e dos preços, mais passageiros aderem ao serviço, recomeçando o ciclo. Isso é uma excelente notícia em escala.

Fatores externos às redes também influenciam em outras áreas da sociedade. Veja a vacinação, por exemplo. Seja ao falarmos sobre poliomielite, sarampo, gripe ou Covid-19, o objetivo ao se administrar uma vacina a alguém é reduzir a possibilidade de esta pessoa adoecer ou morrer. Esse é o benefício primário, mas em escala — quer dizer, quando uma porção crítica da população recebe a vacina — há um transbordamento benéfico também: a imunidade de rebanho. Se a imunidade de rebanho for alcançada, as pessoas não vacinadas serão beneficiadas indiretamente pela vacina, já que todos ao redor dela estarão imunes. Por outro lado, é claro, quanto maior o número de pessoas que recusam ser vacinadas, maior o risco para a população como um todo. Essa é uma das razões pelas quais as sociedades modernas poderiam usar mensagens sociais para atingir os antivacinas: conter transbordamentos negativos.

* * *

A LIÇÃO DOS transbordamentos, com todas as suas manifestações surpreendentes, é que, a partir do momento em que você começa a dar escala ao seu empreendimento, é preciso prestar atenção não apenas aos efeitos pretendidos, mas também aos efeitos inesperados e às vezes ocultos que fogem às suas intenções. Tudo está interconectado, e a teia que você vem tecendo se tornará mais emaranhada e complexa em escala.

Como uma breve recapitulação sobre o que procurar, você deve considerar e medir os transbordamentos em três categorias básicas:

1. *Efeitos de equilíbrio geral.* Estes tendem a ocorrer em escala e a acarretar consequências não intencionais que podem ter efeitos positivos ou negativos amplos no mercado. Esse tipo de transbordamento emerge como um ponto de virada.

2. *Transbordamentos comportamentais de cunho social.* Estes ocorrem quando outras pessoas afetam seu comportamento, seja por intermédio de observações ou de um impacto direto. Observar os outros faz com que as pessoas (consciente ou inconscientemente) mudem seu próprio comportamento de forma positiva ou negativa.

3. *Transbordamentos de efeitos de rede.* Estes ocorrem quando o uso de algum produto ou adoção de alguma política amplia os benefícios ou custos para todos os usuários/adeptos. Podem ser projetados de modo intencional ou emergir organicamente ao se obter escala.

Caso se depare com transbordamentos negativos, resolva-os imediatamente. Caso isso ocorra com transbordamentos positivos, procure explorá-los, pois eles contêm a chave para desbloquear a verdadeira promessa que sua ideia tem em escala. Uma vez feito isso, você terá superado o quarto obstáculo para a escala. Mas a quinta e última armadilha dos Cinco Sinais Vitais ainda pode arruinar sua voltagem: os custos insustentáveis em escala.

5

A ARMADILHA DE CUSTO

A Arivale estava prestes a revolucionar a saúde de milhões de pessoas. Fundada em 2014 e aberta para negócios no ano seguinte, a empresa foi uma invenção de Leroy Hood, um cientista pioneiro que trabalhava no limiar entre a biologia e a medicina. Por décadas, Hood liderou o caminho de inovações incríveis na área de sequenciamento de DNA, que aumentaram a habilidade dos cientistas de compreender o genoma humano e conectar os pontos entre predisposições genéticas e seus impactos nas experiências humanas. Com a Arivale, Leroy e seu cofundador e CEO, Clayton Lewis, focaram trazer avanços com o potencial transformador da área emergente do "bem-estar científico" — uma abordagem quantitativa e personalizada para a saúde e o estilo de vida — diretamente para a vida das pessoas.

Apesar dos processos científicos complexos nos quais eram baseados, os serviços oferecidos pela Arivale eram simples. Após se inscreverem, os clientes passavam por um exame genético que revelava um cenário valioso sobre suas vulnerabilidades biológicas, seguido de testes periódicos de sangue, microbiota intestinal e sessões individuais com um coach de saúde que utilizava os resultados laboratoriais para oferecer dicas personalizadas sobre dietas, exercícios e outras escolhas. Os clientes não apenas recebiam recomendações personalizadas baseadas em biomarcadores genéticos revelados pelas baterias de exames, como também avaliações constantes sobre como seus corpos estariam respondendo ao programa da Arivale.

A grande promessa dessa abordagem inovadora era uma saúde melhor, tanto no presente quanto no futuro. Se você tivesse uma predisposição genética a uma certa doença que ainda não havia se manifestado, mas que poderia surgir mais adiante na vida, a orientação direcionada da Arivale poderia ajudá-lo a tomar decisões melhores no presente que reduziriam a probabilidade de essa ou outras doenças prejudicarem sua saúde no futuro. Ou, se você tivesse desenvolvido hábitos pouco saudáveis no passado, seu coach poderia ajudar a corrigi-los antes que fosse tarde demais. Em outras palavras, a Arivale vendia um serviço semelhante a uma mistura de médico, coach de contabilidade e bola de cristal, tudo isso em um novo modelo de saúde e longevidade — uma verdadeira promessa para aumentar sua qualidade de vida nos anos vindouros. Não é de se admirar que tenha sido fácil para a empresa arrecadar um capital de investimento de US$50 milhões e que ela tenha sido nomeada a Startup do Ano pela GeekWire em 2016. A animação ao redor da Arivale, sediada em Seattle, não se referia apenas à saúde de seus clientes. Também parecia sugerir uma nova promessa para o futuro da saúde. Essa, claramente, era uma ideia que valia a pena escalar.

Para não parecer que a Arivale era mais sobre alarde do que substância, vamos dar uma pausa para notar que o otimismo pelo potencial da empresa não era baseado apenas no atraente pitch de vendas em um mundo onde o bem-estar pessoal é tanto uma obsessão cultural quanto uma indústria multimilionária. A visão de Hood e Lewis para catapultar a saúde para o século XXI preenchia os quatro itens necessários de escala que examinamos até agora. O que eles ofereciam aos clientes era pautado em uma ciência baseada em evidências — nos avanços de análise genética nos quais Hood e outros foram pioneiros, assim como em um estudo observacional revisado por pares (publicado em 2019) de quase 2.500 clientes da Arivale apresentando melhoras clínicas de sua saúde graças à combinação de biomarcadores e coaching. Em suma, a técnica revolucionária da empresa não parecia ser um falso positivo. Além disso, o céu era o limite quanto ao número de pessoas que seu serviço atrairia — afinal, quem não quer ser mais saudável e evitar doenças futuras? —, e devido ao caráter customizável e feito sob medida para cada indivíduo, a proposta poderia atender às necessidades de uma população ampla e diversa. A empresa também conhecia bem seus não negociáveis (testes de laboratório e coaching de estilo de vida) e entendia a necessidade de se manter fiel a eles. E sem nenhum transbordamento à vista. O sucesso da Arivale parecia garantido.

Ainda assim, a empresa não ganhava escala.

O Custo da Escala

Em 1776, Adam Smith publicou seu famoso estudo de economia clássica, *A Riqueza das Nações*. O livro é mais conhecido por introduzir a elegante ideia de Smith sobre a "mão invisível" — as forças ocultas do livre mercado que mantêm a oferta e demanda de bens em um estado de equilíbrio íntegro e dinâmico. Ao examinar as implicações dessa troca recíproca entre o que os consumidores compram e os vendedores fornecem, Smith identificou uma faceta dos mecanismos da mão invisível que afetava a escalabilidade de qualquer empreendimento: *a economia de escala*.

Mesmo que o termo soe estranho, quase toda pessoa na terra já aproveitou os benefícios da economia de escala de alguma forma. Se você tem um telefone, assiste a filmes, usa eletricidade ou toma algum medicamento por prescrição, então já desfrutou o lado positivo da economia de escala. Trazer qualquer um desses produtos para o mercado demanda o investimento de uma enorme quantia de dinheiro. Por exemplo, o planejamento e desenvolvimento do celular (o processo de engenharia, metais e plásticos, e montagem em fábrica), a produção de um filme (atores e equipe, sets, publicidade), a infraestrutura de distribuição de eletricidade (linhas de transmissão de energia, a tecnologia para controlar a rede), os anos de pesquisa e desenvolvimento para criar e testar fármacos inovadores (custos laboratoriais, testes clínicos). Você pode pensar nesse investimento inicial como um *custo fixo*. Não há como evitá-lo.

Mas após o investimento inicial dessas empresas em seus produtos, o custo médio da produção de bens de consumo cai significativamente devido à escala. Isso se deve aos custos agora distribuídos entre centenas de milhares, ou milhões, de unidades, o que significa que cada uma fica mais barata de se criar conforme a produção vai aumentando.

Conforme a Apple encomenda mais iPhones em suas fábricas, o custo de produção de cada um diminui, permitindo que a empresa disponibilize o aparelho a um preço acessível aos clientes, ao mesmo tempo que mantém seu lucro. Quando estúdios cinematográficos escalam um filme inaugurando sessões a nível nacional, ou mesmo mundial, eles podem cobrar menos pelo ingresso e ainda assim obter lucros astronômicos. Uma vez implementada a infraestrutura da rede elétrica de uma cidade, o custo médio da empresa para oferecer o serviço em mais um bairro continua a cair conforme mais residências são adicionadas. E ao se desenvolver um medicamento inovador, quanto mais pessoas consumirem o fármaco, menor será o custo de produção de cada dose. Todos esses são exemplos de uma economia de escala, que ocorre quando um custo médio total por unidade produzida cai conforme a produção aumenta. Em outras palavras, quantos mais celulares, ingressos de cinema e eletricidade forem vendidos, menos as empresas precisarão cobrar dos clientes que consumirem seus bens ou serviços. E já que consumidores tendem a gostar de preços baixos, a mão invisível garante o sucesso para as empresas que alcançarem a economia de escala.

Por outro lado, quando o custo médio de produção de algo *aumenta* de acordo com o crescimento da produção ou da operação, o que ocorre é o *inverso* da economia de escala. Isso pode acontecer, por exemplo, quando um recurso-chave necessário para a produção é escasso ou se torna cada vez mais difícil de obter. Pense na extração de petróleo e gás natural. Nas primeiras centenas de barris, o petróleo flui com facilidade da fonte apenas com o uso de equipamentos de extração de baixo custo, mas conforme o poço vai sendo esgotado, equipamentos especializados e mais custosos podem se fazer necessários para extrair os últimos barris. De modo semelhante, pense em um distrito escolar com o objetivo de contratar apenas professores com credenciais impecáveis. Contratar os primeiros entre eles pode ser relativamente fácil, mas pode custar muito caro contratar os últimos devido à competitividade com outros empregadores pelo talento que está em falta. Evidentemente, sua ideia pode perder voltagem com rapidez caso obter escala venha a significar um aumento nos custos.

Em *A Riqueza das Nações,* Smith foca basicamente a ideia de divisão e especialização do trabalho para alcançar uma economia de escala. É um argumento de senso comum: não apenas os funcionários seriam mais produtivos ao se concentrar em apenas uma tarefa na qual fossem bons, como também melhorariam com o tempo. Em outras palavras, a especialização levaria a uma produção mais eficaz e, portanto, menos custosa, e quanto mais a empresa ganhasse escala, mais essas vantagens se multiplicariam. Por exemplo, conforme os funcionários que produzem iPhones nas fábricas se tornam mais eficientes em sua montagem, os ganhos resultantes em termos de produtividade reduziriam o custo de produção de cada unidade e, em teoria, também reduziriam o preço para os consumidores.

Isso é relevante porque não importa quão boa seja uma ideia, se o retorno do produto não superar o custo ou os resultados atingidos por uma organização sem fins lucrativos não justificarem os investimentos, então haverá perda de voltagem e a ideia não será escalável. Não importa se você superou os obstáculos mencionados nos quatro capítulos anteriores; é possível ter uma ideia comprovada, uma audiência grande e cativa, fidelidade aos seus componentes não negociáveis e ausência de transbordamentos negativos detectáveis (ou mesmo muitos transbordamentos positivos), mas se os custos saírem do controle, a ideia simplesmente não ganhará escala. Ponto final.

Economia de escala (enraizada na economia pelo lado da oferta) é um conceito que pode se assemelhar à Reaganomics, política econômica adotada pelo presidente Ronald Reagan na década de 1980. Aqueles que apoiam a economia pelo lado da oferta argumentam que o melhor método para impulsionar o crescimento econômico é reduzir impostos e regulamentação governamental para diminuir os custos operacionais e, por tabela, o preço pago pelos consumidores em bens e serviços. Enquanto a teoria econômica pelo lado da oferta nos leva ao território da macroeconomia, que por sua vez não está diretamente relacionado à ciência de escala, ainda assim ela reforça a verdade inegável de que os custos operacionais têm um impacto poderoso em tudo, desde a prosperidade econômica de uma nação até o sucesso ou fracasso dos negócios individuais.

Esse certamente foi o caso da Arivale, cuja abordagem revolucionária foi devastada por problemas de custo.

Até Que Seja a Hora Certa

Quando a Arivale foi inaugurada, a empresa cobrava de seus clientes aproximadamente US$3.500 por ano pelo seu programa de bem-estar de ponta. Os custos de laboratório para a bateria de exames genéticos e fisiológicos, somados aos salários dos coaches de saúde e outros funcionários, criavam um custo altíssimo, de tal forma que oferecer esses serviços inovadores a um preço menor ameaçaria a rentabilidade. Mas considerando a melhora na qualidade de vida e a redução de custos com tratamentos que o programa de biometria e coaching provavelmente ofereceriam a longo prazo, os US$3.500 anuais até que seriam um preço decente. Afinal, uma vida mais longa e saudável não tem preço, não é mesmo?

Na verdade, neste caso, tem — e bem menos do que US$3.500, para a maioria das pessoas.

Como resultado do alto ponto de preço inicial, a Arivale não gerou a demanda que a empresa e seus investidores esperavam. Em um primeiro momento, isso não era algo alarmante. Muitas empresas levam anos até se tornarem lucrativas. Afinal, não é apenas o ponto de preço inicial que influencia na demanda, mas também o marketing, a concorrência e outros fatores que podem atrasar o encontro de um produto ou serviço com uma base de consumidores. Até mesmo a Amazon levou dez anos para se tornar lucrativa (apesar de parte do truque do seu fundador Jeff Bezos ter sido construir uma infraestrutura que abriu portas para enormes vantagens de custo graças à economia de escala). Às vezes, é apenas uma questão de manter o curso, aprimorar alguns pontos e tentar novas estratégias promocionais ao mesmo tempo que se tenta reduzir a perda de capital. Para a Arivale, no entanto, a passagem do tempo não se traduziu em um aumento significativo no número de clientes. Apesar das experiências majoritariamente positivas dos participantes inscritos, os novos clientes simplesmente não estavam se inscrevendo nos serviços únicos da empresa. A mão invisível de Adam Smith, ao que parece, era invisível *demais*. E não estava cutucando o ombro das pessoas o suficiente para dizer: *Ei, dê uma olhada nisso*.

Mas apesar do fato de os novos clientes não estarem se inscrevendo no ritmo que a Arivale precisava, seus líderes não queriam reduzir o preço. Se eles quisessem conquistar viabilidade econômica no futuro, não poderiam fazê-lo. O custo de fornecimento de seus produtos era alto demais. Além disso, não havia economias de escala significativas que sugerissem que suas margens melhorariam ao atingir uma massa crítica de clientes. Coaches de saúde não podem ser produzidos em massa a um baixo custo adicional como, digamos, um termostato smart ou alguma tecnologia similar (lembre-se, seres humanos são quase impossíveis de se escalar), e o volume de testes e exames de sangue não era tão alto a ponto de se capitalizar pelos tipos de economias de escala desfrutados por hospitais e clínicas. Como disse o CEO Clayton Lewis, certa vez: os testes genéticos, exames de sangue, análise de microbiota intestinal e coaching estavam entre os custos que eram "cruelmente elevados". Em resumo, a Arivale não poderia crescer sem um preço inicial muito alto, afinal, o bem-estar baseado em ciências inovadoras não era algo barato de se produzir! A empresa começaria a perder rios de dinheiro se cobrasse pouco de seus clientes; assim, por três anos, eles mantiveram o preço dos serviços, ao mesmo tempo que investiam o restante do capital em marketing para tentar atrair novos consumidores. Mas esses novos consumidores não vieram.

Em 2018, três anos após a Arivale ser inaugurada, a empresa apostou em diminuir significativamente o preço por seus serviços como último recurso — de US$3.500 por ano para US$1.200 (ou de US$290 por mês para US$99 por mês). Mesmo com esse preço mais acessível, a empresa ainda tinha apenas 2.500 inscritos no ano seguinte. Em vez de ajudar a impulsionar o motor, esse novo preço virou um verdadeiro buraco no tanque de combustível, o que acarretou uma perda de combustível (isto é, o capital necessário para as operações) a uma velocidade mortal. Por meio de um pouco de aprendizagem pela prática, eles conseguiram reduzir um pouco os custos de produção, mas não o suficiente para salvar a empresa da falência. Em abril de 2019, sem nenhum aviso ao público sobre quão desesperadora estava a situação, a Arivale anunciou seu fim em um anúncio público:

> Nós fundamos a Arivale com a visão de tornar o coaching preventivo, personalizado e baseado em dados em um novo paradigma de bem-estar nos Estados Unidos...
>
> Infelizmente, a partir de hoje, estamos encerrando nosso atendimento aos clientes. Nossa decisão de terminar o programa hoje foi tomada a despeito do alto envolvimento e satisfação dos clientes e da melhora significativa nos indicadores de saúde de muitos. Nossa decisão de encerrar as operações se deve ao simples fato de que os custos do programa excedem o que nossos clientes podem pagar por ele. Acreditamos que os custos de coletar dados genéticos, sanguíneos e de microbiota, que formam as bases de nosso programa, poderão ser reduzidos no futuro, o que tornará o custo do programa mais acessível

aos clientes. Infelizmente, não poderemos continuar a operar com prejuízos até este momento chegar.

Naquele mês, a Arivale demitiu seus 120 funcionários e fechou suas lojas, deixando todos os seus clientes — muitos dos quais ficaram arrasados com a perda do seu programa de saúde personalizado — desamparados. Foi um momento doloroso para todos os envolvidos. Os executivos da empresa acreditavam que se tivessem conseguido sustentar um preço inicial baixo, a Arivale teria encontrado uma base grande o suficiente para se tornar lucrativa. Mas os custos para manter o negócio funcionando eram altos demais. Em uma entrevista *post mortem*, refletindo sobre o fim da sua empresa, Lewis disse: "Em vez de lançar programas mais simples e de baixo custo, nós nos mantivemos focados apenas em nossa oferta principal, e isso foi claramente o nosso fim." O promissor experimento em bem-estar científico havia falhado em escala.

Das Economias de Escala aos Custos Fixos

Pode parecer tentador, pelo menos em parte, atribuir a queda de voltagem fatal da Arivale a um erro de cálculo referente ao grau em que seus clientes iniciais representavam a população geral — o que equivale a dizer que eles superestimaram seu potencial de alcance. Afinal, a empresa fracassou porque suas ofertas não geravam demanda suficiente, mesmo após uma redução considerável de preço. A Arivale havia errado ao apostar em uma abordagem "construa e eles virão" desde o início? Os norte-americanos ainda não estavam mentalmente preparados para uma estratégia de bem-estar voltada para o futuro, focada tanto em medidas preventivas e menos visíveis a longo prazo quanto em melhorias a curto prazo facilmente detectáveis? Será que simplesmente não havia público para escala desde o início?

Por um lado, há algum mérito nesse argumento. Por outro, havia pessoas suficientes que desejavam os serviços da Arivale — a demanda inicial sugeria que uma parte grande da população seria atraída pelo produto de bem-estar que eles ofereciam. As pessoas simplesmente não gostavam daquele preço de milhares de dólares. *Havia* demanda, apenas não no nível e na faixa de preço de que a conta bancária da empresa precisava; além disso, ela não estava crescendo rápido o suficiente. Devido à alta taxa de queima de capital da Arivale no lado da oferta, a empresa saiu de cena antes mesmo de poder se diferenciar de seus concorrentes para capturar mais clientes — e antes que pudesse colher os frutos da economia de escala.

A lição aqui é que, para um empreendimento obter escala com sucesso, é preciso descobrir não apenas se as pessoas gostam da sua ideia, mas também o quanto estão dispostas a pagar e quanto custará para oferecê-la.

O infortúnio que afetou a Arivale, de um ponto de vista dos custos, é um perigo comum para startups, especialmente aquelas cujo sucesso inicial aparenta demandar um ganho rápido de escala. Veja o caso da Wise Acre Frozen Treats. Em 2006, Jim Picariello começou a fabricar picolés orgânicos com açúcares não refinados em uma escola de uma pequena cidade na costa do Maine. Ele foi esperto ao reconhecer a demanda por picolés mais saudáveis; dois anos depois, tinha uma dúzia de funcionários, uma instalação de produção e contratos com supermercados ao longo de toda a Costa Leste. Então, surgiu sua maior oportunidade até então — um acordo para distribuição na Costa Oeste. A Wise Acre Frozen Treats ganhou escala e explodiu. Mas, em seguida, veio o desastre. Como Picariello diria um tempo depois: "Nós nunca tivemos a chance de atender a todos os pedidos. No final do ano, já estávamos falidos e eu, desempregado."

O que deu errado? Bem, antes de mais nada, produzir e distribuir esses picolés não era barato. Somando tudo, desde equipamentos e ingredientes de alta qualidade até seguros e marketing, os custos chegavam a cerca de US$30 mil por mês. E os ganhos de pequenas economias de escala não cobriam esses custos operacionais, que devoraram as reservas de capital da empresa. Ainda poderia haver esperanças se a Grande Recessão não tivesse chegado em 2008 e eliminado qualquer chance de investidores-anjo virem ao resgate, ganhando tempo para que a empresa expandisse e se tornasse lucrativa. Em retrospectiva, Picariello disse que deveria ter levantando mais capital antes de buscar escala. Mas mesmo assim, com os custos tão altos, era provável que uma infusão de capital teria simplesmente atrasado o inevitável e triste fim da Wise Acre Frozen Treats. A empresa havia caído na armadilha de custo que ameaça todos os negócios, e as economias de escala não estariam ali para ajudá-los a escapar.

Ao pensarmos em economias de escala, tendemos a visualizar produtos de baixo custo e produzidos em massa: algo saído diretamente de uma linha de montagem. Mas economias de escala podem ser encontradas em empreendimentos improváveis — até mesmo produtos ou serviços de alta qualidade que parecem inescaláveis. A emergente indústria do turismo espacial oferece um interessante estudo de caso. Hoje, há pelo menos uma dúzia de empresas ao redor do mundo que esperam em breve vender ingressos para viagens de ida e volta ao espaço. As mais conhecidas talvez sejam a Virgin Galactic de Richard Branson, a Blue Origin de Jeff Bezos e a SpaceX de Elon Musk (apesar do objetivo maior e de longo prazo da SpaceX envolver ir além do simples turismo, já que a empresa pretende levar humanos ao redor do sistema solar para colonizar Marte como uma alternativa à Terra; e os objetivos principais da Blue Origin serem orientados similarmente à sobrevivência a longo prazo da humanidade).

Todas as três empresas investiram muitos anos e bilhões de dólares na tecnologia necessária para levar os passageiros em uma excursão ao redor do planeta com segurança, mas as considerações extremas desde o ponto de vista do custo envolvido no pioneirismo de viagens espaciais, é claro, torna isso uma proposta de negócio extremamente arriscada.

Inicialmente, os ingressos para o espaço serão altíssimos — até a publicação deste livro, a Virgin Galactic planeja cobrar US$250 mil por passageiro — tornando a base de clientes em potencial infinitamente minúscula e as chances de recuperar o investimento de capital quase impossível se as empresas focarem apenas o voo comercial de passageiros ao espaço. É por isso que cada uma delas está explorando um canal de receita paralelo para basear suas pesquisas e tecnologias já existentes (leia-se: já pagas). A Virgin Galactic, a Blue Origin e a SpaceX, por exemplo, já estão atuando como transportadores de carga para pesquisadores com projetos espaciais ou serviços na Estação Espacial Internacional. A SpaceX também criou uma parceria público-privada com a NASA, por meio da qual recebe subsídios gigantescos. Esses fluxos de receita ajudarão a compensar os imensos investimentos necessários para seus objetivos maiores.

Ainda assim, esses canais de receita paralelos provavelmente não são suficientes. A chave para assegurar a escala para a exploração espacial girará em torno da questão do custo — ou seja, encontrar economias de escala.

Talvez nada diferencie mais Elon Musk como homem de negócios do que sua obsessão por economias de escala. Desde que transformou o mundo das operações bancárias online há muito tempo, cada grande inovação que ele iniciou cresceu com economias de escala. Pense na Tesla, sua startup de carros elétricos — uma queridinha do mercado de ações avaliada em mais de meio trilhão de dólares e cujo sucesso gigantesco pode ser atribuído a economias de escala de seus dois componentes mais importantes: baterias e células de geração de energia solar, ambos os quais podem ser fabricados de forma mais barata em grandes quantidades. Além disso, tudo na Tesla é voltado para aumentar a eficiência da "máquina que produz máquinas", ou o que Musk chama carinhosamente de seu "Encouraçado Alien" — ou seja, uma unidade de produção altamente avançada e automatizada.

Até mesmo a SpaceX encontrou um meio de capitalizar a ideia da economia de escala. Isso é claramente visto em um vídeo marcante no qual dois de seus foguetes aterrissaram ao mesmo tempo no Kennedy Space Center. É aqui que começa o verdadeiro brilho: uma estratégia de manufatura baseada em componentes reutilizáveis. Manufaturar de um modo completamente automatizado e reutilizar o máximo de elementos possíveis é a base para a SpaceX construir mais de um foguete por semana. Essa estratégia já permitiu à empresa lançar uma rede de satélites — a Starlink — em órbita a uma fração do custo usual (para o desgosto das empresas de telecomunicações). De fato, ao utilizar foguetes reutilizáveis para explorar os benefícios da economia de escala, a SpaceX cortou os custos de entrar em órbita em até dezoito vezes.

É possível que viagens espaciais um dia ganhem escala a ponto de permitir que humanos colonizem outros planetas, mas isso está bem distante e deverá ter um custo astronômico (ah!). Enquanto isso, essas empresas estão aos poucos aproveitando as economias de escala para reduzir o custo médio das missões, e isso pelo menos lhes oferece uma melhor chance de ganhar escala um dia.

O capital de investimento necessário para *moonshots* se relaciona mais com um desafio que muitas inovações escaláveis enfrentam no começo: o custo inicial para criar uma inovação. Para startups, isso geralmente requer atrair investidores abertos a injetar o capital necessário para superar esse obstáculo do custo inicial. Para pesquisadores com uma grande ideia que levará tempo para produzir dados confiáveis, isso significa assegurar grandes concessões de fundos, encontrar doadores com bolsos cheios ou estabelecer parcerias corporativas (cada uma das quais, como vimos, vem com o risco de *mission drift*). Em muitas indústrias, esses custos imediatos são fatores proibitivos para os que estão de fora, com pouco aporte financeiro, agindo como uma barreira de entrada. Posso ter uma ideia revolucionária para uma nova plataforma de rede social que filtra notícias falsas e discursos de ódio, mas estou na lista dos que não possuem fundos — um economista e professor sem conhecimentos de engenharia computacional para construir minha excelente e nova plataforma, sem uma experiência relevante que pudesse convencer investidores de que sei o que estou fazendo, e sem dados iniciais que demonstrem que a minha ideia não se trata apenas de um sonho desgovernado. E na ausência de capital para contratar engenheiros, atrair parceiros mais experientes e testar um protótipo, minha ideia nunca sairá do papel.

A melhor coisa sobre custos fixos é que, uma vez em posse da tecnologia, do protótipo, das provas de dados ou de qualquer inovação que fundamente seu empreendimento, você nunca mais precisará gastar esse dinheiro. Diferente dos custos operacionais constantes, como ingredientes e salários de funcionários, ou testes biométricos e coaching de saúde, um alto investimento inicial se paga em dividendos por não precisar mais de outros grandes investimentos. (É por isso que leis de patentes e direitos autorais existem — para permitir que o suor, sangue e dinheiro investidos na criação de algo novo beneficiem exclusivamente aqueles que fizeram seus esforços prévios por um tempo.) Se o que está ofertando gera demanda no mercado, você idealmente seguirá para a parte gratificante da escala: aproveitar as vantagens da economia de escala.

Veja o exemplo do compartilhamento de viagens. A Lyft e a Uber exigiram custos fixos prévios consideráveis para lançar seus modelos de transporte inovadores, sendo a parte mais cara disso a engenharia computacional para criar a infraestrutura digital que executa tantas coisas: conectar motoristas e passageiros por intermédio de dados em tempo real por meio de interfaces de venda, determinar o preço da viagem, facilitar as transações financeiras, atualizar o sistema de avaliação dos motoristas e passageiros, oferecer um espaço para reclamações e 1 milhão de outras funções pequenas, porém essenciais. Não é barato construir algo assim! Mas uma vez que tudo estivesse funcional e operante, as economias de escala entrariam em cena — cada motorista extra que entra na plataforma permite à Lyft expandir mais ainda a partir de seu preço fixo, reduzindo a média de custo de cada viagem.

A lição aqui é fazer um balanço de quanto será o custo fixo inicial. Então, tenha certeza de que possui financiamento suficiente, e mesmo que seja o caso, procure meios de reduzir os custos iniciais envolvidos no lançamento da sua ideia. Isso é um objetivo praticamente inalcançável para empreendimentos custosos como viagens espaciais, porém mais viável quando se trata de softwares e outros empreendimentos de startups. Por exemplo, você pode ser capaz de equilibrar salários mais baixos para funcionários ao oferecer uma participação na empresa, o que em alguns casos pode levar a um salário considerável no futuro. Quanto menos você gastar com custos iniciais, menos terá que cobrar dos clientes para recuperar o investimento, o que certamente aumentará a demanda. Você pode buscar meios de compensar um custo inicial ao reutilizar alguns materiais, ou mesmo ao criar e vender um subproduto do processo principal de produção. Por exemplo, não é coincidência que muitas empresas produtoras de petróleo bruto também produzam gás natural. Isso ocorre porque o gás natural é um subproduto do processo de exploração de petróleo, do mesmo modo que o melaço é um subproduto da refinação do açúcar, a serragem um subproduto da indústria madeireira e as penas um subproduto da produção de galinhas.

E sempre que possível, você pode tentar crescer com o potencial das economias de escala conforme for crescendo no futuro. Em muitos casos, podem haver impasses importantes entre custos fixos e variáveis. Como alguns dos exemplos anteriores sugerem, altos custos iniciais podem significar uma margem de custo menor mais adiante. Deste modo, um alto custo inicial pode ser preferível, se o capital necessário estiver disponível. Idealmente, os custos operacionais reduzirão conforme você ganhar escala.

Quando estiver pronto para o lançamento, calcule os custos operacionais existentes e então assuma que eles serão 10% mais altos do que o esperado. Depois, olhe para as suas estimativas de lucros versus os custos operacionais e tente descobrir quanta escala será necessária antes de a ideia se tornar lucrativa (ou inversamente, quanto tempo até os cofres ficarem vazios). Tenha em mente a velocidade de consumo do capital. Talvez você queira levar o conselho de Jim Picariello em consideração e garantir mais investimentos desde o início para prolongar seu tempo.

Por fim, se você construiu economias de escala substanciais em seu modelo, faz sentido oferecer um ponto de preço baixo para atrair consumidores. Pode ocorrer uma certa perda no início, mas se você souber que seus custos serão menores mais à frente, conforme for adquirindo cada vez mais consumidores, suas margens decerto melhorarão, o que significa dizer que você terá lucro mesmo sem aumentar os preços. É por isso que muitos produtos de software e aplicativos optam por uma estratégia "freemium": eles oferecem um serviço simples e gratuito para conquistar o cliente, e então apresentam outros serviços interessantes a uma taxa. Por último, não se esqueça de fazer o seu dever de casa no que se refere ao "preço de gargalo" — o preço que ninguém quer pagar e, portanto, no qual a demanda cai a zero — e faça alguns testes para descobrir como preços diferentes influenciam na demanda. Vender algo com prejuízo pode ser doloroso, mas lembre-se de que lucros menores são melhores do que nenhum consumidor.

Esses princípios vão ajudá-lo a criar estratégias para reduzir custos iniciais e operacionais, o que por sua vez lhe dará uma chance maior de ganhar escala.

O Custo de Mudanças Sociais em Escala

Até então, estivemos focados nos negócios, mas os problemas de custos inerentes à escala também são comuns fora do mundo do empreendedorismo, e talvez até mais. Os obstáculos de custo são endêmicos no que se refere a políticas públicas, a organizações sem fins lucrativos e filantrópicas, exatamente porque os programas e intervenções dessas áreas são destinados não a obter lucro, mas a exercer um impacto positivo na sociedade e na vida das pessoas. Dito isso, algumas métricas precisam ser aplicadas para determinar sua utilidade. E o custo-benefício em escala é essencial para um impacto social positivo.

Veja o caso da vacina da pólio. Na década de 1950, o vírus da pólio atingia dezenas de milhares de crianças nos Estados Unidos a cada ano. Essa doença é altamente infecciosa, espalhando-se por meio de fluídos corporais (saliva e espirros, por exemplo) e líquidos contaminados. Os pais estavam aterrorizados, e com razão. Era uma crise de saúde pública grave. Ainda bem que o virologista Jonas Salk desenvolveu a primeira vacina da pólio. Ele usou centenas de milhares de crianças (incluindo seus próprios filhos) como objetos de testagem, dissipando quaisquer dúvidas em relação à sua eficácia. Seus testes demonstraram que a vacina funcionava em crianças, independentemente de quem elas eram ou de onde moravam (representatividade de população e situação socioeconômica). E o único transbordamento ocorrido foi do tipo positivo: quanto mais crianças eram vacinadas, menos o vírus se espalhava porque havia cada vez menos hospedeiros para ocupar — uma característica da imunidade de rebanho.

Mas para a vacina contra a pólio ser realmente bem-sucedida em escala, era preciso produzi-la e distribuí-la com um bom custo-benefício. Por sorte, a vacina era barata de se produzir — graças em grande parte às economias de escala — e de distribuir (pelo menos nos Estados Unidos, onde a dose poderia ser administrada em centros médicos e por assistentes comunitários em áreas urbanas e rurais). Foram essas qualidades que permitiram a erradicação da pólio nos Estados Unidos em 1979.

Compare isso a um exemplo que se tornou uma espécie de lenda urbana das políticas públicas. Reza a lenda que houve um esforço para entregar a vacina da pólio em uma comunidade remota, com cerca de 50 mil pessoas, espalhadas nos pântanos setentrionais da Zâmbia. Em um programa-piloto, uma organização supostamente comprou aerobarcos para navegar pelo terreno difícil e conseguir alcançar as pessoas que precisavam da vacina. O programa-piloto foi um sucesso, mas quando assistentes comunitários tentaram expandir a estratégia para alcançar todas as 50 mil pessoas, logo perceberam que não ganhariam escala. Uma frota de aerobarcos era cara demais! Infelizmente, eles foram obrigados a abandonar os planos de atingir uma vacinação completa na região.

Em teoria, os benefícios sociais de qualquer programa devem sempre ser maiores do que os custos para justificar o financiamento. Assim, organizações e governos que financiam ou adotam intervenções sociais, naturalmente, favorecerão aquelas que obtêm mais benefícios ao menor custo. É matemática básica. Se uma cidade decide investir em um programa de reabilitação de dependentes químicos, escolherá um que ajude mais pessoas a cada dólar despendido.

Mesmo que o programa tenha 100% de sucesso, se custar US$50 mil por pessoa, não ganhará escala. (A não ser que seja usado ou financiado por celebridades ou bilionários da área da tecnologia que podem desembolsar essas quantias.)

Além disso, mesmo em casos de intervenções de sucesso e escaláveis, o apoio financeiro contínuo não é garantido, já que existem muitas causas urgentes concorrentes que também precisam de soluções em escala. Se o programa de reabilitação não beneficiar a comunidade na extensão necessária para justificar seu custo, a cidade pode deslocar o orçamento e designar os fundos da reabilitação para um novo programa nutricional em escolas. Além do mais, sempre há soluções concorrentes para um problema. Por exemplo, o setor de ajuda internacional é repleto de organizações usando diferentes tecnologias para levar energia renovável de baixo custo a áreas rurais pouco desenvolvidas. Com tantas frentes lutando por financiamento — desde painéis solares até pequenas turbinas eólicas, passando por sistemas de conversão de metano — os programas de baixa voltagem acabam sendo os mais propensos a perderem apoio. E sua baixa voltagem muitas vezes decorre de custos altos que não produzem resultados bons o suficiente.

Agora sabemos com o que estamos lidando quando se trata do lado do custo da escala. Governos não querem gastar muito, startups enfrentam altos custos iniciais, e empresas não podem competir com o preço quando as despesas gerais são muito altas. Apesar das diferentes circunstâncias possíveis, as estratégias discutidas neste capítulo são relevantes, seja para tentar escalar uma inovação tecnológica, expandir um programa educacional baseado em pesquisas ou distribuir vacinas para vilas remotas. Mas mesmo que você siga esses princípios ao pé da letra, há mais um fator que pode inflar seus custos conforme a ideia for crescendo: seres humanos.

A Perfeição é Inimiga da Escala

Quando minha equipe e eu estávamos planejando o modelo educacional do Chicago Heights Early Childhood Center, tínhamos um objetivo claro em mente: criar um programa que não apenas melhoraria os resultados na vida das crianças inscritas, mas que também seria escalável para outras comunidades ao redor do mundo.

Como todo pai deveria saber, os professores são a base do desenvolvimento das crianças durante as horas escolares. Logo de início, portanto, um dos nossos não negociáveis era contratar apenas os melhores professores — procurar em toda parte por esses pedagogos tão raros que possuíssem o dom essencial de trazer vida à sala de aula. Na superfície, isso parecia lógico — contrate os melhores professores e as crianças receberão a melhor educação possível.

Havia apenas um problema: os melhores professores também demandavam altos custos para serem retidos.

Como vimos no Capítulo 3, pessoas com habilidades especializadas — neste caso professores — são muito difíceis de se escalar. E não apenas devido à dificuldade em encontrar um grande número de "chefs", mas porque trabalhadores altamente especializados não saem barato conforme se "compra" mais deles em escala como, digamos, o preço da alface cai no atacado quando estes são adquiridos aos milhares para a loja a cada semana. Na verdade, ocorre exatamente o oposto: eles se tornam mais caros. Isso porque, para atrair mais pessoas qualificadas para a área da educação, é preciso elevar os salários para competir com empregadores que podem pagar mais a eles, como o Banco de Wall Street ou alguma empresa do Vale do Silício. E no CHECC, isso não era algo que pudéssemos ignorar.

Nossa equipe que estava desenvolvendo o currículo do CHECC tentou evitar o mesmo fim de vários outros que vieram antes de nós. Por exemplo, na década de 1990, a Califórnia reduziu o tamanho das turmas em todo o estado para tentar aprimorar o aproveitamento dos alunos. O problema era que dar escala a essa iniciativa requeria mais professores, e muitas vezes aqueles que estavam disponíveis não tinham as habilidades ou a experiência necessárias. Mais recentemente, a mesma coisa ocorreu com uma iniciativa esperançosa similar de reduzir o tamanho das turmas no Tennessee. Em ambos os casos, os resultados iniciais em pequena escala eram promissores, mas em escala, os benefícios evaporavam. As escolas simplesmente não podiam contratar os professores de que precisavam.

Para resolver nosso problema de escala, recorremos ao trabalho do matemático alemão Ernst Zermelo. Nascido em Berlim, em 1871, Zermelo se tornou a caricatura perfeita de um lógico brilhante europeu: óculos de armação, um olhar penetrante e um cavanhaque perfeito para acariciar enquanto contemplava problemas matemáticos. Um desses problemas ao qual ele se dedicou acabou desempenhando um papel importante nos primórdios da teoria dos jogos, e carrega o nome de seu criador: o Teorema de Zermelo.

A teoria dos jogos usa matemática para modelar as diferentes estratégias e decisões estritamente racionais disponíveis aos jogadores. Em outras palavras, a teoria dos jogos não é uma simulação da vida real, porque na vida ninguém é estritamente racional; contudo, suas revelações são úteis para se aplicar à vida real. Zermelo postulou que em um jogo de duas pessoas, como o xadrez, o jogador com a posição mais forte em um dado momento sempre tem uma série de movimentos que pode levá-lo à vitória. Nem todos os jogadores conseguem decifrar isso, é claro, mas isso está logicamente integrado à estrutura do jogo. Ou seja, no universo matemático da teoria dos jogos e no teorema de Zermelo, decisões estratégicas perfeitas existem de forma verificável.

Cerca de quatro décadas após Zermelo publicar seu teorema em 1913, matemáticos da década de 1950 combinaram seu trabalho com o conceito de *indução reversa*. Esse conceito sofisticado significa apenas raciocinar para trás no tempo a fim de determinar a melhor solução possível para o seu problema — seja ganhar uma partida de xadrez ou criar um currículo educacional que mantenha um bom custo-benefício em escala — e planejar sua estratégia de acordo. Em outras palavras, para sair de um ponto e chegar a outro, minha mente precisa seguir o sentido oposto. Ao utilizar a lógica para imaginar cuidadosamente como a vitória ou o sucesso em escala se parecem, você pode desvendar todos os passos necessários para chegar até lá. Uma vez que tenha imaginado por completo esses futuros passos necessários, você pode então implementá-los no presente. Os melhores jogadores de xadrez utilizam a indução reversa, assim como as pessoas cujas ideias conseguem manter alta voltagem em escala.

Para resolver esse dilema do capital humano, a equipe de planejamento do CHECC utilizou a indução reversa. Nós partimos da realidade de que, uma vez aplicada a escala em milhares de escolas, nosso programa não teria seu orçamento ou grupo de candidatos dos sonhos para escolher. E assim, tivemos que fazer algo nada idealista, mas muito prático: elaborar o currículo sob o pressuposto de que apenas professores com habilidades medianas o lecionariam.

Se pudéssemos desenvolver um modelo que ainda produzisse aprimoramentos para os estudantes a despeito de não termos à disposição os melhores professores do mercado, poderíamos evitar o risco de sermos cerceados pelos altos custos de se obter o melhor do capital humano em escala. Isso significava resistir à tentação de executar o programa-piloto com os melhores professores. Nós sabíamos que os resultados do piloto seriam menos exuberantes, o que poderia custar caro em termos de publicidade e subsídios a curto prazo, mas também sabíamos que era essencial para o sucesso a longo prazo do programa.

Enquanto nos preparávamos para inaugurar o CHECC, contratamos trinta professores e administradores do mesmo modo que as escolas públicas de Chicago Heights fariam, e também do mesmo grupo de candidatos e com os mesmos salários. Eles não eram "chefs" de renome, por assim dizer, mas sabiam cozinhar decentemente. E se viéssemos a precisar de 30 mil deles, poderíamos encontrá-los e pagar-lhes. Essa era a parte mais importante. Com isso, estávamos evitando o mesmo fim de um dono de restaurante que o inaugura servindo apenas ingredientes de altíssima qualidade, mas logo depois abre outros dois restaurantes e já não pode pagar pelos ingredientes, sendo forçado a diminuir a qualidade ou fechar em algum ponto. Assim como no caso dos professores, o dono de um restaurante se sairia melhor caso utilizasse ingredientes mais baratos desde o início. Nós tomamos uma decisão similar para garantir que os professores altamente qualificados não gerassem uma queda de voltagem em outros pontos mais adiante.

Há uma frase bastante notória e citada de Voltaire: "O ótimo é inimigo do bom." Poderíamos reformular a frase como: "O ótimo é inimigo da escala." Quando se trata de replicar componentes não negociáveis em diversos contextos em escala, você sacrifica a perfeição, mas ganha viabilidade real. Em Chicago Heights, ao planejarmos a engenharia do nosso programa levando em conta as limitações do mundo real, poderíamos nos concentrar em testar a eficácia de um programa que eventualmente poderia ganhar escala.

Pode parecer contraintuitivo, ou até estúpido, não buscar o melhor talento nas etapas iniciais de seu empreendimento. Quando se tratar, digamos, de desenvolver um novo hardware inovador que ganhará escala, não estou dizendo para optar por engenheiros de computação medianos. Afinal, o hardware ou a interface digital deve ser de alta qualidade; isso não é negociável. Mas se para manter o hardware em escala serão necessários 40 mil técnicos, a verdade é que nem todos eles serão funcionários cinco estrelas; da mesma forma, aqueles na etapa de desenvolvimento também não deverão sê-lo. Decerto, contratar técnicos de menor excelência não é o ideal, mas é algo negociável. E mais importante: isso lhe permite manter a fidelidade, mesmo com um crescimento acelerado.

Condições ideais não são realistas na maioria dos casos, então é preciso indagar-se com uma boa dose de realidade: você poderá contratar as melhores pessoas em escala, ou as restrições de orçamento, ou até mesmo um grupo limitado de candidatos talentosos, tornará isso inviável? Como o mais provável é que se torne inviável, ao pensar no futuro, lembre-se dos custos de capital humano e tenha certeza de que os seus sejam sustentáveis em escala.

* * *

PASSAMOS OS ÚLTIMOS cinco capítulos abordando os Cinco Sinais Vitais, ou seja, os obstáculos que você deve superar para garantir a vitalidade da sua ideia: falsos positivos, representatividade da população e situação, transbordamentos e custos. Mas agora que você aprendeu a reconhecer as características críticas de uma ideia escalável, você pode estar pensando: *Como eu pego uma boa ideia escalável e a torno excelente?*

Os próximos capítulos se afastam do ato de evitar uma queda de voltagem e procuram seguir para a criação de ganhos de voltagem. Desenvolvi quatro estratégias-chave, que constituem a segunda metade deste livro: utilizar incentivos da economia comportamental para maximizar resultados, explorar oportunidades facilmente despercebidas à margem de suas operações, saber quando desistir no curto prazo para vencer no longo prazo, e desenvolver uma cultura vencedora e sustentável.

Então, vamos aumentar a voltagem.

Parte Dois

QUATRO SEGREDOS PARA ESCALAR COM ALTA VOLTAGEM

6

INCENTIVOS QUE GANHAM ESCALA

Há alguns anos, uma empresa de crédito para pequenos negócios entrou em contato comigo e com meu amigo e colega Steven Levitt em busca de ajuda para tentar algo intrigante: avaliar com precisão o tipo de pessoa que pedia crédito. O raciocínio da empresa era bem intuitivo. Se o candidato em potencial aparentasse ter integridade, entendia-se que a pessoa faria o possível para cumprir os termos do seu compromisso com a empresa. Além disso, tal pessoa provavelmente seria um líder forte, cuidaria do negócio com competência e representaria um investimento inteligente. Nossa tarefa era, então, desenvolver um experimento de campo para tentar prever tais qualidades nos candidatos a empréstimos. Como não somos de pensar muito dentro da caixa, adotamos uma ideia inovadora da academia e a aplicamos aqui: o experimento da "carteira perdida".

Ao longo de várias semanas, um assistente de pesquisa passava por cada estabelecimento cujo dono havia requisitado um crédito, e "acidentalmente" deixava cair a carteira na calçada na frente. Segundos depois, um outro membro da equipe de pesquisa pegava a carteira (na qual havíamos colocado um papel com um nome e número de telefone), entrava no estabelecimento e entregava a carteira ao dono do local, dizendo que a encontrara na calçada do lado de fora e que não sabia o que fazer.

Então, nós aguardávamos.

Nossa primeira medida codificava quanto tempo levaria para o candidato ao empréstimo nos ligar avisando que estava com a carteira — isso *se* ele ligasse, o que muitos não fizeram, afetando suas pontuações. Em seguida, após as pessoas devolverem a carteira — isto é, aquelas que o fizeram — verificávamos para ver quanto dinheiro ainda havia: os US$60 originais que deixamos (em três notas de US$20), US$40, US$20 ou nada. Nos casos em que a pessoa embolsou algum, ou todo, o dinheiro, nós invariavelmente recebíamos a resposta "Eu não peguei nada". Eu agradecia à pessoa que fez a ligação; então, quando tínhamos os dados necessários, minha equipe e eu gerávamos pontuações de integridade para cada dono de empreendimento e enviávamos nossos relatórios à empresa que nos contratou.

Eu nunca descobri a quais candidatos a empresa decidiu oferecer o crédito ou quão bem nossos índices previram se eles o pagariam de volta ou não. Mas isso é apenas incidental em relação à questão crítica que estava implícita no experimento. Abaixo da questão superficial de querer analisar a integridade dos candidatos ao crédito, a empresa de empréstimos estava pesquisando algo muito mais profundo e urgente: como prever se uma organização comercial será gerenciada com sucesso? Já que o sucesso quase sempre requer escala crescente de um modo ou de outro, é natural pensar que candidatos a crédito com altas pontuações de integridade também podem ter um alto nível de sucesso em escala. Em outras palavras, poderia o caráter ser uma passagem secreta para uma escala de alta voltagem?

Bem, não exatamente.

Em nossa cultura individualista, que eleva CEOs e fundadores ao status de rockstars e celebridades, ao tentar prever o sucesso de um empreendimento, tendemos a focar os comportamentos, personalidades e filosofias dos indivíduos que os lideram, em vez das organizações como um todo. Isso se aplica não apenas a CEOs, mas também a todos que se encontram em uma posição de liderança, desde burocratas em carreiras governamentais até políticos de alto nível e diretores de centros de pesquisa. Inevitavelmente, a maioria de nós acredita que observar líderes e suas respectivas ações oferece insights importantes. Tomemos este exemplo extremo: conheço o dono de uma firma privada de investimento com mais de US$2 bilhões em capital que contrata ex-agentes da CIA com uma metodologia própria para analisar candidatos para posições executivas! Ele está seguro de que essa técnica contribui para o sucesso de sua empresa, e talvez contribua mesmo. O caráter de nossos líderes é importante, assim como a cultura que nutrem em suas organizações (nos aprofundaremos na cultura de escala no Capítulo 9). Mas não tanto.

O foco disseminado em indivíduos faz sentido intuitivamente. Nossa falibilidade humana nos leva a sermos "pensadores rápidos" e a buscarmos explicações simples para qualquer fenômeno. É muito mais fácil concluir que uma empresa é bem-sucedida por ter tido um grande líder do que considerar que foi necessária uma interação complexa de múltiplos fatores. Mas quando superestimamos a influência de características pessoais e subestimamos os fatores circunstanciais, estamos caindo na armadilha de algo chamado *viés de correspondência* (também conhecido como *erro fundamental de atribuição*). Para ter sucesso em escala, nem sempre se trata de *quem*, mas sim do *quê* e *como* — quais decisões você toma e como as executa.

Uma ênfase excessiva no estilo de liderança e na personalidade também ignora um elemento-chave para o sucesso de qualquer empreendimento, que é incentivar a motivação entre as pessoas envolvidas. E motivar pessoas em prol de um objetivo comum se baseia apenas em uma coisa: incentivos adequados. Esse ingrediente essencial tem mais a ver com *como* as pessoas trabalham do que com *quem* trabalham.

Se acertamos nos incentivos, o caráter se torna bastante irrelevante. Isso é um alívio em várias frentes. Primeiramente, a partir de uma perspectiva de qualidade e custo, e visto que seres humanos não são propensos à escala, é encorajador que o sucesso não dependa inteiramente de indivíduos específicos. Apesar de sempre prezarmos por boas contratações, é claro que de vez em quando uma maçã podre acaba sendo contratada; portanto, é uma boa notícia quando até mesmo essas maçãs podem se comportar com integridade e trabalhar bem a partir dos incentivos corretos. Segundo, há o fato de que os incentivos, quando bem planejados, podem ter escala quase infinita e gerar um enorme impacto positivo em moldar comportamentos e resultados. Além disso, os incentivos são algo que todos nós temos o poder de influenciar, independentemente de estarmos ou não em uma posição de liderança.

Não importa se o empreendimento envolve três pessoas ou 333 mil, incentivá-las é algo que frequentemente estabelece a diferença entre o triunfo e fracasso em escala. Quando a maioria das pessoas escuta que um economista mencionou incentivos, logo reviram os olhos e pensam: *Lá vamos nós de novo. Eles vão falar que pagar mais a alguém vai fazê-lo trabalhar mais.* Apesar de ser verdade em um certo grau, essa não é a história toda. Na verdade, incentivar um alto desempenho em escala não precisa vir a um preço alto. Para começar a desvendar o porquê de esse ser o caso, podemos olhar para uma fonte improvável: o momento em que decidimos quanto dinheiro queremos deixar de gorjeta.

O Copo de Gorjetas da Uber

Quando a Uber foi inaugurada, os clientes apreciavam muitas coisas a seu respeito: os tempos de espera reduzidos, o rastreamento de geolocalização, que conectava facilmente passageiros e motoristas, e as taxas mais baratas do que táxis. As pessoas também adoravam não ter que dar gorjeta. Os motoristas recebiam uma tarifa baseada no próprio algoritmo da Uber. Os passageiros não precisavam perder tempo calculando quanto dariam de gorjeta, se tinham dado uma gorjeta muito alta ou muito baixa, ou o que o motorista pensava deles. Do ponto de vista do passageiro, era uma transação sem atritos.

Até não ser mais.

Logo no início do meu período na Uber, começamos a receber mais e mais relatórios de que os motoristas estavam colocando copos de gorjetas para os passageiros, ou até mesmo pedindo gorjetas diretamente. Isso podia estar ocorrendo devido ao fato de que a maior competidora da Uber — e minha futura empregadora — a Lyft, tinha a função de gorjeta instalada desde que havia sido inaugurada, ou porque os motoristas sentiam que precisavam ganhar mais; provavelmente, tratava-se de uma combinação de ambos. De qualquer modo, os motoristas da Uber queriam receber gorjetas, e os passageiros, habituados aos táxis, estavam se sentindo pressionados a dá-las. Travis Kalanick até poderia ter ignorado o que estava acontecendo se não houvesse um problema maior: a campanha #DeleteUber, iniciada em janeiro de 2017 em resposta às acusações de que a empresa havia tentado lucrar de forma oportunista com pessoas que precisavam de transporte durante um protesto na cidade de Nova York contra a proibição de viagens de Donald Trump. A fúria apenas cresceu quando as centenas de milhares de clientes deletando o aplicativo descobriram que a Uber não tinha um sistema automatizado ágil para lidar com o volume de requerimentos de desativação de contas.

Tudo isso cresceu em um alvoroço viral que não apenas prejudicou a reputação da Uber entre os clientes, como também gerou reclamações entre os próprios motoristas, aumentando sua desconfiança em relação à empresa. Ainda assim, os motoristas eram e são indispensáveis ao modelo da Uber, configurando seu componente não negociável mais essencial, já que uma grande frota de motoristas é crucial (pelo menos, até os veículos autônomos ganharem escala) para o produto e a premissa da Uber: uma viagem barata e conveniente. Estava claro que precisaríamos fazer algo para reconquistar a confiança deles — e rápido.

Eu acreditava que as gorjetas eram a resposta. Travis foi resistente no início. A proposta parecia contradizer sua missão de manter os preços baixos o mais baixo possível para os clientes. Além disso, havia o receio de que o sistema de avaliação único da Uber (no qual motoristas e passageiros podem avaliar um ao outro) colocaria uma pressão desnecessária nos clientes para que pagassem mais, por medo de serem mal avaliados pelo motorista. Mas expliquei minha ideia com a ajuda de dois outros executivos, Daniel Graf (liderança da Uber Marketplace na época) e Aaron Schildkrout (líder da equipe de Crescimento, Motoristas e Dados, na época), e Travis eventualmente cedeu. Manter os motoristas era uma questão existencial, de tal forma que, se as gorjetas ajudassem com esse problema — mesmo que alguns clientes sentissem saudade dos velhos tempos sem gorjetas — valeria a pena. Além disso, entendemos que a possibilidade de gorjetas motivaria os motoristas a entregarem um serviço de maior qualidade — e quando foi que clientes reclamaram de um serviço de excelência?

No verão de 2017, a Uber aplicou um conjunto de novas funcionalidades para os motoristas, incluindo a opção de gorjeta dos passageiros. Diferentemente das gorjetas de táxis, no entanto, esse processo não era feito cara a cara, ou mesmo na hora do término da viagem. E os motoristas tinham que avaliar os passageiros *antes* de descobrir o quanto estes haviam dado de gorjeta. Na prática, isso gerava uma tensão emocional e mental menor do que as gorjetas do mundo pré-compartilhamento de viagens, fatores que eram chaves para o apoio de Travis. Ainda assim, segui recebendo e-mails e mensagens de texto de amigos e conhecidos furiosos com o advento das gorjetas pelo aplicativo.

A princípio, os motoristas ficaram gratos. Mas sua gratidão logo foi substituída pela frustração, já que, apesar de haver um aumento nos ganhos por viagem graças às gorjetas, seus rendimentos mensais não aumentaram. Por quê? Ao examinarmos os dados, descobrimos que, ao institucionalizarmos a gorjeta na plataforma, criamos um transbordamento problemático: em razão disso, muitos motoristas novos se cadastraram na Uber e, consequentemente, cada motorista estava recebendo menos viagens — ou seja, menos tarifas.

Além disso, a julgar pelas avaliações dos clientes feitas para os motoristas, as gorjetas não levaram a um aumento na qualidade do serviço, como havíamos antecipado. Não tínhamos certeza do motivo, pois isso ia contra anos de pesquisa em gestão de hospitalidade. Em outras palavras, a implementação da gorjeta incentivou motoristas a aumentarem suas horas na plataforma da Uber, mas não o suficiente para incentivá-los a melhorar o serviço ao cliente.

Porém, essas surpresas pareciam insignificantes quando comparadas com a grande surpresa que veio a seguir.

Ao analisarmos os dados sobre a frequência com que os clientes davam gorjetas — ou não — descobrimos que *apenas 1% dos passageiros da Uber davam gorjeta em todas as viagens que faziam*. Isso mesmo, apenas uma em cada cem pessoas oferecia gorjeta ao motorista! Enquanto isso, 60% das pessoas *nunca* davam gorjetas e 39% às vezes ofereciam.

Essa revelação foi, no mínimo, chocante. Ao pensarmos mais a respeito, no entanto, fazia sentido. De um ponto de vista puramente econômico, é claro, dar gorjeta não é uma coisa racional — por que pagar mais do que o necessário? No entanto, havia mais em jogo aqui do que a economia clássica poderia sugerir.

Trinta e nove por cento dos passageiros da Uber davam gorjetas ocasionais e 60% nunca davam gorjetas, e isso por uma razão muito simples: *ninguém estava lá para observá-los*.

Eles não tinham nada a perder.

Aversão à Perda

No Capítulo 1, mencionamos o trabalho revolucionário de Daniel Kahneman e Amos Tversky sobre vieses cognitivos, em particular o modo como o viés de confirmação pode contribuir para falsos positivos. Esse famoso e influente trabalho, no entanto, é centrado em outro viés na mente humana: a *aversão à perda*.

Por muito tempo — um tempo absurdamente longo, em retrospecto — os cientistas sociais viram economia e psicologia como domínios separados. Os economistas se baseavam na teoria das escolhas do "agente racional" — que seres humanos consistentemente tomam decisões racionais a serviço de seu próprio interesse — para analisar a lógica por trás dos padrões econômicos, enquanto os psicólogos buscavam a lógica em todos os pensamentos e padrões de comportamento aparentemente irracionais das pessoas. Não parecia que essas duas disciplinas tinham tanto a compartilhar até Kahneman e Tversky surgirem e demonstrarem como os traços ilógicos da psicologia humana afetam nossas decisões econômicas. Foi a partir dessa pesquisa — e da explosão de pesquisas subsequentes — que o campo da economia comportamental surgiu.

A aversão à perda é um dos pilares da economia comportamental. A ideia básica é que humanos odeiam perdas de qualquer tipo, a ponto de evitarmos mais as perdas do que buscarmos ganhos equivalentes. Outro modo de ilustrar esse conceito é que a dor da perda é psicologicamente mais poderosa do que um ganho de mesma intensidade. E é por isso que evitar perdas — e a dor psicológica que as acompanha — é um incentivo poderoso.

Kahneman e Tversky demonstraram que devido a essa tendência humana, tomamos todo tipo de decisões descabidas. Por exemplo, quando os preços imobiliários caem após um boom, os vendedores tentam driblar sua inevitável perda estabelecendo um preço de venda mais elevado — por vezes mais alto do que o valor atual do imóvel — e mantendo, em troca, a propriedade no mercado por mais tempo do que deveria. De modo similar, investidores do mercado de ações tendem a segurar ações em queda por mais tempo, porque não querem encarar a realidade das perdas, ao passo que vendem ações em alta rapidamente pelo receio de perder seus ganhos se o preço despencar, fenômeno que é conhecido como efeito disposição.

A razão de nós, seres humanos, desenvolvermos essa assimetria em nossas tomadas de decisão intuitivas é bem direta, de um ponto de vista evolutivo. Quando nossa espécie lutava para sobreviver na selva, digamos, algumas centenas de milhares de anos atrás, obter um pouco mais de comida hoje facilitaria o dia de amanhã. Mas perder a única comida disponível talvez significasse que não haveria amanhã. Nesse contexto, as consequências possíveis da perda eram maiores do que as dos ganhos, de tal forma que evoluímos como seres mais sensíveis à perda, tentando, portanto, evitá-la a todo custo.

Isso é verdade não apenas em relação às perdas de recursos materiais, como dinheiro ou comida. Também se aplica a todo tipo de perda, incluindo perdas *sociais*.

Seres humanos são criaturas inerentemente sociais, outro traço que se desenvolveu ao longo da nossa evolução. Para sobreviver, precisávamos nutrir bons relacionamentos e trabalhar em conjunto com outros membros da tribo. Isso permitia afastar ameaças, caçar em grupo, compartilhar recursos, construir abrigos resistentes e enfrentar desafios que nos forçavam a cooperar uns com os outros. O resultado disso foi a nossa evolução como seres altamente sensíveis a como os outros reagem a nós. Temos plena ciência de que os outros nos percebem.

Isso se chama *automonitoramento*, e uma das coisas que nós monitoramos, consciente ou inconscientemente, é a nossa posição social aos olhos dos outros. Para nossos ancestrais, a perda de capital social significava o risco de ser um renegado da tribo, o que diminuía suas chances de sobrevivência. Naturalmente, portanto, os humanos evoluíram como seres incentivados pelo desejo de se manter em bons termos com os demais.

É aqui que entra a gorjeta — ou a sua *ausência* — para os motoristas da Uber.

Apesar das consequências serem um tanto menores atualmente do que eram para os nossos ancestrais, nós geralmente tendemos a evitar sermos percebidos de maneira negativa pelos outros. É por isso que normas sociais e expectativas culturais exercem tamanho poder na vida humana — porque violar uma delas em público traz o potencial de prejudicar a nossa imagem. Uma das normas sociais da cultura norte-americana, claro, é dar gorjeta para diversos provedores de serviços, como garçons e cabeleireiros, massagistas e funcionários de hotel. O ato de dar gorjeta é público em vários níveis. Em alguns casos, seus companheiros — digamos, os amigos com quem divide a conta do jantar — podem ver com clareza o quanto você oferece de gorjeta. E, em muitos casos, quem recebe a gorjeta descobre a quantia escolhida assim que você a oferece (admita: você nota a reação de quem recebe a gorjeta no momento de pagar a conta). Em outras palavras, quando em público, somos incentivados a aderir às normas sociais e a proteger nossa reputação, e o quanto oferecemos de gorjeta — se oferecemos — tem o potencial de afetar como as pessoas nos veem, assim como a nossa visão de nós mesmos.

Porém, o método da Uber para dar gorjeta aos motoristas removeu por completo essa pressão reputacional e social imediata. E sem isso, o medo de violar uma norma estabelecida desapareceu. Isso decerto agradou os passageiros, mas também eliminou um poderoso incentivo: evitar a potencial perda da reputação social aos olhos dos demais. A importância dessa história não é que a Uber deveria ter publicizado as gorjetas. (Dito isso, se a gorjeta é uma parte não negociável do seu modelo de negócio, você pode pensar de outra forma em relação a ela ser pública ou privada, especialmente em escala.) É que a forma pela qual somos percebidos em público incentiva alguns comportamentos em vez de outros.

De fato, essa técnica é tão poderosa que pode aumentar até a riqueza das nações.

O Empurrão de US$100 Milhões e o Poder das Normas Sociais

A República Dominicana tinha um problema: milhões de cidadãos não estavam pagando os impostos devidos.

Contrário à famosa assertiva de Benjamin Franklin de que nada é certo na vida, exceto a morte e os impostos, muitos países enfrentam dificuldades com a evasão fiscal. Isso é mais visível nos países em desenvolvimento, e o índice de evasão fiscal no ensolarado país caribenho era maior do que outros na mesma região. Em 2017, por exemplo, 62% das empresas dominicanas não pagaram o imposto de renda corporativo, enquanto 57% das pessoas não pagaram o imposto de renda individual. É muito dinheiro não coletado!

Impostos não pagos, evidentemente, resultam em orçamentos menores para projetos de infraestrutura, bem-estar social e outros programas públicos importantes; portanto, mais pessoas pagando seus impostos era uma prioridade para o governo dominicano. Em 2018, o órgão equivalente à Receita Federal do país colocou em ação uma campanha para aumentar o compliance fiscal; quando vieram nos pedir ajuda, alguns colegas e eu nos oferecemos para contribuir nessa luta — com a condição de que pudéssemos fazer um experimento de campo natural.

A maior força da campanha era uma série de mensagens do governo enviadas à população e às empresas. Quase toda pessoa ou entidade que decide não pagar impostos está basicamente pesando os benefícios contra os custos dessa decisão e concluindo que os ganhos possíveis (mais lucro) superam as perdas possíveis (penalidade fiscal ou encarceramento, punições difíceis de serem executadas). O objetivo da campanha de mensagens era equilibrar a balança para que as potenciais perdas se tornassem mais salientes na cabeça das pessoas do que os potenciais benefícios.

Uma de nossas mensagens buscava exatamente isso, informando/lembrando as pessoas a respeito dos períodos de prisão por evasão fiscal. A outra mensagem informava/lembrava as pessoas sobre a nova lei que tornava qualquer punição por evasão fiscal parte do registro público. Em outras palavras, os nomes daqueles pegos por não pagar impostos estariam disponíveis para todos na República Dominicana. Essa ênfase na divulgação ao público visava explorar a mesma relação entre pressão reputacional e aversão à perda que estava em jogo no caso das gorjetas públicas. Queríamos incentivar as pessoas a evitarem um dano visível à sua imagem social.

Assim, no começo da época de pagamento de impostos, foram enviadas mensagens para 28 mil dominicanos autônomos e mais de 56 mil empresas dominicanas. Uma metade recebeu a mensagem referente ao tempo de prisão, e a outra, a da publicação dos nomes de evasores fiscais no registro público. Com tal incentivo, a análise de custo-benefício para os que estavam se decidindo entre pagar ou não seus impostos de repente parecia bem diferente.

Ka-ching: nossa intervenção funcionou.

Em 2018, nossas mensagens aumentaram o pagamento de impostos em mais de US$100 milhões (mais de 0,12% do PIB da República Dominicana naquele ano), receita que o governo *não* teria recebido sem nosso incentivo. Não foi surpresa descobrirmos que, das duas mensagens, aquela referente ao período de prisão foi a mais eficaz; afinal, a perda da liberdade é algo pelo qual todos os humanos nutrem uma profunda aversão. No entanto, apesar de a *ameaça* de prisão ganhar escala com facilidade — apenas teríamos que enviar a mesma mensagem para mais pessoas —, prender uma grande parcela da população por evasão fiscal não era nem prático, nem ético e nem escalável. Felizmente, a mensagem sobre a publicidade dos dados de evasores fiscais foi bastante eficaz. O simples ato de ameaçar danos à reputação social resultou em milhões de dólares adicionais à receita do governo da República Dominicana. E tenha em mente que nós focalizamos apenas uma pequena parcela de contribuintes. Em escala nacional, a estratégia da mensagem geraria uma receita muito maior e um custo muito reduzido ao governo, quando comparado aos ganhos.

Claro, essa não é uma estratégia indicada para todos os contextos. Não estou aqui para sugerir que alguém tentando dar escala ao seu empreendimento deva, por exemplo, fazer uso de humilhação pública e ameaças à reputação das pessoas como parte da sua estrutura de incentivo à escala. Isso soa como uma receita para uma cultura organizacional tóxica e, com certeza, teria um efeito *des*motivador.

O que estou sugerindo, entretanto, é que uma aversão à perda de reputação social é parte da natureza humana — e incentivar as pessoas a preservarem sua reputação por meio da adesão a certas normas sociais pode ter um efeito crítico no comportamento, muitas vezes de maneira positiva. Além disso, esse tipo de incentivo ganha escala muito fácil, pois quanto mais uma pessoa acredita que a norma é disseminada — ou, em outras palavras, quanto mais estigmatizada for a violação de tal norma — mais ela é incentivada a cumpri-la.

Mas esse é apenas um modo pelo qual a aversão à perda e as normas sociais se entrelaçam de maneira curiosa (e escalável).

Mantendo as Aparências de Ecologicamente Correto

Em 2013, a Virgin Atlantic entrou em contato com meus brilhantes colegas Greer Gosnell e Robert Metcalfe para discutir um objetivo ambicioso. A companhia aérea queria reduzir significativamente suas emissões de carbono por meio de uma eficácia de combustível maior. Alcançar esse objetivo seria excelente para o meio ambiente ao mesmo tempo que economizaria dinheiro para a companhia. A única questão era como proceder.

A empresa sabia que a chave para aumentar a eficiência do combustível estava, em grande parte, nas mãos dos capitães das aeronaves, já que as pequenas decisões dos pilotos podem afetar o consumo de diversas maneiras. Antes da decolagem, por exemplo, os capitães precisam planejar a quantidade de combustível disponível, levando em consideração o peso da aeronave e o clima que enfrentarão. Uma vez no ar, as altitudes nas quais optam por voar e os atalhos requeridos por eles e executados pelo controle aéreo, assim como as configurações de flaps escolhidas para controlar as asas e outras decisões aerodinâmicas, podem consumir mais ou menos combustível. E ao aterrissar, eles também podem desligar, pelo menos, uma turbina para taxiar até o portão, o que por sua vez não é obrigatório.

Já que os capitães têm autonomia sobre essas decisões, as linhas aéreas geralmente encorajam, mas não determinam, um conjunto de ações relacionadas ao combustível. Ainda assim, a Virgin viu os benefícios potenciais ao incentivar os pilotos na direção da redução de emissões de carbono. O desafio era como moldar os hábitos que seus capitães haviam formado há tantos anos. Eis onde meus amigos economistas e eu entramos. Nós tivemos uma ideia alavancada em normas sociais, mas de forma menos pública do que no caso do experimento com impostos na República Dominicana, e de tal modo que não criaria uma atmosfera desconfortável que pudesse prejudicar a famosa cultura de trabalho alegre da Virgin.

Os capitães das linhas aéreas treinam meticulosamente para merecerem seus assentos na cabine do piloto, e se esforçam muito para se tornarem os melhores no ramo, então nós sabíamos que tínhamos uma população predisposta a se orgulhar de seu trabalho, pelo menos em teoria. Eles eram propensos a ser guardiões responsáveis do planeta, ou pelo menos da rentabilidade de seu empregador. Diferente dos evasores fiscais da República Dominicana, eles não recebiam ganhos financeiros por se engajar em comportamentos indesejados (neste caso, o desperdício de combustível). Ainda assim, conscientemente ou não, eles também poderiam ser resistentes em modificar seus estilos operacionais já estabelecidos. Com tudo isso em mente, a estratégia que desenvolvemos não se baseava em medidas punitivas ou ganhos pessoais. A chave era apenas coletar informações e compartilhá-las de modo privado, um incentivo discreto que, esperávamos, agiria como uma espécie de incentivo social.

De fevereiro a setembro de 2014, enviamos três relatórios diferentes para três grupos de pilotos da Virgin. O primeiro grupo recebeu relatórios sobre sua eficiência de combustível do mês anterior; o segundo recebeu o mesmo tipo de relatório, com a adição de uma mensagem os encorajando a atingir os objetivos pessoais de economia de combustível que criamos para eles; e o terceiro grupo recebia os mesmos tipos de relatórios e de encorajamento que o segundo, e também eram informados sobre uma pequena doação que seria feita em seu nome para uma entidade de caridade de sua escolha para cada três objetivos atingidos (isso se chama "incentivo pró-social"). O quarto grupo, o grupo de controle, recebia apenas uma carta notificando-os de que seu consumo de combustível seria monitorado. Assim, por sete meses, os pilotos seguiram voando ao redor do mundo, mas com uma vozinha no ouvido lembrando-os das cartas mensais que enviávamos.

Nosso experimento de campo não incluía o fator vergonha social (e certamente nada que se assemelhasse ao tempo de prisão) presente no experimento de impostos da República Dominicana. Nenhuma das cartas continha ameaças de tornar públicos os dados de consumo de combustível ou sugeria que isso impactaria seus ganhos anuais ou avaliações de desempenho. Ainda assim, nosso planejamento experimental indicava implicitamente que a Virgin pretendia implementar uma *norma* na empresa voltada para reduzir as emissões de carbono, apesar de isso não impactar, digamos, os ganhos anuais dos pilotos ou suas avaliações de desempenho. Suas escolhas individuais não gerariam repercussões negativas, mas os pilotos sabiam que os dados resultantes dessas escolhas estariam disponíveis para os executivos da empresa (e nós, economistas). Em outras palavras, as implicações de suas escolhas refletiam de volta aos pilotos em um contexto organizacional que era inerentemente social, então havia uma leve sugestão de perda social caso eles não aderissem à norma.

Como se verificou, não foi o medo de perder reputação diante de outros pilotos e companheiros que os incentivou a adotarem práticas de maior economia de combustível, mas sim o desejo de *ver a si mesmo* como alguém que atende às expectativas sociais (ou à norma da empresa) de reduzir emissões de carbono. Nosso incentivo ganharia escala entre 335 pilotos, cerca de 40 mil voos e mais de 100 mil decisões de pilotos? A elaborada rede neural responsável pela autoimagem dos seres humanos nos manteve otimistas de que sim, este seria o caso.

E de fato, nós estávamos certos. Após analisar os dados, descobrimos que *todos os três* grupos de tratamento implementaram atitudes para economizar combustível. E melhor ainda, o grupo de controle, cujos membros sabiam que estavam em um experimento, mas que não receberiam o mesmo tipo de incentivo, fez o mesmo. Isso se deu provavelmente graças ao efeito Hawthorne, fenômeno no qual as pessoas agem de forma diferente, seja por causa de uma mudança em seu ambiente (como as diferentes luminosidades nos experimentos originais com plantas de Hawthorne, em 1920, que deram nome ao fenômeno) ou porque estavam cientes de que estavam sendo observados (o que desencadeia o desejo de agradar). Neste caso, o mero conhecimento de que o seu consumo de combustível estava sendo monitorado e que seria incluído em nossos dados foi suficiente para incentivá-los a mudar seus hábitos. Na psicologia industrial, o efeito Hawthorne é usado como uma técnica para aprimorar o desempenho dos trabalhadores, e foi exatamente isso que pudemos testemunhar com os pilotos.

Entre os três grupos experimentais, aqueles que receberam as cartas com os relatórios junto de objetivos claros e palavras de encorajamento produziram os maiores ganhos — cerca de 28% a mais do que o grupo que apenas recebeu o relatório. Foi como se a simples possibilidade de não atingir os objetivos motivasse os pilotos a economizar combustível e a salvar suas reputações — isto é, a autoimagem de si próprios como pessoas que correspondiam às expectativas e cumpriam normas. Interessante notar que o incentivo adicional da doação não pareceu surtir muito efeito. Em média, os pilotos que receberam as mensagens sobre doações não economizaram mais do que os que receberam as cartas de objetivos e encorajamento. O incentivo já estava no limite.

Ao total, nós estimamos que a Virgin economizou cerca de 7,7 toneladas de combustível, US$5,37 milhões em custos de combustível e reduziu as emissões em cerca de 21.500 toneladas métricas de dióxido de carbono como resultado desse experimento — um ganho de voltagem alto para a companhia aérea e o planeta. Como bônus, uma pesquisa indicou que os capitães gostaram do experimento, tanto que 79% deles afirmaram desejar mais incentivos como esses (apenas 6% disseram que não). Por fim, a experiência pareceu afetar de maneira positiva as análises de satisfação no trabalho dos pilotos em relação ao grupo de controle.

Iniciativas como essa são fáceis de escalar quando se tem os mecanismos para uma coleta de dados eficiente. Isso ocorre porque os Cinco Sinais Vitais são atingidos naturalmente com esse tipo de incentivo. É uma boa notícia, já que a conservação de energia evidentemente é uma preocupação não apenas para a indústria aérea, mas também para toda e qualquer indústria do século XXI. Como prova, tomemos o exemplo da Opower, a plataforma de engajamento para utilidades cuja tecnologia para termostatos "smart" perdeu voltagem em escala porque seus usuários tinham dificuldades em usá-lo do modo correto, como vimos no Capítulo 2.

Na esteira do fracasso do termostato smart, ficou claro que a Opower (assim como os consumidores e o planeta) poderia se beneficiar de uma iniciativa que, em vez de promover qualquer produto, apenas encorajasse os clientes a adotarem técnicas de economia de energia. Assim, a empresa implementou um programa chamado Home Energy Report (HER), um incentivo social que envolvia enviar relatórios periódicos comparando o consumo energético da residência com o de seus vizinhos. Assim como no experimento da Virgin, essa é uma estratégia que tira proveito da autopercepção e das normas sociais, mas com a adição de um poderoso incentivo: a comparação social. A ideia era incentivar as pessoas a economizarem energia por meio da exploração do desejo humano fundamental de "manter as aparências", similar ao que fizemos ao compartilhar os relatórios de eficácia de combustível entre os pilotos. O que estava em jogo era a autoimagem como uma pessoa da comunidade consciente sobre o consumo de energia — aparência que é difícil de manter quando se descobre que sua residência está consumindo mais combustíveis fósseis do que seus vizinhos "mais verdes". Não importa que os dados sejam anônimos e que ninguém saiba que você é o vizinho que possui um Tesla, ou que mantém as luzes da sala acesas à noite toda. A psicologia da aversão à perda social é ativada do mesmo jeito. Ao analisarmos os 38 experimentos de campo distintos que enviaram intervenções comportamentais HER para cerca de 250 mil residências, descobrimos que, em média, os consumidores reduziram seu consumo de energia em cerca de 2,4% após receberem informações que comparavam seu consumo com os de outras residências na área.

Conforme nos aprofundávamos nos dados, descobrimos que o efeito do Home Energy Report era mais duradouro do que imaginávamos: de 35% a 55% dessa redução perdurou *depois* que a Opower parou de enviar relatórios, até mesmo anos após o término do experimento. Era como se um anjo da conservação de energia tivesse feito morada nos ombros dos consumidores, lembrando-os de economizar, pelo menos, o mesmo tanto que seus vizinhos, e seu desejo de preservar a autoimagem perdurou até mesmo após o fim das mensagens sobre os vizinhos.

Isso representa um benefício enorme aos propósitos de escala. Não apenas é mais fácil escalar incentivos que somente precisam ser implementados uma vez, como também as mensagens únicas são mais promissoras do que as contínuas, que tendem a produzir resultados decrescentes ao longo do tempo. Em resumo, o envio constante de mensagens se torna obsoleto, e as pessoas se tornam imunes a ele.

Outros experimentos de campo que executei mostraram que esse tipo de incentivo funciona em todo tipo de situação e com todo tipo de pessoa. Por exemplo, em Chicago, executei um experimento similar usando mensagens para comparação social, que obteve sucesso ao incentivar várias residências a adotarem lâmpadas fluorescentes compactas e econômicas, algo para o qual os norte-americanos demonstravam uma resistência enorme, apesar dos inúmeros benefícios. Isso sugere que podemos usar o poder da autoimagem e das normas sociais não apenas para modelar o comportamento das pessoas de tal forma a beneficiar o ambiente e a sociedade, como também para incentivar a adoção de inovações tecnológicas importantes às quais as pessoas podem apresentar uma resistência inicial.

Tais incentivos atingem até mesmo pleitos. Acontece que muitas pessoas se apresentam às zonas de votação, pelo menos em parte, porque sabem que os demais perguntarão se elas votaram, ou porque sentem orgulho em anunciar que o fizeram, ou até mesmo por vergonha em admitir que não votaram. Em outras palavras, admitir que não despenderam um tempo do seu dia para votar ameaça sua autoimagem de cidadãos engajados para com o processo democrático. De acordo com um estudo sobre votação que conduzi, o simples ato de requerer que as pessoas *relatem* seus comportamentos (ainda que elas possam mentir) as incentiva a tomarem decisões mais pró-sociais.

Isso tem profundas implicações para a escala em diversos contextos. Para empresas, conforme o custo de monitoramento de funcionários se torna cada vez mais elevado em escala (sem mencionar todas as questões de confiança e engajamento), essa revelação abre a possibilidade do uso de questionários e pesquisas, facilmente implantáveis, para incentivar comportamentos positivos (comparecer a treinamentos e workshops de desenvolvimento, por exemplo) e para *des*incentivar más condutas (como furto).

De modo similar, quando uma empresa oferece informações sobre emissões tóxicas de sua fábrica para o Toxics Release Inventory, um banco de dados norte-americano público para gerenciamento de resíduos, os gerentes têm um forte incentivo para reduzir o uso de químicos tóxicos. E quando organizações anunciam que disponibilizarão dados anuais sobre diversidade no trabalho, os gerentes naturalmente começarão a levar a diversidade mais a sério na hora de contratar e promover alguém. Aliás, se uma organização multifacetada toma a ousada decisão de publicar os dados por divisão (como a editora original deste livro fez em 2018), os gerentes não apenas são incentivados a melhorar a reputação da empresa ao abordarem esse quesito, como também são incentivados a mostrar seus avanços em outras divisões. Caso contrário, isso pode resultar em uma *perda* em capital social e autoimagem.

Diferente de outros incentivos populares — como aumento de salários, almoços gratuitos ou outras vantagens que podem se tornar extremamente custosas conforme a empresa escala — os incentivos sociais podem ser implementados a um custo muito menor em larga escala. Além disso, o fato de a psicologia humana não variar muito entre grupos (a maioria das pessoas sofre com a aversão à perda em um nível semelhante, e quase todo mundo se preocupa com sua própria imagem social) torna essa estratégia de incentivo altamente escalável. Em contraste, o nível de ganhos financeiros necessários para incentivar os funcionários varia muito de pessoa para pessoa, e para alguns pode ser extremamente custoso. Esteja você escalando para obter lucro, gerar algum impacto social, obter melhores resultados de saúde ou educação, ou qualquer outra coisa, o objetivo deve ser planejar incentivos que ativem nossos cérebros altamente sociais e avessos à perda para empurrar as pessoas na direção de comportamentos que beneficiem todos os envolvidos.

Esses princípios também são verdadeiros fora do mundo dos negócios. Por exemplo, os médicos poderiam incentivar pacientes a concordarem com planos de tratamentos instruindo-os a manterem um registro diário de cada vez em que tomassem os medicamentos, fizessem os exercícios recomendados etc. E profissionais da educação poderiam instruir os estudantes a registrarem suas horas de estudos, finalização de deveres e assim por diante. Esses tipos de incentivos, entretanto, não são os únicos que levam a um ganho de voltagem. O dinheiro também funciona (como economista, eu não poderia deixar isso de fora!). Mas incentivos financeiros usados em escala podem ser implementados de formas mais criativas, para além do velho "ganhe mais para receber mais".

A Abordagem Clawback

Assim como seres humanos são mais sensíveis às perdas do que aos ganhos sociais e mais aversos à dor do que apreciadores do prazer, nós também odiamos perder algo que já possuímos, mais do que gostamos de conquistar algo que não temos. Isso é particularmente verdadeiro quando se trata de dinheiro; no entanto, muitos incentivos fiscais são estruturados ao contrário: recebemos alguma compensação quando atingimos um determinado objetivo de desempenho. Apesar de a lógica dessa abordagem parecer sólida, pesquisas revelaram que essa *não* é, de fato, a forma mais eficaz para se aproveitar incentivos financeiros em escala. E se invertêssemos as coisas e déssemos o prêmio antes, e o trabalho e o desempenho viessem depois?

A extrema aversão dos seres humanos à perda de algo que já possuem é conhecida como efeito dotação, que foi revelado em um famoso experimento laboratorial conduzido por Daniel Kahneman, com Jack Knetsch e Richard Thaler. O experimento era simples: eles entregavam xícaras comuns aos participantes. Então, davam a oportunidade de vender essas xícaras por dinheiro, ou trocá-las por outro objeto que consideravam de igual valor (neste caso, uma barra de chocolate). Os pesquisadores descobriram que quando os participantes se sentiam donos das xícaras — assim que estas se tornavam *deles* — passavam a avaliá-las com literalmente o dobro do valor que pagariam para adquiri-las. Uma vez que a xícara fosse da *posse* dos participantes, sua relação mental com o objeto mudava radicalmente.

Esse efeito aparentemente irracional tem sido replicado em outros experimentos, inclusive um realizado por Dan Ariely e Ziv Carmon, que demonstrou a quantidade astronômica que as pessoas cobrariam por ingressos que já possuíam para o NCAA Final Four,[1] quando comparado com a quantia que pagariam pelos mesmos ingressos de outra pessoa. Isso ocorre porque os seres humanos evoluíram de tal forma a realmente odiar perdas — seja de status social, dinheiro ou utensílios de cozinha. Por isso, somos altamente motivados a manter o que possuímos. Mas como esse efeito poderia ser útil fora do laboratório?

---

1 [N. do T.] A rodada final da primeira divisão de basquete universitário dos Estados Unidos.

Tive a oportunidade de explorar essa mesma questão em 2008, quando um fabricante de eletrônicos na China buscou ajuda para aumentar a produtividade em uma de suas fábricas. O Wanlida Group é um dos cem maiores empreendimentos de eletrônicos na China, com centros localizados em Nanjing, Zhangzhou e Shenzhen, e com mais de 20 mil funcionários. Quando os executivos da empresa entraram em contato com Tanjim Hossain e eu para discutir incentivos de baixo custo a fim de aumentar o esforço de seus funcionários, propusemos um experimento de campo utilizando outro viés cognitivo de perda/ganho conhecido como *efeito de enquadramento*. A ideia do efeito de enquadramento é bem simples: o modo como uma tarefa ou situação é apresentada, seja como perda ou ganho, afetará sua atitude e comportamento em relação a ela.

O Wanlida Group produz e distribui uma série de eletroeletrônicos, como notebooks, PCs, aparelhos de GPS e aparelhos domésticos. Tanjim e eu executamos o experimento na fábrica de Nanjing, que produz aparelhos de DVD e porta-retratos digitais, entre outros. Nosso experimento envolvia utilizar diferentes planos de bonificação com um subgrupo de funcionários do Wanlida para aprender se enquadrar incentivos simples influenciaria a produtividade tanto das equipes quanto individualmente. Assim, oferecemos xícaras aos funcionários.

Bem, não uma xícara de verdade, mas um pequeno bônus que cumpria a mesma função que a xícara no experimento de Kahneman. Em vez de atingir um objetivo de produção para ganhar dinheiro, oferecemos o bônus a um grupo de funcionários *antes* de eles atingirem o objetivo. O ponto, dissemos, é que o bônus seria alocado provisoriamente — não pago imediatamente, mas ao final da semana, caso eles atingissem o objetivo de produção. Esse era um jeito educado de dizer que eles teriam que desistir do bônus antes do dia do pagamento caso *não* atingissem o objetivo. O dinheiro era deles mesmos para perder. Chamo isso de abordagem *clawback*.

Como você pode ver, trata-se da formulação de uma motivação. O grupo do "tratamento de perda" *sentiu* como se já possuísse o dinheiro — a despeito de não estar em suas contas bancárias — e que agora corria o risco de perdê-lo. Enquanto isso, o grupo de "tratamento de bônus" recebeu uma formulação diferente. Eles receberiam o bônus como incentivo convencional — ou seja, *atinja antes o objetivo e depois receba o dinheiro*. Este segundo grupo não sentia como se o dinheiro já lhes pertencesse.

Por cerca de seis meses, os funcionários da fábrica da Wanlida continuaram com suas tarefas rotineiras e prosseguiram com seus cronogramas de trabalho. Mas a cada semana as pessoas do grupo de perda ou mantinham seu bônus, ou não, enquanto o grupo da bonificação recebia o seu ou não. Na realidade, é claro, eles estavam perseguindo o mesmo ponto de referência pela mesma quantia de dinheiro e no mesmo dia, mas ainda assim experimentaram o incentivo de formas bem distintas. E esse simples fato teve um impacto significativo na produção.

Como se observou, a abordagem clawback obteve um desempenho melhor do que a abordagem clássica de bonificação, com um aumento total de produtividade em equipe de mais de 1% no grupo de tratamento de perda — efeito que não diminuiu ao longo do experimento de seis meses. Pode não parecer muito, mas, em escala, o aumento persistente de 1% da produtividade tem um impacto considerável a longo prazo. Para uma empresa como a Wanlida, isso pode significar milhões de dólares a mais em lucros dentro de alguns anos.

O experimento de clawback realça o poder da aversão à perda na motivação dos funcionários, e aparenta ser perfeitamente escalável. Vale ressaltar que a soma do bônus é insignificante para o quadro financeiro geral dos funcionários e, portanto, insuficiente para incentivá-los caso aplicada na estrutura tradicional de bonificações. O desejo (consciente ou não) de evitar o desconforto mental da perda foi poderoso o suficiente para produzir uma mudança de comportamento.

Eu implementei a abordagem clawback em diversos outros experimentos de campo e em vários países para testar se ela era aplicável a diferentes pessoas, culturas e situações — e, de fato, era. Por exemplo, nos subúrbios de Kampala, em Uganda, tivemos a participação de 1.200 funcionários que separavam grãos e vimos um aumento de produtividade que superou e muito o da Wanlida — espantosos 20%! Como qualquer efeito comportamental desse tipo, existem condições limitantes. Uma dessas está documentada em uma série de artigos que produzi no início dos anos 2000, dos quais uma das principais descobertas é que as pessoas com uma vasta experiência em ativos de negociação mostram sinais ínfimos — se é que mostram — de aversão à perda. Isso faz sentido, pois em nossa pesquisa pudemos verificar que indivíduos com extensa experiência em desistir de um bem começam a decodificar perdas em uma área diferente do cérebro. O fato de que uma exposição repetida a perdas pode vir a nos dessensibilizar em relação a elas representa uma importante condição de limite de até onde podemos utilizar esse tipo de incentivo, mas uma que eu ainda preciso atingir no contexto das organizações.

De certo modo, formular incentivos dessa forma é uma abordagem indispensável para produzir altos ganhos de voltagem para negócios em escala. E o melhor de tudo, essa não é uma estratégia desproporcional que beneficia apenas executivos e acionistas. A abordagem clawback ajuda os próprios funcionários a ganharem bônus. Além disso, como demonstrado tanto pela nossa pesquisa quanto pelo trabalho de Alex Imas, Sally Sadoff e Anya Samek, muitos funcionários gostam e valorizam o aspecto de comprometimento visto no padrão de bônus clawback. É bom possuir algo e trabalhar duro para mantê-lo. No entanto, empresas que escalam o efeito clawback devem ter um comprometimento próprio: não usar bonificações para perseguir parâmetros impossíveis e irreais que podem vir a gerar um estresse tóxico para os funcionários. Aliás, elas devem estar preparadas para cumprir os pagamentos independentemente de quantos funcionários atingirem o objetivo e ganharem o bônus. Proteger a ética organizacional no uso de incentivos é mais importante do que qualquer ganho de voltagem.

Dinheiro e Prêmios

Apesar de a abordagem clawback parecer bem pensada para empreendimentos, ela também pode ter um impacto positivo em áreas sem fins lucrativos, especialmente na educação. Fora do mundo dos negócios, tendemos a ficar um tanto desconfortáveis ao pagar as pessoas para mudarem seus comportamentos, mas a verdade é que essa prática funciona, e não há razão para se afastar dela. Muitas bolsas de estudos são concedidas contanto que os estudantes mantenham um bom desempenho acadêmico, por exemplo; e, como vimos no caso do Chicago Heights Early Childhood Center, incentivos financeiros aumentaram a participação de familiares no Parent Academy. E já que até mesmo quantias pequenas tiveram sua eficácia comprovada, tais incentivos podem ter um grande espaço em iniciativas com pouco dinheiro focadas em motivar uma mudança social em escala. Eles podem até mesmo ser particularmente bem adequados para estimular certos comportamentos com o potencial de reduzir diferenças socioeconômicas, como pude observar em primeira mão no experimento que conduzi com os economistas Roland Fryer, Steven Levitt e Sally Sadoff em Chicago Heights — não no CHECC, mas nas escolas de ensino fundamental e médio no mesmo distrito.

Chicago Heights possui nove escolas K-8[1], totalizando cerca de 3.200 estudantes. Como muitos outros grandes distritos escolares, é composto principalmente por estudantes negros e de baixa renda, que de modo geral estão em desvantagem quando se trata de índices convencionais de realização. No ano anterior à nossa intervenção, por exemplo, apenas 64% dos estudantes atingiram o padrão mínimo do Illinois State Achievement Test, um exame que mede o desempenho individual de alunos no estado, em contraste com os 81% dos demais alunos do estado. Oferecer aos estudantes de nossa amostragem oportunidades que pudessem ajudá-los — assim como outros como eles em vários lugares — a sair dos ciclos de desvantagens sistêmicas é uma tarefa desafiadora e urgente. Mas esses jovens não foram os objetos de nosso estudo. Foram seus professores.

No início do ano escolar 2010–2011, trabalhamos com funcionários escolares em Chicago Heights para explicar aos professores que executaríamos um experimento do qual eles levariam para casa um bônus caso optassem por participar. Eles gostaram da ideia: 150 professores optaram por participar — quase 95% do total! Eu estava empolgado porque o experimento tinha o potencial de oferecer ganhos para todos: os professores (que, como a maioria dos professores públicos dos Estados Unidos, recebem salários notoriamente baixos) poderiam ganhar um pouco mais; eu poderia examinar os efeitos do clawback na qualidade do

---

1 [N. do T.] Escolas norte-americanas onde os alunos podem cursar desde o jardim de infância até o último ano do ensino fundamental.

ensino para determinar se a nossa intervenção poderia ganhar escala; e as crianças poderiam colher os benefícios na sala de aula.

Eis como isso funcionou. Um grupo de professores — o grupo de bonificação — receberia um bônus ao fim do ano escolar baseado na melhora (entre setembro e junho) das notas percentuais de seus alunos em um teste padronizado — US$80 por percentual, com um ganho máximo de US$8 mil. (Apesar de testes padronizados não serem a única medida, ou a mais precisa, para a aprendizagem dos alunos, da perspectiva do planejamento de um experimento, são um modo atrativo de garantir que os alunos — e portanto, os professores — estejam recebendo notas de acordo com as mesmas métricas.) Em contraste, os professores no segundo grupo — o grupo de perda — receberiam US$4 mil no *início* do ano escolar, assinando um contrato indicando que se o desempenho de seus alunos no teste padronizado ficasse abaixo da média, eles devolveriam a diferença entre os US$4 mil e a recompensa final. Se, no entanto, o desempenho de seus alunos ficasse acima da média, nós ofereceríamos um bônus adicional aos professores de até US$4 mil, totalizando US$8 mil. Assim, os professores de "ganhos" e "perdas" poderiam receber pagamentos idênticos pelo mesmo desempenho. A única diferença era o tempo e a formulação.

Era como o experimento da empresa Wanlida, exceto que, em vez da fabricação de aparelhos de DVD, nossos participantes produziam educação e futuros melhores para as crianças. E desta vez, em vez de pagá-los provisoriamente, oferecemos US$4 mil aos professores no tratamento clawback quando o programa foi iniciado.

O outono veio, se foi, e o inverno anunciou sua chegada com a neve carregada pelos ventos congelantes do Lago Michigan. Então veio o ano novo, seguido pela primavera com suas temperaturas elevadas e seres vivos (incluindo humanos) emergindo na paisagem cinzenta e gélida. Enquanto isso, as crianças e professores de Chicago Heights se engajavam zelosamente na lenta e complexa dança do aprendizado. Havia muitos obstáculos pelo caminho, mas também muitas conquistas — e, com sorte, mais conquistas do que nos outros anos, graças ao nosso incentivo. Quando o fim do ano escolar chegou, aplicamos um teste padronizado. Mal sabiam os estudantes que seus resultados afetariam os ganhos financeiros de seus professores!

O que nós descobrimos? Os professores no grupo de perda viram ganhos significativos nas notas de seus alunos. Seu desejo de não perder o bônus que já tinham recebido havia mesmo os incentivado a se esforçarem mais — ainda mais do que os professores que receberam a promessa de um bônus equivalente. Além disso, os professores no grupo clawback pareciam ter desenvolvido alguns bons hábitos: ao observar a qualidade do ensino nos cinco anos após o fim do experimento, encontramos evidências de que essa melhora de desempenho em sala de aula persistiu, mesmo na ausência de incentivos — o que significava que até cinco anos depois, os estudantes de um desses professores continuaram a experimentar benefícios consideráveis quando comparados aos demais estudantes. Como um belo presente de natal, esse incentivo continuava a surpreender, tornando-o precioso em escala.

O sucesso do nosso experimento conduzido com professores levanta a questão de se uma estratégia similar também funcionaria com os estudantes. Para descobrir, fizemos um novo experimento de campo com cerca de 6 mil estudantes do ensino fundamental e médio na área de Chicago, com recompensas financeiras (US$10 ou US$20) e não financeiras (um troféu) por melhoras no desempenho acadêmico. Os resultados foram encorajadores. Primeiro, descobrimos que os incentivos tradicionais funcionam, mas que o efeito clawback é um pouco melhor. Segundo, vimos que o prêmio não precisava ser em dinheiro para ser eficaz; dar dinheiro *ou* um troféu adiantado leva a uma melhora nos resultados dos testes. Ainda assim, como um dos maiores quebra-cabeças da educação é o motivo de tantos estudantes investirem tão pouco esforço nela, a despeito do alto retorno que receberão ao longo de suas vidas, decidimos por explorar mais a fundo o timing das recompensas.

Dessa vez, seguimos a direção contrária do clawback e dissemos aos estudantes que se obtivessem uma boa performance no teste, eles receberiam o prêmio um mês *depois* do teste. De repente, os incentivos não importavam mais. Ou seja, recompensas — até mesmo as grandes — entregues com atraso não afetaram em nada o desempenho dos estudantes. Essa descoberta sugere que uma explicação possível para o baixo investimento dos alunos em sua própria educação, e para o alto índice de evasão escolar, é que o retorno (entrar na universidade, obter um emprego bem remunerado etc.) é recebido com um atraso grande demais para afetar o desempenho dos alunos. Afinal, se atrasar um incentivo em apenas um mês pode falhar em oferecer motivação, a perspectiva abstrata de oportunidades melhores em um futuro distante certamente não será persuasiva. Ou seja, quando pensar em incentivos para combater as mudanças climáticas, incentivar uma alimentação saudável, reduzir o consumo de cigarros, promover visitas regulares a médicos e dentistas, e para afetar os muitos comportamentos pelos quais as pessoas calculam os custos agora, mas recebem os benefícios depois (às vezes, muito depois), é fácil compreender porque há tão pouco investimento nessas áreas. Quando se trata de incentivos, o timing é tudo.

Alguns especialistas argumentam que incentivos de qualquer tipo na educação podem produzir uma reação negativa em cadeia nos estudantes, pois o que impulsiona um desempenho melhor é uma motivação externa em vez de interna, e no final das contas, a satisfação pessoal não tem limites, ao passo que recompensas externas sim. Em outras palavras, a preocupação é que, ao se basear em incentivos externos, o aluno aprenda a esperar a motivação provinda de terceiros em vez de construir sua própria habilidade de automotivação. Apesar de esses pontos serem válidos, em situações nas quais a motivação interna já é muito baixa, como é o caso de comunidades como a Área Sul de Chicago, onde a falta de oportunidades pode fazer as crianças sentirem como se não houvesse razão para se esforçar na escola, algumas pesquisas mostram que as recompensas têm um grande impacto positivo sem as desvantagens a longo prazo. E de fato, motivações extrínsecas na forma de dinheiro ou troféus podem *construir* uma motivação interna. Os estudantes aprendem porque querem a recompensa, e descobrem que a aprendizagem é sua própria recompensa.

Aprender a extrair satisfação de colher os frutos do seu próprio esforço é uma habilidade que sempre ganha escala.

* * *

NOSSO EXPERIMENTO EM Chicago Heights é um exemplo poderoso para impulsionar o efeito dotação em áreas distanciadas do mundo dos negócios. Em teoria, essa abordagem pode ser escalável não apenas na educação, mas também em outras áreas dos setores público e sem fins lucrativos, como serviço social e policiamento. É claro, devido ao custo dos bônus financeiros, há sempre o risco de se cair no último obstáculo dos Cinco Sinais Vitais: a armadilha do custo. Mas se sua organização for capaz de levantar ou encontrar fundos para bonificações clawback, você pode acabar descobrindo tratar-se de um bom investimento.

É importante, no entanto, reconhecer que ao escalarmos qualquer tipo de incentivo — seja com funcionários, pessoas que queremos servir ou outros stakeholders —, devemos fazê-lo com responsabilidade. Isso significa que as recompensas prometidas por esses incentivos devem ser sempre implementadas de modo justo e igualitário para beneficiar empresas, comunidades e organizações como um todo. Além disso, ser criterioso ao escolher uma abordagem que não seja paternalista e que esteja em harmonia com uma cultura organizacional positiva é vital. Isso quer dizer que você não deve — e não precisa — fazer as pessoas se sentirem vulneráveis mostrando o que elas correm o risco de perder. O objetivo deve ser planejar situações que gerem ganhos suficientes para todos.

Encontrar esses ganhos é, frequentemente, uma questão de maximizar os impactos positivos com tempo e recursos limitados. E para isso, nós precisamos aprender a pensar de maneira diferente.

Devemos ter um pensamento fronteiriço.

7

A REVOLUÇÃO MARGINALISTA

E lá estava eu, sentado à minha mesa no Eisenhower Executive Office Building, uma imponente construção de granito de seis andares que fica a dois minutos a pé da Ala Oeste da Casa Branca. Meu escritório ficava no primeiro andar da histórica construção do século XIX, sem uma única janela. Não que eu fosse ter tempo de olhar pela janela se tivesse essa opção. Era o verão de 2002, alguns meses desde o início de minha função como economista-chefe do governo do presidente George W. Bush, e eu estava tão ocupado que chegar às 6h30 da manhã e voltar para casa às 21h era parte da minha rotina de segunda a sábado. Aos domingos, eu tinha uma pequena chance de aproveitar meus quatro filhos, todos com menos de 4 anos, incluindo minha recém-nascida naquele verão, Greta.

Alguns meses antes, eu havia recebido um telefonema inesperado com uma oferta para fazer parte da equipe da Casa Branca. Parecia uma oportunidade boa demais para ser ignorada, e foi assim que, pouco depois, cheguei de manhã cedo na Avenida Pensilvânia, 1.600, e recebi uma pergunta inicial na entrevista como nenhuma outra que já houvesse recebido na academia: "Qual a sua posição política?"

"Liberal no quesito social, conservador em termos fiscais. Ou seja, alguém bastante convencional", disse com confiança. O entrevistador permaneceu impassível, observando que "Foi o que pensamos, baseado nas suas publicações." Quando finalmente cheguei à minha entrevista da tarde com os economistas do Council of Economic Advisers [Gabinete de Conselheiros Econômicos, em tradução livre], eu achava que tinha perdido aquela chance; certamente a Casa Branca estaria buscando um economista comprometido com uma agenda de direita. No entanto, fui recebido com um tom completamente diferente.

"Que perguntas lhe fizeram esta manhã?", perguntou Glenn Hubbard, o diretor do conselho. Mencionei o questionamento sobre meu posicionamento político, e ele me interrompeu imediatamente. "Isso não importa — você está aqui como economista, para fazer o serviço de um funcionário focado na economia. Precisamos do seu cérebro, e não da sua posição política." Eu estava de volta ao jogo — ou melhor, ao governo.

O dia seguinte veio com uma oferta para o cargo, mas não sem antes passar pela aprovação de uma miríade de verificações de histórico (uma pessoa chegou a visitar meu professor do jardim de infância para perguntar que tipo de criança eu era quando tinha 5 anos!). Nunca tive a oportunidade de servir o meu país de tal modo e, sem saber que o desastre das armas de destruição em massa e a invasão do Iraque estava a meros nove meses de distância, a perspectiva de trabalhar na Casa Branca me enchia de orgulho. No final, eu não podia dizer não — além de servir o país, essa oferta (como a que recebi da Uber quase 15 anos depois) era uma oportunidade de estudar economia e comportamento humano no mundo real — e em escala nacional.

A formulação de políticas é, em um sentido concreto, um gigantesco experimento de campo — um método de escalar ideias e monitorar os efeitos produzidos. Quando implementadas com cuidado, as políticas governamentais têm o potencial de melhorar incontáveis vidas, tanto no presente quanto no futuro. Além disso, meu papel seria científico e, sinceramente, a política sempre precisa de mais ciência.

Agora que estava em D.C., eu teria mais trabalho para fazer do que horas no dia. Meu escritório parecia um resort para pilhas de papel: estavam espalhadas sobre minha mesa, acumuladas sobre cadeiras e tomando conta de cada centímetro do chão. E praticamente todas essas páginas eram relacionadas, de um modo ou de outro, à função para a qual fui designado: analisar o custo-benefício de implementação de políticas em larga escala. A função é importante porque as mais de cem agências governamentais enviam cerca de 4.500 notificações de novas regulamentações por ano. Dessas, cerca de 50 a 100 por ano atingem a condição necessária de serem "economicamente viáveis" (mais de US$100 milhões por ano *tanto* em benefícios *quanto* em custos). Cada uma dessas propostas economicamente viáveis recebe, então, uma análise final referente a seus benefícios e custos.

Qualquer tomada de decisão essencialmente envolve esse tipo de análise: pesar os ganhos e as perdas. Fazemos isso em quase todo momento de nossas vidas sem nem pensar. Se os benefícios de comprar uma maçã (um lanche saudável) superam os custos (que pode ser o preço ou a possibilidade de não apreciar o gosto tanto quanto o de uma guloseima), nós a colocamos na cesta de compras. Se os benefícios de alugar um apartamento (muito espaço, ótima localização) superam os custos (aluguel alto, vizinhos barulhentos), nós assinamos o contrato. Se os benefícios de se matricular na academia (bem-estar físico, socialização) superam os custos (taxas mensais, pressão adicional), nós pagamos a taxa de inscrição. Fazemos um cálculo similar quando decidimos sobre como gastar nosso tempo ou nosso dinheiro. Se os benefícios de uma amizade superam os custos, arranjamos tempo para essa pessoa.

Claro, determinamos, muitas vezes, que os custos *superam* os benefícios. Não compramos filé mignon toda semana. Desistimos de apartamentos que engoliriam 70% da nossa renda, ainda que gostemos deles. Cancelamos nossa inscrição da academia se estivermos indo apenas duas vezes por mês. E paramos de arranjar tempo para aquele amigo que insiste em ser passivo-agressivo todas as vezes. Esse quadro de custo-benefício se estende às nossas escolhas referentes a educação, emprego, casamento, filhos e até ao cometer um crime ou adultério. Às vezes, é claro, erramos os cálculos e guardamos isso em nossa mente para futuras decisões. Trata-se de uma forma inata e altamente adaptável de pensamento econômico que serve nossa espécie há eras.

O cálculo envolvido no desenvolvimento de políticas públicas não é diferente — isto é, quando funciona devidamente.

No ano anterior a se tornar juiz da Suprema Corte Norte-Americana em 1994, Stephen Breyer publicou um livro intitulado *Breaking the Vicious Circle* [*Sem tradução até o momento*]. Naquela época, análises de custo-benefício tinham se tornado parte integrante do mecanismo das políticas governamentais. Essa abordagem começou com o Flood Control Act de 1936, mas não se tornou corrente até os governos de Nixon, Ford e Carter. Então, Ronald Reagan entrou em cena e a abordagem se tornou parte formal do aparelho legal com o Decreto Presidencial 12291, que aumentou a regulamentação e requeria que agências federais provassem que suas ações traziam mais benefícios do que custos. (Essa ordem foi uma ferramenta crucial na campanha agressiva de Reagan de desregulamentação e corte de gastos de programas sociais de que ele desgostava.)

Esse foi o contexto no qual Breyer lançou seu livro, apesar de, diferentemente de Reagan, ele não acreditar que reduzir tanto os gastos fosse solucionar todos os problemas. Ele sustentava que, na verdade, o governo precisava priorizar de maneira mais eficaz os programas e políticas que eram implementados. Cada país possui (teoricamente) um limite de fundos financeiros originados da coleta de impostos, argumentava Breyer; portanto, é obrigação do governo usar esse dinheiro para dar escala a iniciativas que tragam melhorias para o maior número de vidas possível. Em outras palavras, Breyer acreditava que o governo precisava medir melhor os benefícios e custos.

Essa linha de raciocínio, na teoria, é infalível. Mas, na prática, é um pouco mais complicada. Como apontado por Breyer, descobrir como aproveitar melhor cada dólar gasto não é algo tão simples. Na verdade, é um tanto enlouquecedor, mesmo para economistas como eu, que treinaram para isso. Por exemplo, após limpar 90% de um lixão tóxico, o governo deveria gastar mais dinheiro para retirar os 10% remanescentes ou focar esses recursos para questões mais urgentes de saúde pública, as quais também precisam de financiamento?

Dito de forma mais simples, para onde deve ser destinado o dinheiro? E de forma mais abrangente, como podemos calcular adequadamente os benefícios e custos de atacar grandes problemas nacionais que o governo precisa encarar em uma escala enorme, como a epidemia de obesidade ou as defasagens educacionais? Questionamentos como esses eram responsáveis pelas pilhas de papéis parados no meu escritório. Eu tinha que analisar relatórios de custo-benefício e providenciar recomendações de políticas baseadas em um único objetivo: ajudar a extrair o máximo de cada dólar.

Fui incumbido de lidar com as questões ambientais (e depois, de segurança nacional), o que significava que eu trabalhava em conjunto com algumas agências norte-americanas: Agência de Proteção Ambiental (EPA), a Food and Drug Administration (FDA), o Departamento de Trabalho, os Departamentos de Energia, de Transporte e de Habitação e Desenvolvimento Urbano. O governo Bush estava comprometido com análises rigorosas de custo-benefício, ou seja, nenhuma área estava de fora. Um colega fundamental foi John D. Graham, um especialista em regulamentação no Office of Management and Budget [Escritório de Gestão Orçamentária, em tradução livre] da Casa Branca que impulsionou a ideia provocativa de examinar custos-benefícios baseados nos *anos* de vidas salvas em vez de no *número* de vidas salvas, o que alterou a balança das políticas em favor dos mais jovens. Pode parecer cruel, mas dar escala a uma solução que salva ou beneficia a vida de crianças de 8 anos, em vez de idosos de 80 anos, tem um impacto cumulativo maior ao longo do tempo e, portanto, tende a requerer uma fatia maior do orçamento.

Naturalmente, muitos críticos argumentaram que uma vida é uma vida, e que todas elas têm o mesmo valor, ponto final. Simpatizei com essa abordagem moral, mas ainda estava preso à parte econômica. Quando utilizada de modo adequado, a análise de custo-benefício não é uma estratégia política, como foi o caso no governo Reagan. É uma ferramenta para fazer o melhor possível com recursos limitados. Se dinheiro não fosse uma limitação, os legisladores não teriam que abordar os gastos de maneira tão fria e racional. Mas os fundos governamentais *são* limitados, e é por isso que os benefícios precisam ser maximizados e os custos, minimizados. E quando me debrucei sobre os dados, comecei a notar uma demasiada quantia de dinheiro que estava sendo mal utilizada.

Sentado em meu escritório, olhando relatórios de custo-benefício de várias agências federais em uma tarde (ou talvez fosse em uma noite; devido à supracitada ausência de janelas, era sempre difícil saber), tive uma epifania — à qual gosto de me referir como "meu momento político *à la* John Nash", em homenagem ao brilhante e psicologicamente atormentado matemático e vencedor do prêmio Nobel que inspirou o filme *Uma Mente Brilhante*. A descoberta, em poucas palavras, era simples: os dados a partir dos quais os legisladores estavam tomando suas decisões se baseavam em médias representativas. Se uma nova política de ar limpo que custasse US$100 milhões viesse a salvar 200 vidas, eles calculariam que isso custaria US$500 mil por vida — e essa seria a história oficial. Mas em casos nos quais conseguia separar os dados, eu verificava que a realidade não era tão simples. Além disso, notei que nem todo dólar gasto em uma única política tinha o mesmo peso. Por exemplo, os primeiros US$50 milhões gastos em um plano de energia limpa podem reduzir muito mais as emissões do que o segundo conjunto de US$50 milhões.

Dentro da EPA, por exemplo, havia discrepâncias enormes e problemáticas em relação a como os *últimos dólares* afetavam os resultados. Enquanto a remoção de barragens de rejeitos (um tipo de aterragem construída por humanos para guardar subprodutos da mineração) custa dezenas de milhões de dólares para salvar uma vida humana, a implementação de padrões de compliance para reduzir a poluição que tem o mesmo impacto em salvar vidas custa apenas algumas centenas de dólares por vida salva. E — mantendo-me fiel ao meu treinamento de economista — ao verificar todos os gráficos, tabelas e figuras das mais diversas agências, eu soube que, se quiséssemos identificar e priorizar políticas que aproveitavam ao máximo o dinheiro dos contribuintes, assim como Justice Breyer havia sugerido, precisaríamos olhar não para o impacto positivo que cada dólar causava em média, mas para o impacto positivo que o *último* dólar causava.

Isso porque as médias de custo-benefício que agrupavam todos os dólares estavam obscurecendo os números mais específicos que revelavam que *certas políticas se tornavam menos impactantes à medida que ganhavam escala.*

Por exemplo, uma intervenção de US$30 milhões focada em reduzir o absenteísmo de estudantes a nível nacional pode ser eficaz nos primeiros US$20 milhões gastos, mas pode haver uma redução de retornos nos últimos US$10 milhões. Mas não deveria toda política ser responsabilizada além de apenas demonstrar que os benefícios gerais superam os custos gerais? Era responsabilidade do governo priorizar políticas que extraíssem o máximo de cada *último* dólar gasto; do contrário, não estaríamos alocando o dinheiro dos contribuintes do modo mais escalável possível. Mas como se soluciona um problema como este?

Eu sabia a resposta: escalar pelas margens.

A Revolução Marginalista

Ao final do século XIX, a área da economia fez um grande avanço intelectual que ficou conhecido como a Revolução Marginalista. Ainda assim, a despeito do nome, ela não foi exatamente marginal. Na verdade, tornou-se uma visão central na economia. Os avanços no pensamento que representava tomariam o centro das discussões da teoria econômica e mudariam para sempre o modo como os economistas calculavam o valor das coisas.

A Revolução Marginalista surgiu, em grande parte, graças a três homens de três países diferentes: o britânico William Stanley Jevons, o austríaco Carl Menger e o francês Léon Walras (que também foi pioneiro na teoria de equilíbrio geral, que abordamos no Capítulo 4 em relação aos transbordamentos). Um dos focos da economia durante o século XVIII era entender por que bens e serviços atingiam os preços que tinham no mercado. Por exemplo, por que o ouro custava mais que os alimentos, quando podemos sobreviver sem metais preciosos, mas não sem nutrição? Por que diamantes possuem um preço tão elevado quando comparados à água, que é essencial para a nossa sobrevivência? O paradoxo do diamante e da água é ensinado atualmente em salas de aula ao redor do mundo.

Isso se chama teoria do valor. Indo além do conceito limitado de oferta versus demanda, Jevons, Menger e Walras introduziram a *função de utilidade*, ou a teoria da utilidade, na discussão do valor. (Eles se basearam no trabalho do economista britânico Jeremy Bentham.) A ideia era bem simples e ainda assim radicalmente nova. Tudo aquilo em que gastamos dinheiro traz uma certa satisfação ou utilidade, quer estejamos pagando para possuir um objeto, para utilizar um serviço ou para ter uma experiência. E esse nível de satisfação determina o valor que recebemos dos bens e serviços.

Porém, há uma outra camada para isso. Jevons, Menger e Walras postularam que a utilidade não é estática: bens e serviços — separados em "unidades" — têm valores diferentes para cada consumidor, a depender se estiverem na sua primeira ou última unidade consumida, ou em algum lugar no meio. O valor desta última e mais recente unidade é denominado *utilidade marginal*, e raramente é equivalente à média de valor de todas as unidades. De volta ao Eisenhower Executive Office Building, portanto, quando eu tentava estimar o valor do último dólar gasto por cada agência em cada programa para determinar qual último dólar teve o maior impacto positivo, eu estava de fato tentando calcular a utilidade marginal (apesar de, é claro, isso não estar relacionado ao consumo, mas sim ao gasto de dinheiro em políticas).

Como regra geral para os consumidores, há uma lei de *redução* da utilidade marginal, o que significa que a última unidade vale menos do que a primeira. Um exemplo simples disso são... donuts.

Eu adoro donuts. Vamos supor que eu tenha comido dois donuts hoje (o que é, honestamente, bastante possível, se eu não me policiar) e estou tentando decidir se deveria comer um terceiro. Se eu tomar minha decisão baseado na minha paixão por donuts, ou no quanto, em média, eu gosto de donuts, então é provável que eu me decida por comer o próximo. No entanto, se eu tomar minha decisão sobre aquele terceiro donut em específico, vou perceber que posso ter uma dor de estômago. Em outras palavras, a satisfação que receberei desse donut — sua utilidade marginal — cairá vertiginosamente. É exatamente isso que acontece com muitos programas governamentais, que começam a oferecer retornos cada vez menores por cada dólar conforme o nível de investimento neles aumenta.

Para outro exemplo político, vejamos a Guerra às Drogas dos EUA. Muito mais dinheiro foi investido no aspecto militar e de aplicação da lei da guerra às drogas, apesar de os benefícios marginais dos últimos dólares gastos na prevenção e recuperação de abuso de substâncias serem muito maiores. Naturalmente, quando se erra o cálculo de benefícios marginais em escala, a quantidade de dinheiro desperdiçado aumenta exponencialmente. É por isso que a análise de custo-benefício para o governo precisa focar não apenas a utilidade média, mas também a utilidade nas margens.

A análise marginal introduzida por Jevons, Menger e Walras pode ser aplicada até mesmo para ajudar seus filhos a aproveitarem mais o seu tempo de estudo. Se quiser saber como eles podem aproveitar melhor três horas de uma noite antes de uma prova, por exemplo, você não vai querer olhar a média de horas gastas em estudos com um professor particular versus estudos online versus a releitura do livro para determinar qual traz os melhores resultados em termos de desempenho. É preciso comparar os rendimentos na terceira e *última* hora da tutoria, do estudo online ou do livro, e ver qual tem o maior impacto. Quando souber qual dessas opções traz o maior benefício marginal, poderá realocar mais recursos para ela. O mesmo cálculo se aplica ao tempo gasto estudando. Especialistas nos ensinaram que aprender/dominar habilidades é como colher maçãs: no início é fácil, mas os últimos 5% ou 10% são bem difíceis. Nesses casos, se a última hora de estudo para a prova de matemática aumentar a nota em apenas 1% ou 2%, por que não mudar o cenário e fazê-los dedicar-se a algum outro dever de casa, ou talvez até mesmo ter uma hora extra de sono?

A questão do marginalismo, como os economistas chamam, é que é bem complicado pensar desse modo. Não é um pensamento que vem naturalmente aos nossos cérebros repletos de vieses, que estão programados para sempre simplificar as coisas em prol da eficiência. A mente humana tende a aplicar heurística ("pensar rápido"), já que na maior parte do tempo isso funciona bem e requer menos esforço ("mais barato") do que "pensar devagar", que é bem custoso em termos de neurônios requeridos e custos metabólicos. Infelizmente, essa tendência quase sempre distorce nossas análises de custo-benefício, tornando mais difícil alocar nosso tempo e recursos de modo mais eficiente.

Pense em como percebemos a fatura da conta de luz. Apesar de talvez você nem saber, quando nós consumimos eletricidade, somos cobrados de acordo com preços estratificados que aumentam conforme a quantidade de eletricidade utilizada. Por exemplo, pelos primeiros 100 quilowatt-hora (kWh) pagamos US$0,10 por kWh; já para os próximos 100kWh, pagamos US$0,15 por kWh. Pesquisadores observaram como os consumidores respondem a mudanças em preços estratificados e descobriram fortes evidências de que as pessoas são afetadas quase totalmente pelas médias de preços e não pelos preços marginais. Os consumidores pensam rápido, e é muito mais fácil calcular a média de preço por kWh consumido — neste caso, US$0,125 — do que o preço do último kWh consumido ao decidir ajustar o termostato.

Os economistas Richard J. Zeckhauser e Jeffrey B. Liebman (que trabalhou no Office of Management and Budget para o presidente Barack Obama) estudaram isso em contextos reais e brincam ao referir-se a este fenômeno de consumidores "achatando" as diferenças dos preços planejados (a explicação de uma empresa ou organização sobre a diferença de taxas ou índices) em um preço linear como *schmeduling*[1]. Quanto mais os consumidores tomarem decisões

---

[1] [N. do T.] Uma "programação [ou cronograma] percebida de forma imprecisa", segundo definição dos próprios autores Zeckhauser e Liebman.

baseadas em médias em vez de pensar nas margens, por assim dizer, mais oportunidades de economizar dinheiro serão perdidas.

Isso não vale apenas para os consumidores. Por exemplo, pequenos negócios ou startups que estão crescendo provavelmente terão gastos maiores com o passar do tempo. Portanto, ao tomar decisões sobre gastos e orçamentos futuros, o dono ou fundador deve olhar para o mês mais recente, e não para a média. De modo similar, devido à usual queda de retorno dos dólares gastos em escala em propagandas, marqueteiros e empreendedores devem comparar o retorno do último dólar gasto em diversas estratégias ao decidirem onde investir mais dinheiro. O objetivo é identificar quais margens estão escalando com sucesso e quais não.

Neste ponto, ficou claro o que eu tinha que fazer no meu escritório sem janelas e tomado por papéis em Washington, D.C.: colocar a análise marginal de cada programa de cada agência que me foi incumbido sob um microscópio para localizar onde a lei da redução de benefícios marginais entrava. Uma vez feito isso, eu saberia exatamente em que valor em dólar o programa começara a perder voltagem, de tal forma que as agências governamentais pudessem redistribuir de modo eficiente os fundos restantes para políticas que produzissem um impacto mais positivo por dólar. Desse modo, todos nós relaxaríamos e assistiríamos ao ganho marginal explodir em escala.

E foi isso que aconteceu?

É claro que não!

Não ocorreu pelo fato de o pensamento marginalista estar errado. Pelo contrário, foi porque realocar grandes quantias de dinheiro leva tempo e energia — e nesse caso, consenso político, o que não é fácil de atingir quando se está retirando dinheiro de uma iniciativa e dando-o à outra. Este era o governo federal, afinal, e a esta altura eu já entendia bem que as burocracias governamentais não eram apenas vagarosas — eram também irracionais e insaciáveis.

Devido a sua própria natureza, cada agência está preocupada apenas com a própria sobrevivência, a qual depende do tamanho do investimento. O resultado é uma cultura na qual a eficiência (isto é, quão eficiente é o gasto dos fundos) é menos importante do que a autopreservação política. Isso não quer dizer que os burocratas no topo das agências ou dirigindo os programas sejam ladrões gananciosos (apesar de este ser o caso de vez em quando); pelo contrário, eles são simples peças nessa inevitável discordância, na qual departamentos concorrentes tentam reunir o máximo de recursos, engolindo dinheiro como a baleia bíblica que engoliu Jonas. Para piorar, o investimento nas agências é determinado pelo quanto elas gastaram ao longo dos anos, o que na verdade atua como um *des*incentivo para essas agências economizarem.

O problema do governo norte-americano — e da maioria dos governos, para falar a verdade — é que os ganhos marginais são cortados pelos mecanismos vagarosos e altamente politizados da burocracia. Felizmente, eu ainda era capaz de ser útil para a administração (e portanto, para os cidadãos norte-americanos) em outras áreas, como conduzir experimentos de campo baseados em evidências científicas — e não em políticas! — para informar as políticas públicas ambientais, de segurança nacional, de imigração e comerciais. Até que, em 2003, deixei meu cargo no governo.

Quinze anos depois, no entanto, eu teria uma segunda chance de trazer à tona o pensamento marginalista ao escalar ideias. Não no governo, que não possui incentivos movidos por lucros para economizar dinheiro nas margens, mas no mundo altamente competitivo dos negócios, que possui tais incentivos.

Na Lyft, eu teria a chance de executar a Revolução Marginalista para elevar a voltagem em escala.

O Memorando de Adam Smith

Assim que comecei a atuar na Lyft, eu participei de uma reunião executiva liderada pelo CEO Logan Green no escritório da empresa, em São Francisco. Todos na sala estavam olhando para uma planilha repleta de despesas e retornos gerados por elas. A Lyft precisa focar seu marketing em ambos os lados do mundo dos negócios — oferta (recrutamento de motoristas) e demanda (conquistar passageiros) — portanto, uma das áreas na qual a empresa estava gastando muito dinheiro era, sem qualquer surpresa, a propaganda: Facebook,

Instagram e Google Ads, comerciais de TV, anúncios de rádio e outras mídias. Precisávamos encontrar caminhos rentáveis para a divulgação, e era isso que estávamos discutindo.

Ao encarar a planilha de números na tela do meu computador, alguns pareciam piscar e pulsar diante dos meus olhos. Ela me lembrou do meu momento John Nash no escritório do Eisenhower Executive Office Building — dados pontuais inesperadamente convergindo para um significado. Algo estava errado. Não era que os números não fossem precisos; é que eles não faziam sentido em termos econômicos. A sensação era familiar. Entre os meus dias na Casa Branca e o momento em que me tornei o economista-chefe da Lyft, atuei em dezenas de organizações, e um erro fundamental que eu antes pensava tratar-se de uma exceção, agora havia se tornado uma regra na minha mente.

Como muitos outros, nós, na Lyft, não estávamos pensando nas margens.

Após a reunião, meu extraordinário diretor, Ian Muir, o restante da equipe e eu nos aprofundamos nos dados. E verificou-se que minhas impressões estavam corretas. Os benefícios marginais em queda estavam por toda parte. Os últimos dólares gastos com anúncios no Facebook, por exemplo, renderam um *quinquagésimo* do retorno proporcionado pelos últimos dólares gastos com o Google Ads. Neste caso, havia uma solução simples: bastava mover alguns dos anúncios do Facebook para o Google, onde estávamos recebendo retornos altos do nosso dinheiro marginal. Mas eu não podia deixar de pensar se alocações de dinheiro similarmente inadequadas estariam ocorrendo em outras partes das operações comerciais da Lyft para além do marketing — e, mais preocupante ainda, se tais erros de cálculo estariam ocorrendo em escala.

Obviamente, eles estavam. Dos investimentos ao dinheiro gasto recrutando motoristas para ofertas como "indique para um amigo", a Lyft não estava obtendo escala a partir das margens. Algumas estratégias produziam retornos maiores do que outras, mas no geral, a empresa estava focada apenas nos retornos médios da totalidade de seu investimento em propaganda e outras áreas do negócio, o que mascarava quais estavam de fato obtendo um bom ou um fraco desempenho nas margens. Ou seja, a empresa não fazia ideia se cada último dólar gasto estava gerando a maior voltagem possível.

Apesar da pouca sorte em aplicar o pensamento marginalista para otimizar os gastos do governo federal, eu estava mais otimista em alcançar essa mudança na Lyft. Afinal, nos negócios, diferentemente da política, os leviatãs que crescem demais sem obter lucro encontram seu fim cedo ou tarde. A ineficácia, a irracionalidade e os incentivos econômicos desalinhados que permitem que a alocação inadequada de dinheiro persista nas burocracias governamentais simplesmente não alçam voo no setor privado. Em parte, isso se deve ao fato de que as empresas são planejadas para serem simples, ágeis e adaptáveis para conseguirem se manter competitivas em um mercado em constante mudança. Mas, na verdade, é mais simples do que isso: é uma questão de sobrevivência. Se as empresas gastarem muito dinheiro, logo deixarão de existir. É isso que faz com que os negócios sejam eficazes e implacáveis.

Logo após a reunião, minha equipe e eu escrevemos um memorando para toda a empresa salientando minhas descobertas nos livros fiscais e como o pensamento marginalista poderia ajudar a empresa. Nós o chamamos de "Adam Smith Visits Lyft: Making Use of the Invisible Hand to Allocate Resources Efficiently" [Adam Smith Visita a Lyft: Fazendo Uso da Mão Invisível para Alocar Recursos de Modo Eficaz, em tradução livre]. O memorando acabou sendo um dos mais lidos na história da empresa, e acabou se transformando em uma peça-chave do nosso manual de redução de custos pós-Covid-19, quando o compartilhamento de viagens praticamente estagnou durante vários meses na primavera de 2020. Posteriormente, nós o nomeamos de "Adam Smith Visits the Mandalorians" [Adam Smith Visita os Mandalorianos, em tradução livre], depois que Logan (um fã de *Star Wars*) anunciou uma abordagem de "caçador de recompensas" para economizar cada dólar possível no corte de gastos. Eis como começava:

> Quando dólares são espalhados pelo chão, os economistas ficam furiosos, especialmente os economistas de Chicago. Uma maneira importante de se evitar isso foi mencionada pela primeira vez por Adam Smith, em 1776, e os economistas agora se referem à principal aplicação de Smith (1776) como a "Mão Invisível"...

O princípio é simples: a teoria econômica nos ensina que uma empresa está operando de maneira eficaz apenas quando os benefícios marginais de cada dólar gasto em todas as áreas são equalizados. Isso nos oferece uma regra de decisão referente a como gastar nossos próximos dólares em cada área. Devemos alocar o investimento para a área na qual o benefício marginal por dólar adicional for mais alto.

Isso é senso comum, e todos na Lyft concordariam. De um modo mais simples: se Logan encontrar um dólar caído no chão, onde ele deveria investi-lo? Decerto, onde este terá o maior impacto — em outras palavras, nas áreas que nos oferecem o maior benefício marginal por dólar. Todos nós sabemos disso.

Em particular, esse princípio sugere que a Lyft deveria comparar os benefícios marginais de todos os gastos em áreas semelhantes de forma justa — digamos, aquisição de motorista ou passageiro, ou engajamento de motorista ou passageiro. Quando os benefícios marginais para o último dólar são equivalentes entre as equipes, regiões e projetos, então os recursos estão alocados de maneira eficiente e o crescimento é maximizado — estamos obtendo o máximo de nossos investimentos.

O memorando foi bem recebido, creio eu, porque era como se os benefícios marginais estivessem escondidos debaixo de nossos narizes. Logan solicitou aos gerentes de cada grupo que observassem os impactos do último dólar gasto e tomassem decisões de acordo. Nada estava fora de questão, desde gastos com seguros e marketing até incentivos para motoristas e passageiros. Vale a pena notar que a cultura positiva que Logan e o cofundador John Zimmer construíram na Lyft também teve um papel importante nas reações positivas das pessoas. Os funcionários não foram punidos ou expostos por escolhas prévias de gastos com retornos marginais reduzidos. Certas alocações podiam se encontrar no grupo de corte, mas nenhuma cabeça rolaria, figurativamente falando. E a melhor parte era que a empresa estava de fato motivada a adotar o pensamento marginalista, diferente das agências governamentais.

Até a escrita deste livro, continuamos no modo de "alta eficácia" na Lyft; mesmo após a vacinação em massa ter início e a economia reabrir, o pensamento marginalista não morreu — ele apenas foi redefinido. Agora, em vez de gerar despesas desnecessárias e simplesmente nos manter operantes, o pensamento marginalista ditava onde aumentar os gastos conforme a empresa voltava a ganhar escala. Qual era a melhor forma de fazer os motoristas voltarem à ativa? Anúncios no Google? Programas de "Indique um amigo"? Disponibilizar carros para motoristas em potencial? E do lado da demanda, como poderíamos convencer os clientes de que a Lyft era a melhor opção para ir do ponto A ao ponto B quando começassem a retornar ao seu trabalho e à sua vida pré-Covid? Medidas de segurança? Descontos de tarifa? Todas essas escolhas possuem benefícios (e retornos reduzidos associados), e todas possuem custos, que nós contornávamos nas margens.

Você deve estar pensando que essa abordagem só é possível no Vale do Silício, onde as empresas tendem a ser mais ágeis e focadas em dados, e quase sempre possuem bilhões de dólares para gastar. Mas não é o caso. O pensamento marginalista pode assegurar uma alta voltagem em escala em qualquer lugar, apesar de alguns casos exigirem uma experimentação maior do que outros.

Experimentando nas Margens

Em meados da década de 1980, quando estava no ensino médio, eu passava os verões trabalhando na Wisconsin Cheeseman, uma empresa de cestas de presentes especializada em queijos (que eu consumia bastante durante os intervalos). Minha função era dirigir uma empilhadeira, então eu passava os dias entregando plataformas carregadas de queijo do porão do armazém para as linhas, onde os funcionários os distribuíam em cestas de presentes para enviar ao redor do globo.

Notei um fenômeno interessante surgir no primeiro verão. A estação começou com as linhas de montagem preenchendo cerca de metade do salão no prédio. Para meu espanto, cada linha carregava várias plataformas repletas de queijo por hora. A cerca de um quarto daquele primeiro verão, um grande número de novos funcionários foram contratados para preencher a outra metade do espaço da linha de montagem. Como motorista da empilhadeira, meu trabalho seria um pouco mais caótico durante esse período; no entanto, apesar do fato de que eu estaria entregando para o dobro de linhas de montagem, nunca tive que entregar o equivalente ao dobro de plataformas de queijo.

Isso aborreceu o gerente da fábrica, e eu me lembro claramente de ser chamado ao escritório no fim de uma tarde de verão. "Senhor List", disse meu chefe, "nossos registros mostram que você está entregando cerca de metade da quantidade de produtos para as novas linhas se comparado com as linhas antigas".

"Sim, senhor. Isso está correto", respondi.

"Isso é inaceitável. Precisamos de mais produtos entrando nessas linhas."

Dei de ombros e olhei para os gerentes das linhas, que conseguiram murmurar apenas: "Os motoristas de empilhadeiras estão entregando a quantidade correta. Essas linhas apenas não estão produzindo a um ritmo elevado."

O gerente da fábrica, naquele momento, não conseguiu esconder seu espanto — algo compreensível, já que por meses ele vinha pagando o dobro de funcionários que não estavam produzindo nem perto do dobro de cestas de presentes. "Isso não estava planejado no orçamento, e agora estamos acabados!", gritou.

Como isso ocorreu? É bem simples: ele havia feito um orçamento baseado nas médias em vez de usar o pensamento marginalista. O orçamento fixo do gerente da fábrica assumia que o grupo original de funcionários e os novos contratados eram igualmente produtivos — sem levar em consideração o fato de que a empresa contratava mais e mais funcionários, reduzindo a produção marginal real. Esse é o mesmo fenômeno que ocorre ao se contratar professores, como discutimos no Capítulo 5: os funcionários mais produtivos tendem a ser contratados primeiro, e se você quiser continuar a obter escala após as opções de "superestrelas" terem sido esgotadas, será preciso contratar pessoas menos produtivas. Ainda assim, nesse caso, os retornos reduzidos foram agravados porque a linha agia tão rapidamente quanto o funcionário mais lento (isto é, o "elo mais fraco"). Em resumo, a empresa vinha preparando seu orçamento com base na produtividade média, em vez de partir da produtividade do último funcionário contratado. De algum modo, o negócio conseguiu se sustentar até 2011, quando fecharam a fábrica. A Wisconsin Cheeseman teria uma chance se ao menos tivesse aplicado o pensamento marginalista.

A lição aqui é que quase todo empreendimento, seja com ou sem fins lucrativos, possui áreas de gastos ou produção nas quais o pensamento marginalista não tem força suficiente. Ainda assim, nem sempre estamos cientes dessas áreas porque elas estão agregadas de um modo que seria impossível detectá-las. Se não resolver esses pontos fracos, você se arrisca a cair na armadilha do custo em escala, o que inevitavelmente levará a uma queda de voltagem.

O primeiro lugar para começar a busca por pontos fracos é qualquer área em que você tiver muitas alavancas, seja no investimento ou na produção. Na Lyft, por exemplo, há uma variedade de maneiras para aumentar a lucratividade: existem inúmeras estratégias de marketing utilizadas para recrutar novos motoristas e novos clientes, e uma infinidade de investimentos feitos para reduzir os custos de seguros, despesas de litígio e assim por diante. Portanto, há diversas formas para se aumentar o valor do último dólar a ser gasto. Na Wisconsin Cheeseman, a principal alavanca era a produtividade, mas havia enormes diferenças de produtividade em toda a fábrica. Calcular periodicamente a quantidade de tempo necessário para produzir a última cesta de presente de cada linha de montagem em vez da média para toda a fábrica ofereceria uma imagem mais precisa, além de insights sobre como alocar melhor os funcionários.

No fundo, o essencial não é apenas coletar dados, mas coletá-los de modo mais detalhado: ao longo do tempo e por todas as estratégias e investimentos distintos. É necessário passar um pente fino em cada área para encontrar discrepâncias marginais. Inevitavelmente, você encontrará alguns investimentos que ganharão escala naturalmente e outros que não. Certos investimentos entregarão os resultados desejados, enquanto outros serão uma perda total. Evidentemente, esse tipo de investigação deve ser incentivado dentro do seu negócio ou organização.

Pensar nas margens também significa experimentar mais. Você tem que puxar muitas alavancas — e diferentes combinações delas — para descobrir quais são as mais vantajosas para o seu empreendimento. Na Cheeseman, por exemplo, alocar diferentes números de funcionários em várias linhas e comparar os índices de produtividade subsequentes ofereceria insights sobre quantos funcionários colocar em cada linha conforme as operações continuassem a ganhar escala. Esse processo de descoberta é útil antes do crescimento dos negócios, mesmo que este nunca ocorra, mas mudará e terá ainda mais importância em escala. Lembre-se dos primeiros capítulos, nos quais discutimos a representatividade da população e da situação. Com frequência, a queda de voltagem ocorre quando o grupo de pessoas que se espera atingir ou as condições nas quais o atinge se tornam mais diversas e complexas conforme sua empresa ou organização cresce. Isso provavelmente produzirá pontos fracos específicos em um local ou grupo de funcionários. Para localizar onde você está perdendo voltagem nas margens, é preciso fazer testes em múltiplas localidades e comparar os dados.

Esses tipos de explorações são igualmente valiosos no lado do cliente. Por exemplo, ao lançar um novo produto, examine quantas unidades estão sendo vendidas por dia em diferentes regiões, em vez da média diária nacional. Os dados resultantes oferecerão insights sobre a alocação de recursos marginais. Por exemplo, você pode parar de enviar um novo produto para uma região onde as vendas são baixas até que economias de escala possam ser implementadas — ou seja, até que a receita das vendas nessas áreas exceda todos os custos envolvidos em colocá-lo nas prateleiras. É claro que analisar múltiplas regiões desse modo requer um investimento considerável de tempo e recursos, mas se cada dólar gasto for equalizado em um amplo grupo de pessoas, regiões e situações em escala, você terá alcançado a alta voltagem.

Para que você não pense que cultivar um pensamento marginalista envolve sempre analisar os números de uma folha de balanço, lembre-se do seguinte: alguns benefícios marginais são intangíveis e seus dados são difíceis de se obter, mas isso não significa que não sejam importantes ou valiosos. Aprendi isso em primeira mão quando, por insistência de alguns de seus doadores, a Make-A-Wish Foundation me pediu uma análise de custo-benefício para melhor entender o valor dos presentes que a organização entregava para crianças com doenças terminais.

As crianças viviam mais após ter seu desejo atendido? Seus muitos sorrisos tinham um valor quantificável? Isso era mais complicado do que qualquer tarefa que eu já tinha recebido no meu escritório bagunçado e sem janelas em frente à Casa Branca. Mas, no final, minha resposta foi simples: algumas coisas que valem a pena fazer — e escalar — transcendem a monetização e as medidas convencionais.

Nunca se sabe onde haverá um pote de ouro, e é por isso que a curiosidade e a experimentação — em vez de uma atitude defensiva — devem fazer parte do seu DNA cultural. Porém, ao encontrar pontos fracos, corrigir seu curso para realocar seus gastos ou reestruturar seus cargos pode não ser o único desafio a ser enfrentado. Muito frequentemente, há outro obstáculo a ser confrontado antes: deixar seus erros passados onde eles pertencem — no passado.

Deixe o Passado Para Trás

Logo após eu começar a lecionar na Universidade de Chicago, seu departamento de arrecadação de fundos me procurou em busca de ajuda. Naturalmente, seu objetivo era aumentar a arrecadação de dinheiro, e como eu havia passado os anos iniciais da minha carreira estudando a economia comportamental de arrecadações, eu prontamente disse que sim.

Uma das primeiras coisas que aprendi foi que o departamento de arrecadação tinha um call center equipado que não estava sendo utilizado. Quando perguntei por que haviam parado de usá-lo, alguém explicou que apesar de os telefonemas gerarem mais doações do que as cartas, o custo de enviar uma carta era menor; consequentemente, eles haviam optado por deixar de lado a arrecadação por telefonemas. Ao pressionar para entender como chegaram a essa conclusão, descobri que o cálculo da média total de custo de cada telefonema era feito pela soma do custo acumulado do sistema de banco por telefone em rede por computadores e o custo do salário dos estudantes para fazerem chamadas, e depois dividir o resultado pelo número total de telefonemas.

Uau, pensei.

O departamento de arrecadação estava ignorando o que os economistas chamam de *princípio marginal* — a regra de que o dinheiro gasto no passado não deve influenciar as decisões racionais tomadas no presente. Os dólares já gastos estão no passado, caracterizando um *custo irrecuperável*. Agora, apenas o retorno do *próximo* dólar a ser gasto importa.

Para o departamento de arrecadação, isso incluía o investimento inicial no sistema de banco por telefone: um custo fixo inicial e único. O dinheiro já havia sido usado e, portanto, era impossível de ser reavido. Expliquei para a equipe de arrecadação que esse gasto passado já não era relevante. Como o sistema do call center não fazia mais parte dos custos operacionais regulares, deveria ter sido descontado de seus cálculos atuais direcionados ao futuro.

O erro não foi investir no call center, mas não deixar esse investimento no passado. Ao recalcularmos os custos operacionais, houve uma redução dos custos de cada chamada ao ponto em que a margem era menor do que as cartas! Além disso, descobrimos que ele não era apenas mais barato, como também mais eficaz para se obter doações. Como resultado, o departamento reativou o sistema de banco por telefone, contratou mais estudantes e arrecadou muito mais dinheiro.

Ao considerarmos os investimentos ou erros do passado no nosso processo de tomada de decisões sobre o futuro, é quase certo que cairemos naquilo que é conhecido como a *falácia do custo irrecuperável* — um comprometimento irracional com o dinheiro, o tempo e outros recursos que já foram gastos. Com frequência, esse comprometimento falho tem um preço, como aconteceu com o departamento de arrecadações da Universidade de Chicago, que investiu mais tempo e recursos naquilo que depois descobriu ser uma estratégia menos eficaz.

Entretanto, é mais fácil falar do que de fato evitar a falácia do custo irrecuperável. Isso porque nossas emoções interferem nas tomadas de decisão racionais — e, como aprendemos, as emoções que mais detestamos e, portanto, mais tentaremos evitar, incluem perda e arrependimento.

Nós também caímos na falácia do custo irrecuperável inúmeras vezes em nossas vidas pessoais. Digamos que você tenha comprado ingressos para assistir a um concerto ao ar livre que acontece no início do outono com a sua família. Apesar de você esperar que não fizesse tanto frio, no dia do concerto uma frente fria chega e as temperaturas alcançam patamares congelantes. Há duas opções: ir ao concerto de qualquer jeito ou desistir. Como já comprou os ingressos e não quer se arrepender de gastar dinheiro com um concerto ao qual não foi, você diz para seu cônjuge e filhos: "Dane-se o frio, vamos para o concerto!" Então, o que acontece? Vocês passam frio e não aproveitam esse tempo juntos. Você permitiu que um custo irrecuperável do passado determinasse o futuro; o dinheiro dos ingressos já estava perdido, e ir ao concerto não o traria de volta. Portanto, você pagou um preço extra — perdeu um tempo que poderia ser melhor gasto de outro modo, como assistir a um filme na sua casa quentinha.

Um experimento mental que pode ajudá-lo a evitar tais situações é inverter eventos e tarefas, e indagar: *Se ainda não tivéssemos os ingressos, será que os compraríamos agora?* Se a resposta for não, ignore suas atitudes do passado e reduza suas perdas enquanto pode. Você pode sentir um certo desconforto ao fazer isso, mas no final se sentirá melhor (e não acabará molhado e gripado).

Essa aversão a reduzir as perdas e deixar os custos irrecuperáveis no passado se manifesta em praticamente todas as áreas de nossas vidas, e quase sempre com riscos muito maiores do que um sábado à noite desagradável, com frio demais para apreciar a música. Permanecemos em relacionamentos ruins porque odiamos a ideia de "perder" o tempo que investimos — um custo irrecuperável. Não vendemos um investimento desastroso no qual perdemos dinheiro — um custo irrecuperável. Nós nos arrastamos até concluir a graduação de um curso que não queremos seguir em vez de apenas desistir dele — um custo irrecuperável. Não deixamos um emprego que nos torna infelizes porque já passamos muitos anos construindo uma carreira dentro da empresa — um custo irrecuperável. E vemos isso também em escala global, como quando líderes mundiais se recusam a sair de um conflito internacional que já custou muitas vidas e recursos. As pessoas constantemente deixam perdas passadas irrecuperáveis afetarem o presente e o futuro.

Essa tendência de sucumbir à falácia do custo irrecuperável é extremamente relevante ao se aplicar o pensamento marginalista. Quando se traz a análise marginal para um empreendimento, como fizemos na Lyft, também se está sujeito à descoberta de erros passados. No nosso caso, percebemos que estávamos tomando decisões menos ideais quanto aos gastos e à alocação de recursos. É doloroso descobrir uma alocação inadequada de recursos limitados que se transformou em um custo irrecuperável. Sua reputação ou mesmo o seu emprego podem estar em risco se for revelado que você encabeçou ou apoiou uma alocação indevida de recursos. É aqui que surge a tentação de apostar no erro e investir ainda mais na esperança de reaver o custo irrecuperável, como um jogador desesperado que tenta recuperar o dinheiro que perdeu. Mas desperdiçar dinheiro em uma ideia falha quase nunca dá certo, especialmente em escala.

Os obstáculos políticos e reputacionais para acabar com as falácias do custo irrecuperável em seu empreendimento quase sempre dependem da cultura organizacional (da qual falaremos mais no Capítulo 9). As pessoas se sentem psicologicamente seguras o suficiente para admitir erros? Elas veem os sucessos e as falhas como resultados de esforços individuais ou coletivos? Elas são propriamente incentivadas a colocar os interesses da organização ou empresa antes dos seus? As respostas para essas perguntas definirão quão prudente será sua operação ao responder a descobertas nas margens e ao superar os custos irrecuperáveis que inevitavelmente surgirão. Além da cultura, também existem mecanismos organizacionais que você pode instituir para evitar ficar atolado em erros do passado. Algumas firmas de gestão financeira, por exemplo, fazem circular portfólios entre os funcionários a cada seis meses, possibilitando um novo olhar para determinar quais investimentos não obtiveram um bom desempenho e vendê-los — sem vergonha ou arrependimentos para ofuscar a decisão correta. Seja no seu negócio, na sua carreira ou na sua vida pessoal, uma perspectiva objetiva de terceiros pode oferecer o empurrão que você precisa para deixar o passado para trás.

*   *   *

REDUZA SUAS PERDAS. Deixe os custos irrecuperáveis para trás. Quando você reconhecer erros do passado, uma voz na sua mente pode lhe dizer para seguir o curso, mesmo diante dos custos marginais. Lembre-se de que isso é apenas a aversão à perda e o arrependimento antecipado falando. Ignore essa voz. Você deve estar disposto a incomodar o seu eu do passado; o seu eu do futuro ficará grato por isso.

Mesmo que isso signifique fazer o impensável: desistir.

8
DESISTIR É PARA VENCEDORES

Eu era um bom jogador de golfe no ensino médio. Não era um Tiger Woods, mas era bom o suficiente para conquistar uma vaga no time de golfe da Universidade de Wisconsin-Stevens Point, onde estudei até conquistar duas vezes o título de atleta Academic All-American, o programa de reconhecimento de aluno-atleta. Eu nutria uma profunda paixão pelo golfe.

Quando eu estava crescendo, todos os homens da minha família eram motoristas de caminhão (meu avô August Sênior, meu pai, August Júnior e meu irmão mais velho, August III!) e haviam me dito que eu também seria um. Mesmo assim, eu sonhava com outra vida, mesmo sem saber ao certo como esta seria, ou onde encontrá-la. O golfe, no entanto, foi uma porta que abriu um novo horizonte de possibilidades para mim, já que foi graças a esse esporte que tive a oportunidade de ir à universidade.

Ao obter o diploma universitário, eu subiria a escada socioeconômica e ganharia acesso às oportunidades que estavam fora do alcance de meus pais e avós. O golfe tinha me levado até ali, então a melhor maneira que eu podia imaginar de prosperar era seguir o esporte como carreira. Se eu aguentasse firme e desse tudo de mim, haveria chances de me tornar um atleta profissional? Eu acreditava que sim, apesar de, em retrospecto, eu ter sido vítima do meu próprio viés de confirmação, convenientemente focado nos torneios que eu tinha vencido e ignorando as evidências empíricas dos que tinha perdido. Eu não tinha dificuldades em me lembrar dos bons resultados — marcando 32 pontos nos primeiros 9 buracos de uma competição prestigiada, por exemplo — mas bloqueava convenientemente os 41 pontos nos últimos nove que me custaram o primeiro lugar. Ao empacotar meus pertences e deixar a casa onde passei minha infância para me mudar para Stevens Point, o meu sonho era participar do campeonato PGA Tour. E por que não? Eu acreditava que poderia escalar meus sucessos anteriores como golfista para outros no futuro por meio do PGA Tour.

Eis que algo surpreendente aconteceu durante o meu primeiro ano universitário, algo que mudou a trajetória da minha vida. Na metade da temporada de golfe do outono, tive um final de semana de descanso, então voltei para casa para visitar minha família. Ao visitar o Cherokee Country Club em Madison, Wisconsin, para aprimorar minhas jogadas em uma sexta-feira de manhã, havia um grupo de golfistas universitários no Cherokee, incluindo alguns antigos jogadores com os quais eu já havia competido no ensino médio — golfistas como Steve Stricker, da Universidade de Illinois, e Jerry Kelly, da Universidade de Hartford, ambos os quais teriam carreiras longas e bem-sucedidas no PGA no futuro. Eu já não os via há alguns anos, então aceitei a oportunidade de comparar nossas habilidades.

Na época do ensino médio, eu havia conseguido me manter competitivo, mesmo sendo alguns anos mais novo do que eles. Agora, no entanto, algo havia mudado drasticamente. Ao trabalharmos no campo de treinamento, algo parecia estar faltando. Eles haviam atingido o nível de Jack Nicklaus, enquanto eu continuei sendo apenas John List. Contudo, em vez de aceitar a realidade, optei por deixar esse episódio inicial de lado. *Eles sempre tiveram uma tacada mais potente do que a minha*, eu disse para mim mesmo, *mas eu sempre fui melhor nas tacadas de precisão. Além disso*, lembrei-me, *isso é apenas um treino. É a pontuação da partida que de fato importa, então vamos ver como os seus resultados se comparam aos meus.*

Após as jogadas deles, segui a rodada com alguns amigos. Mesmas áreas, mesmo percurso, mesmas condições climáticas. O resultado esmagador foi que tanto Steve quanto Jerry pontuaram na faixa dos 60, assim como uma dúzia de golfistas com eles (incluindo um aluno de ensino médio chamado Mario Tiziani, atualmente também golfista profissional), e enquanto eu pensava ter feito um bom jogo, alcancei apenas 75. Para os que não entendem a pontuação do golfe, nesse nível a diferença seria equivalente a um 10 e um 2.

Naquela noite, em vez de dormir, fiz o que qualquer pessoa obcecada por dados faria: pesquisei todas as pontuações deles dos últimos anos, comparando-as com o que eu havia conseguido nos mesmos percursos. Fiz o mesmo no sábado e domingo. Não era um trabalho fácil. Como não havia internet naquela época, isso me custou dois dias inteiros na biblioteca buscando os dados em jornais locais velhos. Após o fim de semana, enquanto dirigia de volta para Stevens Point, sem dormir, aceitei o fato de que não importava o quanto eu amasse e praticasse golfe — e não importava o que ele significava para mim — eu nunca estaria no mesmo nível para o torneio PGA, nem de longe. Eu estava jogando razoavelmente bem para competir a nível universitário, mas descobrir como aprimorar aqueles últimos pontos necessários para competir nos níveis mais altos era impossível. De repente, eu já não era capaz de me iludir mais. A realidade havia intervido e revelado a verdadeira face das minhas aspirações de golfista: um falso positivo.

Meu talento havia me trazido até esse ponto, mas para uma carreira, aquilo não escalaria. Insistir além deste ponto apenas resultaria em uma queda de voltagem esmagadora e talvez em uma desilusão ainda maior. Assim, eu decidi que era hora de desistir do meu sonho.

Não foi uma decisão fácil de tomar. Ia contra os valores que aprendi na minha infância em uma pequena cidade de Wisconsin, o reino do legendário treinador do Green Bay Packers, Vince Lombardi, que disse: "Vencedores nunca desistem e desistentes nunca vencem." Essa era a cultura local na qual cresci, da qual eu era um produto, assim como meus pais encorajadores, que acreditavam na minha carreira no golfe e me disseram para persistir e nunca desistir.

Esse não era um fenômeno exclusivo do Centro-Oeste. A cultura norte-americana como um todo diz que se nos recusarmos a desistir, se aguentarmos um pouco mais, então todos os nossos sonhos se realizarão. Isso é apoiado pela proliferação de histórias de sucesso nas redes sociais que parecem bater na mesma tecla: "Ainda bem que não desisti e perseverei, apesar de todos os contratempos." Esse sucesso deve ser aplaudido, é claro, mas para cada uma dessas histórias inspiradoras deve haver centenas de milhares de pessoas que trabalham arduamente e nunca atingem a linha de chegada, nunca fazem a volta da vitória. Onde estão os tuítes dessas pessoas? Quem está falando sobre como poderia ter conquistado algo muito bom se tivesse desistido de algo há vinte anos e tentado um caminho diferente? Quantos medicamentos salvadores de vidas, produtos inovadores e intervenções políticas ousadas nossa sociedade perderia se as pessoas se recusassem a desistir de sonhos não escaláveis? Essas são histórias trágicas e não narradas — não narradas porque não tiveram a chance de se concretizar na realidade, já que desde o dia em que nascemos ouvimos que nunca devemos desistir.

Mas e se eu lhe dissesse que conquistar algo grande frequentemente significa desistir — ou seja, desistir de um sonho, um desejo ou uma carreira que não vai dar em lugar nenhum, em troca de algo em que você possa fazer uma contribuição maior?

No meu caso, após desistir do sonho de golfista profissional, foquei minhas forças na única coisa para a qual tinha um verdadeiro talento — e paixão: economia. Em 1992, eu me formei em economia pela UW-Stevens Point e recebi meu diploma de doutorado quatro anos depois pela Universidade de Wyoming.

Depois de concluir meu PhD, me candidatei para 150 cargos de professor-pesquisador. Fui rejeitado em 149 deles, mas não fiquei tão abalado por essa receptividade nada calorosa da minha área de escolha. Isso porque, diferentemente do golfe, a economia era uma área em que eu sabia que era bom o suficiente para deixar uma marca. Apesar de não possuir um elegante diploma da Ivy League, a resposta à minha pesquisa sugeria que estava com um foco certo. Dessa vez, então, segui o conselho de Lombardi e perseverei. Eu me lancei no trabalho de campo que desde então vem definindo minha carreira na única universidade que me aceitou, a Universidade da Flórida Central.

Valeu a pena. Em algum canto alternativo do multiverso, John A. List é um "profissional do ensino" de golfe em um clube de segunda citando Vince Lombardi aos clientes durante as aulas. Não seria a pior existência possível, mas tampouco a melhor. Felizmente, *neste* universo, eu sou eu mesmo, constantemente alimentando minha curiosidade com novos experimentos de campo e ciências inovadoras. Fiz algumas coisas das quais me orgulho, e talvez até tenha ajudado algumas pessoas. Como golfista, eu simplesmente não teria nenhum impacto — *não* porque economistas são inerentemente mais valiosos para a sociedade do que golfistas (muitos profissionais do golfe inspiram crianças e contribuem para causas sociais, além de outras coisas maravilhosas), mas simplesmente porque sou melhor em termos de economia do que de golfe, o que tornou mais provável uma contribuição minha em relação a questões de valor social. Colocando de outra forma, minhas habilidades como economista eram mais escaláveis do que minhas habilidades como golfista.

Em casos como esse, a melhor coisa a se fazer é desistir. Pode parecer uma decisão assustadora, mas eu argumentaria que tornar-se bom em desistir é um dos segredos para um escalamento bem-sucedido. De fato, acredito que não apenas as pessoas, empresas e organizações não desistam *o suficiente*, como também não desistem *no tempo certo*.

O que levanta uma pergunta inevitável: como saber quando desistir?

Tempo é Dinheiro

Talvez não seja coincidência que a área na qual foquei após desistir da minha carreira de golfe seja uma disciplina que pode explicar cientificamente o porquê de essa escolha ser a correta para mim. Essa explicação pode ser encontrada em um dos conceitos-base de economia: *custo de oportunidade*, ou os ganhos que são perdidos ao se escolher uma opção em vez de outra. Podemos pensar no custo de oportunidade como uma tentativa de quantificar o caminho não escolhido, ou seja, o caminho que teríamos tomado se tivéssemos desistido do caminho no qual estamos. No meu caso, perseguir a carreira de golfista teria me custado a chance de ensinar economia para jovens mentes brilhantes, publicar diversos estudos científicos e livros, e aconselhar vários líderes. Testemunhei um exemplo útil da dinâmica do custo de oportunidade em um dia no trabalho quando meu filho Mason, na época com 8 anos e um jogador de beisebol precocemente competitivo, estava comprando um novo taco. Mason havia guardado US$325 e queria comprar o melhor taco possível, com o qual ele acreditava que conseguiria aprimorar sua média de tacadas. (Sim, seu pai obcecado por dados científicos vinha rastreando suas estatísticas desde sua primeira tacada, aos 5 anos!) Ele logo encontrou duas ótimas opções — um de US$200 e outro de US$325. Como não conseguiu se decidir entre os dois, fiz o que qualquer pai economista faria, e disse: "Mason, pense assim. Se você comprar o taco de US$200, sobrarão US$125 para você comprar uma luva da Rawlings novinha." Ele levou essa sugestão em consideração. Um minuto depois, estávamos no caixa com o taco mais barato e a luva da Rawlings.

Mason havia calculado o custo de oportunidade na sua tomada de decisão. Devido à quantia limitada de dinheiro que tinha para gastar, se ele tivesse optado pelo taco mais caro, não apenas teria que desembolsar US$325, como também teria que desistir de comprar uma nova luva.

Às vezes, fazemos esses cálculos de modo intuitivo. Mas geralmente não consideramos custos de oportunidade até que ambas as opções estejam diante de nós — fenômeno demonstrado por um conjunto influente de pesquisas em psicologia, que mostra que nossos julgamentos e preferências tendem a ser baseados sobretudo em informações explícitas. Como foi discutido no Capítulo 7, ao tomarmos decisões, tendemos a pegar atalhos mentais, ou heurísticas, que nos permitem pensamentos mais ágeis, o que significa que despendemos menos tempo para considerar cuidadosamente o custo de oportunidade. De forma semelhante, pesquisas sobre previsão afetiva — nossa habilidade de prever emoções futuras — revelam que julgamentos sobre nosso bem-estar futuro são extremamente sensíveis ao humor atual, fazendo com que negligenciemos outros fatores relevantes. Em outras palavras, aumentamos a importância das emoções que estão conosco, o que pode levar a mais tomadas de decisão impulsivas.

Quando eu era vendedor de cartas de esporte, via isso o tempo todo. Por demasiadas vezes, um comprador tinha dificuldade em escolher entre duas cartas — comprar, digamos, uma carta de US$250 de Ken Griffey no início de sua carreira, ou uma carta especial A-Rod de US$200 — então eu colocava as opções do seguinte modo: "Você preferiria ter a carta de Griffey, ou a carta especial e mais cinco pacotes de cartas Upper Deck?" Surpreendentemente, a decisão que parecia difícil há apenas alguns minutos de repente não o era mais: a carta A-Rod e os cinco pacotes.

Pesquisas experimentais sugerem que os legisladores também são vulneráveis a esse mesmo viés, conhecido como *negligência do custo de oportunidade*, ao avaliar os melhores programas para financiamento, fazendo com que tomadores de decisões se comprometam com um programa sem considerar por completo os demais. Eu sempre ouvia "Que benefícios US$10 milhões podem gerar se investidos nessa política?" Mas raramente escutava "Por outro lado, que benefícios esses US$10 milhões podem gerar se investidos em outro lugar?" O mundo dos negócios também está sujeito a esse fenômeno, apesar de haver mais práticas de proteção implementadas, já que compreender o custo de oportunidade é essencial em um ambiente tão competitivo. Isso nos leva de volta ao conceito de pensamento marginalista do Capítulo 7, que é inseparável do custo de oportunidade. Quando os recursos são limitados, se você não estiver extraindo o máximo de cada último dólar gasto, o custo de oportunidade incluirá o impacto adicional que seu dinheiro poderia ter caso estivesse alocado de modo mais eficaz.

Tudo isso serve para ilustrar que avaliar os custos de oportunidade requer considerar as opções alternativas que não são componentes explícitos da decisão, como os cinco pacotes de cartas Upper Deck e a nova luva de beisebol de Mason. Mas o custo de oportunidade nem sempre se trata do que o dinheiro pode comprar. Quando nós ignoramos o custo de oportunidade, quase sempre desperdiçamos o recurso mais limitado e valioso de todos: o tempo.

Do mesmo modo que quando gastamos nosso dinheiro com algo não podemos gastar com outro, quando gastamos nosso *tempo* com uma coisa, não podemos gastar com outra. Quando uma empresa foca todos os seus recursos para escalar um produto, ela deixa de poder escalar outro. Quando o governo escala um programa público, não pode fazer o mesmo com outro. Implementar tais esforços significa investir não apenas dinheiro, mas também milhares de horas das pessoas envolvidas. Desse modo, conforme uma organização ganha escala, o custo de oportunidade também aumenta — mais dinheiro é gasto, mas também mais tempo. E tempo, em termos econômicos, *é* dinheiro.

Desde que Gary Becker, o famoso economista de Chicago, começou a trabalhar para determinar o valor real do tempo, economistas têm explorado diversas maneiras para calcular essa entidade econômica misteriosa. Atualmente, conseguiram estimar o valor do nosso tempo em uma diversidade de configurações, lugares e populações. Por exemplo, qual é o valor do tempo que um programa de transporte devolverá aos seus cidadãos se, digamos, ele financiar uma nova linha de trem para reduzir o tempo de deslocamento dos passageiros? Há estatísticas numéricas que podem ser feitas ao se analisar o valor das ações produtivas que as pessoas farão com o tempo que receberem de volta. Mas o custo de oportunidade do tempo não se trata apenas de dinheiro ganho ou perdido — trata-se de como passamos nossas horas durante o tempo limitado que temos na Terra.

Nós queremos aproveitar ao máximo nossas vidas, e por isso não gostamos de solicitar viagens da Lyft com tempos de espera extensos (e por que detestamos esperar, de modo geral) e estamos sempre buscando por brechas de produtividade. Queremos maximizar nossas conquistas com o tempo disponível e minimizar os custos de oportunidade do tempo perdido ao deletar e-mails de spam ou ao ficarmos parados em uma esquina esperando pelo motorista da Lyft.

Para pessoas e organizações com ideias grandes e arrojadas, as quais esperam conseguir escalar, é muito importante considerar os custos de oportunidades. Quanto mais uma ideia ganha escala, mais tempo, dinheiro e oportunidade podem ser perdidos. Além disso, para a maioria das pessoas que sonham em escalar algo pelo qual são apaixonadas, há também um custo emocional envolvido: o medo do arrependimento e o desgosto que vêm ao investir seu tempo — isto é, *sua vida* — em algo que não funciona. Pense no cientista que escolhe uma linha de pesquisa esperando descobrir a cura de uma doença, ou o fundador de uma startup com uma ideia para uma nova tecnologia que pode revolucionar uma indústria. Buscar tais objetivos requer sacrifícios tremendos, sendo o mais significativo entre eles o custo de oportunidade dos caminhos não escolhidos. É por isso que é tão devastador quando uma ideia que você nutriu, dando todo o seu suor e tempo, falha em escala. Não é apenas voltagem que se perde, mas sim todas as outras oportunidades que você recusou ao longo do processo. Quanto mais tempo você dedica a uma ideia equivocada, mais estará perdendo o recurso mais precioso da sua vida. Mas se você desistir na hora certa (e ignorar o custo irrecuperável), então poderá seguir em frente para escalar algo diferente — algo com chances de sucesso maiores.

Chamo isso de *desistência otimizada*.

Às vezes, é preciso deixar a carreira de golfista profissional com a qual você tanto sonhou para trás — ou seja, a ideia que você sonhava em escalar e com a qual pretendia mudar o mundo, mas que simplesmente não funciona da forma como você imaginou — para mudar a direção e encontrar uma melhor. E quanto antes isso for feito, menor será o custo de oportunidade a ser pago. Ainda assim, desistir no momento certo — antes de sacrificarmos demais — não vem naturalmente para nós pela mesma razão que calcular adequadamente o custo de oportunidade não vem de modo natural para colecionadores de cartas de beisebol e jogadores de 8 anos de idade da liga mirim. O fato é que isso requer um esforço que se opõe à nossa heurística e à nossa forma ágil de pensar, ambas profundamente enraizadas. Precisamos enfrentar nosso próprio padrão de complacência mental.

Um experimento conduzido na década de 1990 captura perfeitamente esse desafio. Os participantes receberam a permissão de fazer perguntas sobre uma oportunidade animadora, como assistir a um filme em uma cidade estrangeira, antes de decidir o que fazer. A melhor estratégia para tomar essa decisão seria pesar o apelo da atividade proposta contra o das outras opções para passar o tempo. Mas, em vez disso, eles pensaram de maneira bem limitada. Suas perguntas abordaram quase exclusivamente o evento focal em vez das possíveis alternativas disponíveis na cidade, como visitar um museu ou assistir a um concerto.

É possível ver os perigos desse tipo de pensamento afunilado ao planejar uma escala. Em vez de imaginar que outras ideias poderiam perseguir, as pessoas quase sempre focavam vários aspectos da ideia para a qual já haviam investido tempo e recursos. Mas é muito melhor fazer as duas coisas: expandir uma ideia enquanto se considera outras que poderiam valer a pena. Para desenvolver essa prática, você deve, como afirma um famoso estudo de negligência do custo de oportunidade do consumidor, "gerar ativamente outras oportunidades".

Quando se tem muitas alternativas, desistir é menos doloroso, tanto prática quanto emocionalmente. Talvez o melhor exemplo disso seja a fábrica de *moonshots* da Google, a X Development. Com uma ordem de produzir dez vezes mais impacto nos desafios mais urgentes da humanidade — um objetivo de alta voltagem, se é que isso existe —, os funcionários da X tinham o poder de explorar os assuntos mais criativos e ambiciosos já imaginados. Isso levou o grupo *moonshot* da Google a gastar tempo, poder cerebral coletivo e dinheiro em ideias aparentemente loucas como teletransporte ou elevadores espaciais — o que acabou sendo abandonado, já que o teletransporte exige uma superação das leis da física e os materiais necessários para construir elevadores espaciais não existem ou não podem ser economicamente viáveis de se construir.

Mas precisar constantemente desistir de ideias como essas não é um subproduto do processo da X — é a sua fundação. Como o chefe do laboratório de pesquisa, Astro Teller, disse em um TED Talk: "Temos esse equilíbrio interessante com o qual permitimos nosso otimismo não controlado nutrir nossas visões. Mas também aproveitamos o ceticismo entusiasmado para dar vida, dar realidade a essas visões." Isso significa que muitas ideias, abordagens e protótipos são descartados, alguns dos quais passam por um replanejamento completo, como a primeira versão decepcionante do Google Glass. Ainda assim, esse evangelho da desistência otimizada é como a Google X consegue descobrir e expandir alguns dos empreendimentos mais inovadores na história da humanidade.

Apesar da dor de despender esforços em algo não concretizável, há uma beleza e liberdade (sem mencionar um conhecimento) em se desligar de vez. Em 2011, quando a Netflix cometeu o erro de dividir seus serviços de streaming e entrega de DVDs e renovar este último como Qwikster, por exemplo, o CEO Reed Hastings escutou os consumidores irritados e engavetou a ideia já escalada imediatamente. O custo de oportunidade era simplesmente muito elevado para deixar as coisas correrem e ver se o serviço de entrega de DVDs conseguiria sobreviver. Essa foi a jogada certa. A Netflix se recuperou dessa queda de voltagem temporária e manteve sua escala a passos largos. Claro, a lista de negócios que não desistiram na hora certa é muito mais extensa do que aqueles que conseguiram. Mas ninguém se lembra deles, porque nós nunca saberemos o que eles poderiam ter criado ou expandido se tivessem aproveitado seu tempo e recursos de modo diferente.

Ainda assim, enquanto a Netflix representa um exemplo de desistência corajosa e sábia, é discutível se é um caso de uma desistência otimizada. A empresa perdeu uma boa quantidade de tempo, dinheiro e esforços. Reduzir suas perdas foi muito melhor do que não fazê-lo, mas nenhuma pessoa ou organização quer acelerar até a beira do precipício e desviar para a segurança no último segundo. Você não deveria estar tão perto do precipício, para começo de conversa! É muito melhor desistir antes, quando o custo de oportunidade ainda está baixo. Agir desse modo não significa que você não tem a tão celebrada qualidade da "garra", tornada famosa por minha amiga Angela Duckworth, a incrível psicóloga comportamental. Essa garra não se trata de persistir em algo que não tem chances. Trata-se, na verdade, de ter a resiliência emocional de desistir antes para poder começar de novo — de perder batalhas para vencer a guerra.

Escale o que Você Faz de Melhor

Quando uma ideia rende resultados consideravelmente menores (lucro e/ou impacto) conforme ganha escala, isso é quase sempre um sinal claro de que é hora de desistir ou de voltar para uma abordagem diferente que tem mais chances de escalar. Mas ao decidirmos se devemos ou não jogar a toalha, temos que considerar não apenas se a ideia é escalável, como também se *nós* somos a pessoa certa para isso.

Tomemos como exemplo o vinho e os tecidos. Esses eram dois bens comerciais que o economista britânico David Ricardo ofereceu como exemplos em seu hoje histórico artigo publicado na primavera de 1817. O tópico era o comércio internacional e, em particular, uma teoria que logo estabeleceria o influente conceito da *vantagem comparativa*. A ideia era bastante intuitiva: seja devido a recursos naturais, à infraestrutura ou qualquer outro fator, certos países são capazes de produzir certos bens de modo mais eficaz — ou seja, com um custo de oportunidade menor — do que outros, e esses são, portanto, os bens nos quais devem focar, em vez de desperdiçar recursos em outros que não produzem tão bem quanto seus parceiros comerciais.

Portugal, apontou Ricardo, era excelente em produzir vinho. O país possuía as uvas e o clima certos, assim como uma longa tradição de vinicultores que ofereciam ao país o conhecimento e saber logístico para produzir bons vinhos que eram exportáveis a preços competitivos. A Inglaterra, no entanto, era excelente em produzir tecidos. O país havia acumulado uma célebre tradição têxtil que, assim como os portugueses com os vinhos, deu à Inglaterra as habilidades e o maquinário necessários para produzir e vender tecidos com uma eficiência que lhes trouxe uma vantagem na economia global. O argumento de Ricardo era simples: faça — e por conseguinte, *escale* — aquilo que você faz de melhor!

As implicações da vantagem comparativa, contudo, não pertencem apenas ao lado da produção de bens especializados. Todas as partes envolvidas se beneficiam, incluindo o comprador, que teria o melhor produto pelo melhor preço. Portanto, todo país deveria comprar vinho de Portugal (ou de outros países com uma indústria vinícola madura e eficiente) e tecidos da Inglaterra (ou de outros países com uma indústria têxtil madura e eficiente). Novamente, nós nos encontramos na presença da "mão invisível" de Adam Smith conforme a elegante dança entre oferta e demanda cria um equilíbrio dinâmico no aparente caos do mercado.

Na prática, as coisas acabam sendo mais complicadas do que na teoria (como costuma ocorrer em economia), já que as tarifas, impostos e ocasionais guerras comerciais podem inflar os custos de exportação. Mas, no geral, a lei da vantagem comparativa de Ricardo é tão relevante hoje quanto era no início do século XIX. O Japão é eficaz em produzir bons carros, que são seu principal produto de exportação. A Arábia Saudita está localizada sobre toneladas de petróleo que sabe como explorar e refinar, e este é o seu principal produto de exportação. A indústria tecnológica dos Estados Unidos é a maior do mundo, e seu principal produto de exportação são hardwares, incluindo computadores. Nós escolhemos expandir aquilo que é mais provável de gerar alta voltagem.

Ou será que não?

Pensando além do comércio internacional, descobrimos que podemos aplicar o fundamento de David Ricardo em quase todo empreendimento no qual gastamos nosso tempo e recursos. Em teoria, isso significaria que construímos carreiras ao fazer aquilo em que somos especialistas, apoiamos causas onde podemos ter o maior impacto, lançamos negócios para os quais somos mais apropriados a liderar, e assim por diante. Mas a realidade, de novo, é um pouco mais complicada. Às vezes, nós nos dedicamos a objetivos nos quais não temos muita chance de sucesso, como se a Inglaterra tivesse desistido da produção têxtil e optado por vinhos no século XIX. Esse erro de cálculo acaba com nossas lutas coletivas e individuais. A epifania que experimentei durante minha primeira temporada de golfe universitário — ou seja, que eu não era bom o suficiente para me tornar um profissional — não passava de uma realização de que eu não tinha a vantagem comparativa no esporte, ao passo que no campo da economia, sim. Não apenas o custo de oportunidade seria astronômico para mim se eu tivesse insistido em tentar jogar golfe profissionalmente, mas os sacrifícios dessa escolha não valeriam a pena porque eu certamente teria falhado no final.

Enquanto a maioria das startups, organizações sem fins lucrativos e outros empreendimentos raramente voam às cegas como um homem norte-americano de 18 anos — em especial, um das terras de Vince Lombardi —, muitos começam a perder altitude logo após a decolagem, e muitas vezes por decolarem antes de compreender suas vantagens comparativas. E para evitar uma aterrissagem forçada e fatal, eles estão dispostos a desistir de uma ideia que não vai a lugar nenhum, liberando assim tempo e recursos para investir em outras direções nas quais outro avanço pode ocorrer. Em outras palavras, trocar uma desvantagem comparativa por uma possível vantagem futura é a base de uma palavra de ordem tão familiar: *pivotar*.

Um exemplo do mundo das startups é o Twitter, que era na verdade uma ideia nascida de uma plataforma de podcast chamada Odeo. A Odeo não era um empreendimento ruim, mas tampouco era o melhor. Inúmeras startups já haviam aberto a fronteira de publicações e agregações de podcasts, ocupando cada vez mais esse espaço. A Odeo, como outras plataformas similares, permitia que os usuários produzissem, armazenassem e compartilhassem arquivos de áudio, mas não oferecia nenhuma inovação que trouxesse vantagem contra a concorrência. Então, após os executivos criarem e fugirem para uma nova empresa de novo nome — Twitter — a Odeo deu meia-volta no meio no caminho de *audioblogging* para *microblogging*. E da sua ubíqua plataforma para mensagens públicas de 140 caracteres (atualmente, 280 caracteres), surgiu uma nova forma de rede social. Em outras palavras, o Twitter criou um esporte no qual era o melhor jogador da liga: a própria definição de vantagem comparativa. A lição aqui é que a falha nem sempre é uma falha; ao cortar as perdas no momento certo e descobrir suas vantagens comparativas, um ovo quebrado pode se tornar um ovo de ouro. Isto é, com uma ressalva, como os fundadores do PayPal aprenderam nos primórdios da internet.

Em 1998, a empresa começou sob um nome diferente, Confinity, e esperava expandir seus programas para pagamentos seguros entre PalmPilots, mas não havia vantagem comparativa porque não havia um mercado — no fim da década de 1990, as pessoas não estavam fazendo movimentações financeiras como a Confinity havia profetizado, pelo menos não ainda. (Enviar dinheiro entre PalmPilots... *como é?*). Mas desde seus computadores pessoais, os internautas estavam transferindo mais dinheiro online do que nunca, e então a empresa pivotou para explorar sua presença nesse novo domínio. Eles perceberam que sua tecnologia financeira segura representava uma vantagem comparativa na época, pois havia apenas algumas formas de os consumidores comuns transferirem dinheiro rapidamente sem intermediários como bancos ou empresas de cartão de crédito. Ao visualizar essa oportunidade e integrar seu modelo de negócio nos primeiros anos, o PayPal finalmente alcançou escala como o meio de pagamento preferido entre consumidores do eBay.

A lição aqui é que, às vezes, não basta ser o melhor em algo. Você precisa ser o melhor em algo que as pessoas precisam e desejam. E para escalar, deve ser algo que muitas pessoas precisam e desejam.

Portanto, a questão de como saber quando desistir da sua ideia e pivotar para outra é, à primeira vista, bem objetiva: na ausência de vantagem comparativa ou de um mercado substancial para atender com sua vantagem comparativa. Ainda assim, como vimos, sua margem comparativa — ou o que fazer com ela — não é imediatamente óbvia ou aparente. A Confinity havia criado uma tecnologia inovadora, mas o modo como a estavam empregando então não era escalável. Por sorte, a empresa desistiu e pivotou dessa versão inicial antes que fosse tarde, como no caso da Odeo. Eles poderiam ter desistido e obtido escala ainda mais cedo? Teoricamente sim, poderiam —, mas antes tarde do que nunca!

Na primeira metade deste livro, analisamos os Cinco Sinais Vitais, ou as cinco causas de queda de voltagem que sabotam o escalamento e evitam que sua ideia levante voo: falsos positivos, generalização excessiva de pessoas e situações, transbordamentos e custos insustentáveis. Juntos, eles demonstram que o escalamento é uma empreitada frágil, já que qualquer um desses aspectos pode acarretar o seu fim. Para evitar esse destino, você deve desistir para dar a si mesmo outra chance de vencer.

Saber Quando Desistir

A questão com a desistência otimizada é que ela é muito, mas muito, difícil. Há um lado racional e economista em nossa mente com o qual, se formos bem devagar, podemos estimar o custo de oportunidade (de tempo e dinheiro) e determinar com clareza nossas vantagens (ou desvantagens) comparativas. Em outras palavras, temos a ferramenta mental para a desistência otimizada. Mesmo assim, nem sempre desistimos quando sabemos que devemos. No entanto, isso não se aplica apenas às ideias que sonhamos escalar. Casamentos, empregos ruins, más amizades... a lista continua indefinidamente. Apesar de eu provavelmente ter tomado a decisão certa ao desistir do golfe, cometi incontáveis erros ao não desistir a tempo em outras áreas da minha vida. Por quê?

Simplificando, relutamos em desistir das coisas porque queremos evitar o sofrimento ao final. A dor do fracasso é maximizada pelos custos irrecuperáveis: todo o tempo, esforço e emoção investidos. O custo de oportunidade dos caminhos não tomados é fácil de superar quando nossos sacrifícios levam ao sucesso, mas quando falhamos, tendemos a sentir um profundo arrependimento.

Em tais situações, é importante relembrar o que aprendemos sobre custos irrecuperáveis no Capítulo 7: você deveria evitar contabilizar os custos anteriores em decisões sobre o futuro. Essas perdas — seja na forma de tempo, dinheiro ou ambos — já ocorreram, então é muito melhor ignorá-las do que continuar investindo nelas na esperança de que um dia se paguem. (Dica: não vão). Em outras palavras, você deve aprender com o passado, mas escalar para o futuro.

Outra razão para muitos de nós se prenderem ao status quo quando não deveríamos é que tememos o desconhecido, como demonstrou um experimento que ajudei a planejar. Em 2013, Steven Levitt e eu pedimos a participantes que estavam indecisos quanto a alguma decisão em sua vida para jogar a moeda virtual da Freakonomics.com. Algumas pessoas queriam pedir demissão, outras estavam considerando vender a casa e outras queriam terminar seus relacionamentos. Se alguém tirasse cara, receberia a mensagem que o aconselhava a seguir em frente e realizar uma mudança: deixar o emprego, vender a casa ou terminar o relacionamento. Se tirasse coroa, seria recomendado a manter o status quo. Ao longo dos anos, os participantes lançaram mais de 20 mil moedas virtuais. Para ver os resultados de suas decisões, nós enviamos e-mails duas vezes para cada pessoa, uma dois meses após lançarem a moeda, e outra seis meses. Ficou claro que aqueles que tinham feito uma grande mudança, como pedir o divórcio, deixar o emprego ou comprar uma casa nova, estavam mais propensos a relatar uma satisfação maior após dois meses, e ainda mais após seis meses, se comparados com aqueles que mantiveram seu status quo.

A lição aqui é que, apesar de mudanças poderem ser assustadoras, quando as pessoas superam o medo e tomam a decisão de mudar, geralmente são mais felizes e tendem a não se arrepender tanto como temiam no início. Por fim, seja ao encerrar um empreendimento ou ao deixar um casamento (ou qualquer outra coisa), desistir ou deixar algo de lado envolve o mesmo tipo de coragem necessária para dar o salto inicial: a habilidade de lidar com a incerteza.

Desistir de algo significa não saber ao certo o que virá depois. Isso é tão desafiador para nós devido ao nosso viés cognitivo que os economistas comportamentais chamam de *aversão à ambiguidade*. Esse traço no nosso pensamento nos leva a favorecer mais o conhecido do que o desconhecido, ainda que o conhecido leve você ou seu empreendimento a uma queda de voltagem desastrosa. É por isso que tolerar a incerteza é importante não apenas quando estamos apostando nosso tempo e recursos em alguma coisa — também é algo necessário para se desvincular.

Na maior parte do tempo, nunca aprendemos o que produziríamos ou conquistaríamos se tivéssemos desistido no momento certo (conhecido como o fenômeno "contrafactual"). É isso que torna a desistência tão difícil: geralmente não se sabe o que se perdeu e, portanto, nunca se aprende o real valor de não desistir.

Evidentemente, riscos e ambiguidades não podem ser evitados, não importa quão adversos sejamos a eles. O melhor que podemos fazer é usar toda a informação disponível para determinar (1) se uma ideia é escalável e (2) se essa ideia escalável pode gerar mais voltagem do que outras ideias nas quais você possa ter uma vantagem comparativa.

Mesmo sendo impossível observar o contrafactual — ou o que poderia ter sido — de modo direto, há alguns exercícios que podem ajudá-lo a aprender com a sua decisão. Por exemplo, como empreendedor, você pode decidir não aproveitar uma oportunidade, como expandir para outra região ou uma nova categoria de produto. Em seguida, seria conveniente observar de perto como a situação se desenrola para um competidor que *aproveitou* essa oportunidade. Se você por acaso estava errado, procure explorar quaisquer vieses que possam ter influenciado sua tomada de decisão. De modo mais geral, tente fazer uma lista de tudo o que você poderia ter feito nos últimos seis meses, além daquilo a que você realmente se dedicou. Isso nos lembra que o nosso recurso mais limitado (o tempo) é precioso e não pode ser desperdiçado, ainda que as emoções produzidas pela incerteza possam ser incômodas.

* * *

THOMAS EDISON UMA vez disse: "Eu não falhei 10 mil vezes. Apenas encontrei 10 mil maneiras que não funcionam." Edison se tornou um modelo para o poder da desistência. Ele descartava uma ideia com baixa voltagem atrás da outra; se houvesse persistido nessas ideias não escaláveis para sempre, talvez nunca teria chegado a realizar algumas das maiores invenções da história, como a lâmpada (literalmente, uma ideia de alta voltagem!). Ele demonstrou que nosso grande potencial de gerar um impacto verdadeiro não está relacionado com persistir contra todas as probabilidades, mas sim desistir na hora certa para podermos tentar e tentar novamente. Essa é uma mentalidade escalável.

A desistência otimizada deveria tornar-se parte da nossa estratégia de escala, em vez de um botão de pânico a ser pressionado como última opção. Como o empreendedor de tecnologia, investidor e autor Reid Hoffman escreveu: "É fácil matar um produto que está falhando; muito mais difícil — e estratégico — é matar um que não possui o potencial para escalar."

Optar pela intensa, porém breve, dor de desistir agora, em vez da dor prolongada de falhar futuramente é uma habilidade que tanto indivíduos quanto organizações devem cultivar. Como aprenderemos no Capítulo 9, é por isso que uma cultura meritocrática e cooperativa é tão importante. Ao unir diversos pontos de vista e perspectivas, as equipes e organizações têm uma chance melhor de identificar iniciativas que deveriam ser abandonadas, ao mesmo tempo que apoiam pessoas que podem se sentir vulneráveis caso suas ideias sejam engavetadas. Portanto, ao passo que a desistência otimizada representa nosso terceiro segredo-chave para o sucesso em alta voltagem, é apenas uma pequena peça de um quebra-cabeça organizacional maior que deve ser construído para escalar: a cultura.

9

ESCALANDO A CULTURA

No limite da Baía de Todos os Santos, localizada na costa do estado da Bahia, no Nordeste do Brasil, há uma pequena comunidade de pescadores chamada Cabuçu. Praticamente não existem outros trabalhos na região, exceto a pesca, de forma que toda manhã, os homens acordam cedo e seguem juntos para o mar em busca da pesca do dia. Os pescadores trabalham em equipes de diferentes tamanhos, sendo os grupos de oito os mais comuns. Essa abordagem colaborativa não é coincidência, mas sim uma estratégia aprimorada ao longo do tempo e da experiência. As ondas agitadas e fortes correntes da baía exigem barcos com múltiplos tripulantes, e os grandes peixes puxados das profundezas azuis demandam varas de pescas resistentes e outros instrumentos que requerem as mãos e a força de várias pessoas. Fixar as enormes redes é um trabalho complicado, ao passo que puxá-las quando estão repletas de peixes agitados é uma atividade laboriosa. Um único pescador sair sozinho rumo às águas brilhantes seria inútil, além de perigoso. Para a comunidade poder comer unida, ela deve primeiro pescar unida.

A cerca de 50km de Cabuçu, continente adentro, seguindo o Rio Paraguaçu, há uma outra pequena comunidade de pesca: Santo Estêvão. Ao contrário de seus companheiros do litoral, no entanto, as pessoas desta vila puxam peixes menores e mais leves das águas plácidas de um lago. Além disso, suas embarcações são menores, assim como suas varas e redes. Consequentemente, esses pescadores, em sua maioria, trabalham sozinhos, pois para eles pescar em grupo não é necessário nem eficiente. Os homens começam e terminam seus dias sozinhos (exceto pelos peixes que levam como recompensa).

As vilas de pescadores de Cabuçu e Santo Estêvão representam, efetivamente, duas culturas de trabalho distintas — não é o típico local de trabalho que vem à mente no século XXI, mas, ainda assim, é real. Uma é altamente coletivista e dependente do trabalho cooperativo; a outra é individualista, e envolve pouca colaboração. Elas dividem um objetivo idêntico — pescar o suficiente para alimentar e sustentar sua comunidade —, mas cada vila desenvolveu métodos de trabalho ideais para seus ambientes distintos. Será, no entanto, que as diferenças acabam aí, ou será que essas comunidades diferem culturalmente em outros quesitos fundamentais, além dos limites do "local de trabalho"?

Essa era a questão que o meu colega, e excelente economista, Andreas Leibbrandt esperava responder quando visitou Cabuçu e Santo Estêvão e conduziu um conjunto de experimentos de campo com a minha ajuda e da minha estimada colaboradora de longa data e amiga Uri Gneezy (a esposa de Andreas é brasileira, e foi ela quem nos contou sobre a oportunidade única de pesquisa que as duas comunidades ofereciam).

O motivo da nossa curiosidade pelas diferenças culturais das cidades pesqueiras às margens do lago e no litoral era que um dos elementos-chave que distinguem as culturas organizacionais é até que ponto os trabalhos são realizados em grupo. E pesquisas sugerem que o nível de trabalho em equipe envolvido nessas atividades pode promover normas de cooperação mais fortes (ou fracas) entre os seus membros. Cabuçu e Santo Estêvão, portanto, pareciam o laboratório perfeito para investigar a extensão do impacto do trabalho em equipe. O modo como as pessoas de cada comunidade pescavam afetava o modo como viviam e se relacionavam umas com as outras? Em geral, a sociedade às margens do lago seria mais individualista do que a sociedade litorânea? Havia também a questão de se uma comunidade era mais produtiva em termos econômicos do que a outra. Seria Cabuçu uma utopia cooperativa, onde a ação coletiva garantia que os bens públicos fluíssem e beneficiassem a todos com facilidade? Ou será que a cultura de Santo Estêvão nutria uma competição saudável e um mercado livre bem-sucedido?

Para comparar as duas comunidades, executamos uma série de experimentos de campo baseados em jogos com os pescadores de ambas as vilas. Por mais estranho que possa parecer, jogos como esses são um padrão de pesquisa na economia comportamental, até mesmo em lugares remotos e distantes, pois logo revelam os padrões de pensamentos das pessoas, os motivos por trás de suas decisões e os valores que guiam seus comportamentos. Eu mesmo executei esses jogos com CEOs de fazendas cafeeiras na Costa Rica; traders profissionais da Junta Comercial de Chicago; membros do grupo étnico Masai, na Tanzânia, aos pés do gigante monte Kilimanjaro; e membros da comunidade Khasi, nas verdejantes montanhas da região de Megalaia, no Noroeste da Índia.

Uma das ferramentas mais populares entre os economistas comportamentais é o chamado *"trust game"* [*jogo da confiança*, em tradução livre]. Nesses exercícios, um dos jogadores recebe uma quantia em dinheiro, digamos, US$10. Ele, então, decide quanto desses US$10 (se for o caso) será dado a um segundo jogador anônimo. O primeiro jogador também recebe a informação de que qualquer quantia que der será triplicada pelo experimentador. Digamos, então, que o primeiro jogador envia US$8. O segundo participante, então, recebe US$24 e deve decidir quanto enviará de volta ao primeiro jogador. Neste jogo, o primeiro jogador deve "confiar" no segundo ao enviar a maior parte dos US$10, e o segundo será considerado "confiável" se devolver a quantia recebida ao primeiro jogador. É claro que pode haver outros fatores comportamentais em jogo, tais como reciprocidade, altruísmo e assim por diante, mas o princípio geral é que a pessoa dará mais dinheiro ao segundo participante se confiar que obterá deste uma resposta da mesma natureza. Além do jogo da confiança, também realizamos dinâmicas com os pescadores que envolviam doações, loterias, barganhas (ou seja, jogos do ultimato), coordenação, competição e bens públicos (que beneficiam e são financiados por todos, como as estradas). Depois que Andreas coletou os dados, nós três os analisamos.

Como já esperávamos, encontramos diferenças comportamentais significativas entre as duas comunidades, as quais, é claro, eram consistentes com as suas formas de pescar. Os pescadores de Cabuçu confiaram uns nos outros muito mais do que os de Santo Estêvão, e foram considerados muito mais confiáveis. Os pescadores de Cabuçu também ofereceram valores mais igualitários no jogo do ultimato, contribuíram mais aos interesses coletivos nos jogos de bens públicos e doaram mais para caridades fora de sua própria sociedade. Em outras palavras, eles priorizavam a inclusividade e se importavam com o bem-estar dos demais, além de exibir um maior grau de confiança e cooperação. Isso não significa que eram pessoas melhores do que as de Santo Estêvão, mas apenas que seus hábitos diários de trabalho em equipe e colaboração incutiram nelas comportamentos mais voltados ao social. Eles já haviam experimentado em primeira mão os benefícios de trabalhar em conjunto, e essa apreciação viva pela cooperação se estendia a outras áreas importantes da tomada de decisão.

Em outras palavras, sua cultura escalava.

Este capítulo trata de como dar escala a culturas organizacionais positivas. E como demonstra esse "conto de duas cidades pesqueiras", a cultura organizacional não trata do trabalho em si. Os modos como as pessoas trabalham afetam se elas valorizam certos comportamentos e normas em detrimento de outros, como confiança ou suspeita, cooperação ou individualismo, medo ou segurança, vício em trabalho ou equilíbrio entre a vida pessoal e profissional. Nossos resultados se encaixam bem com o conjunto de pesquisas que demonstram a existência de transbordamentos similares em cenários como o espaço de trabalho contemporâneo. Quais comportamentos definem uma organização: não apenas com que eficiência e inovação o trabalho é realizado, mas também que valores humanos o fundamentam. E esses diferentes valores podem produzir resultados imensamente diferentes em escala.

Algumas culturas organizacionais prosperam em escala. Outras são autodestrutivas. Boa parte das vezes, esta última situação ocorre porque uma cultura que se saiu bem em alguns cenários iniciais não consegue ser bem-sucedida em escala.

Basta perguntar a Travis Kalanick.

O Pior da Meritocracia

No meu primeiro dia oficial na Uber, no verão de 2016, entrei no escritório da empresa e, assim como no dia da entrevista, apreciei o lema exposto nos pilares da área comum principal: *Data is our DNA*. [*Dados são o nosso DNA*, em tradução livre].

Mas então, notei outra coisa.

Ao olhar pelo espaço comum aberto, notei uma funcionária em sua estação de trabalho lutando para segurar as lágrimas. A funcionária estava claramente alterada e ainda assim ninguém a abordava ou nem sequer notava sua presença; era como se ver uma funcionária triste fosse a coisa mais banal do mundo. Foi então que tive o primeiro vislumbre de que algumas coisas poderiam estar faltando na Uber. Claro, o elemento comercial da cultura organizacional estava prosperando em escala, mas e quanto ao lado humano? A cultura da Uber se sustentaria conforme a empresa continuasse a se expandir?

A resposta, é claro, era não.

Durante os primeiros meses de 2017, a cultura que Travis Kalanick havia implementado na Uber ruiu de maneira espetacular em uma série de escândalos. Primeiro, uma engenheira de 25 anos chamada Susan Fowler, que havia trabalhado para a empresa, publicou um famoso artigo que revelava a cultura organizacional tóxica da Uber, na qual sexismo e assédio sexual eram tolerados. Uma semana depois, a Waymo, uma subsidiária do Google para o desenvolvimento de carros autônomos, entrou com um processo contra a Uber que revelava o furto de segredos comerciais. Na outra semana, foi divulgado um vídeo filmado pela câmera do painel do carro que mostrava Travis discutindo com um motorista que o questionara a respeito de suas remunerações. "Algumas pessoas não gostam de assumir responsabilidade pelos próprios erros!", dizia Travis, repreendendo o motorista recentemente falido. E por fim, como a proverbial cereja do bolo, o *New York Times* expôs um software inovador chamado Greyball, que a Uber havia programado e usado para burlar leis e regulações governamentais (fato que a própria Uber confirmou posteriormente). Foram meses difíceis para Travis Kalanick e para a empresa como um todo.

Minha experiência pessoal desse período conturbado foi, em contraste com a versão pública, estranhamente calma. Minha designação na Uber requeria apenas que eu me sentasse no escritório em São Francisco alguns dias por mês. O restante do tempo eu passava em Chicago, lecionando e conduzindo minhas pesquisas, enquanto meu ex-aluno Ian Muir atuava como meus olhos e ouvidos na empresa, liderando dia após dia os esforços da nossa equipe Ubernomics. Além disso, entrei na empresa em um nível relativamente elevado; assim, mesmo quando aparecia no escritório, eu não ficava com o restante dos programadores e analistas de dados. Também vale ressaltar que, como um indivíduo que não é mulher, nem parte da comunidade LGBTQIA+ ou não branco, eu não estava realmente ciente dos desequilíbrios de poder que muitos funcionários enfrentavam. Como resultado, muito do que estava acontecendo na Uber acabou passando batido por mim. Apesar daquela funcionária triste que notei no primeiro dia, em geral, as coisas pareciam tranquilas na empresa: as pessoas se ocupavam em suas mesas, focadas em suas tarefas, fazendo o que precisava ser feito.

Pode parecer surpreendente diante do que viria a acontecer, mas durante o tempo que passei nos escritórios da Uber em São Francisco, Travis parecia, de várias maneiras, um líder respeitável. Sua dedicação era insuperável. Ele gostava de brincar que a Uber era sua esposa, e estava claro que colocava a empresa acima de tudo — não exatamente um bom exemplo de equilíbrio entre vida pessoal e profissional, mas um que nunca pediu para ninguém se entregar mais do que ele próprio. Ou seja, ele liderava pelo exemplo. Sempre que eu o via caminhando por aí e checando os funcionários, ele agia de forma solícita e genuína; escutava suas ideias e interagia com todos. Além disso, sua habilidade como vendedor era incomparável, além de ser um homem de negócios visionário para o século XXI, prevendo como as tecnologias digitais peer-to-peer (P2P) revolucionariam a indústria do transporte para sempre. Apesar das qualidades de Travis, a cultura que havia sido estabelecida na Uber apontava para uma queda de voltagem esmagadora.

De fato, a entrevista de emprego combativa que tive com Travis e que descrevi na Introdução era uma amostra perfeita de como a troca de ideias ocorria na Uber. Enquanto o clima no ambiente de trabalho era calmo e ativo, as reuniões eram rápidas e agressivas como lutas de gladiadores. Pisar no calo dos outros não era desencorajado, pelo contrário encorajado, desde que levasse à inovação ou a uma vantagem no mercado. Ideias e resultados eram as moedas correntes na Uber, em vez de a experiência das pessoas em relação a como essas ideias eram utilizadas e esses resultados, alcançados. Reuniões eram como duelos, e com o tempo percebi que meu primeiro encontro com Travis havia sido relativamente dócil se comparado com algumas interações que testemunhei depois. Ninguém ia às reuniões com o direito de ser ouvido; era preciso lutar para provar que o que se tinha a dizer valia a pena. E se você fosse capaz de falar mais alto, mais rápido e ser mais persuasivo, sua ideia geralmente vencia. Essa era a atmosfera, entre outros fatores culturais, que deixava o funcionário comum à beira das lágrimas. E muitas pessoas na Uber pareciam dessensibilizadas a isso.

A justificativa de Travis para essa abordagem de alto desempenho, inovação e lucros parecia lógica à primeira vista. Ele acreditava na meritocracia em sua forma mais pura: apenas as melhores ideias vencem, e determinar quais são as melhores requer embates rigorosos e até mesmo antagônicos. Esse *éthos* cultural havia lhe servido bem nos primeiros anos de sucesso explosivo da Uber, quando a empresa era um disruptor aguerrido e ambicioso, que havia escalado por ter criado um ambiente competitivo em sincronia com o mercado. O mundo dos negócios é árduo. Manter-se de pé e ganhar uma fatia do mercado é a parte mais difícil de todas. É por isso que a cultura competitiva de Travis promovida na Uber funcionou no início. Os benefícios de uma meritocracia agressiva nutriram o crescimento da empresa e superaram quaisquer custos escondidos que pudessem existir. Em apenas alguns anos, a empresa se expandiu para setenta países, mudando o modelo de transporte em uma escala global. Não havia dúvidas de que o modelo de negócios da Uber ganhava escala de maneira exemplar, e isso criou a ilusão de que o mesmo ocorria com a sua cultura. Mas, na verdade, a cultura da Uber não escalou. E há muito a ser aprendido com o que deu errado.

Devo confessar que não estranhava o estilo cultural combativo da empresa, pois estava acostumado com isso. A academia pode ser tão árdua quanto o mundo dos negócios — prestígio é o que está em jogo entre os acadêmicos, e isso pode gerar mais desespero do que dinheiro — e a Universidade de Chicago, em particular, é conhecida por seu campo de batalha intelectual sem restrições. A primeira vez que visitei a universidade em 2002, antes de trabalhar lá, fui preparado com o que considerava uma palestra brilhante sobre os aspectos econômicos da discriminação. Assim que abri a boca, um homem na plateia vestido com uma roupa hospitalar e segurando um cateter intravenoso conectado ao braço me interrompeu com uma enxurrada de perguntas que engoliram quase todos os noventa minutos da minha palestra. Voltei desmoralizado para a Universidade de Maryland e, no dia seguinte, recebi um e-mail cordial do homem com o cateter — que, por sinal, era o vencedor do Prêmio Nobel de Economia, Gary Becker!

E mesmo assim, apesar de estar acostumado com o mundo agressivo da academia, algo não me parecia certo na Uber. Quase toda reunião era como a experiência com Gary Becker, mas de forma mais intensa. Alguns podem argumentar que era apenas o melhor lado da meritocracia, mas, na verdade, poderia ser visto como o pior.

Em um primeiro olhar, o conceito de meritocracia é maravilhoso. As pessoas são premiadas com base no seu talento e esforço, e o valor objetivo das ideias determina quais entre elas vencem. O privilégio — ou a falta dele — e as políticas de escritório não afetam o sucesso. Em termos econômicos teóricos, isso significa que as pessoas mais brilhantes e diligentes saem na frente. É claro, todos nós sabemos que não é assim que as coisas funcionam na realidade. Várias pessoas inteligentes e esforçadas são deixadas para trás em promoções, ganhando menos, e muitos indivíduos não tão inteligentes ou esforçados assim conseguem subir na hierarquia e encher seus bolsos. A meritocracia nos ambientes de trabalho não corresponde aos princípios da meritocracia em si.

Se os líderes não forem extremamente cuidadosos e disciplinados ao elaborar as normas do ambiente de trabalho conforme o crescimento da empresa — e a Uber não foi —, o privilégio e outros fatores, como quem fala mais alto ou lida melhor com a política interna, acabam desvirtuando e distorcendo os ideais meritocráticos. Como resultado, as melhores pessoas e ideias nem sempre chegam ao topo. Funcionários começam a perder a confiança na liderança e naqueles ao seu redor, o que acaba por acarretar outros comportamentos e interações, e definir a cultura organizacional geral, de modo semelhante aos estilos de pesca na Bahia.

Conforme a Uber ganhava escala, seu suposto comprometimento com a meritocracia se afastava cada vez mais da real meritocracia, que se baseia na confiança dos funcionários em uma avaliação do esforço e da criatividade justa e objetiva por parte dos líderes. Em vez disso, a Uber havia escalado a ideia fictícia de uma meritocracia que mal fazia jus aos seus nobres ideais. As melhores pessoas e ideias, infelizmente, *nem* sempre ganhavam. Isso porque a cultura na Uber tornou admissível passar por cima das pessoas, desde que fosse supostamente em prol das ideias, da eficiência e do lucro. Como o próprio Travis colocou em uma autocrítica lúcida e profunda: *"Meritocracia e opressão* são coisas que capacitam indivíduos a falarem a verdade para o poder vigente, mas, se forem usadas como armas, podem acabar esmagando as pessoas." Travis claramente havia aprendido o mesmo que eu durante meu tempo na Uber.

Onde foi que a cultura da Uber deixou para trás aqueles que pensam muito, mas demoram a falar? Os introvertidos que preferiam ouvir a se exibir? Pessoas que não se sentiam confortáveis em um duelo? Estas eram atropeladas, o que as levava a serem silenciadas — resultando frequentemente na perda de funcionários talentosos cujo estilo não se encaixava na cultura hiperagressiva da Uber. Conforme a empresa crescia, os danos humanos e o desperdício de potencial também cresciam. Era inevitável, mas quanto mais escala, mais pessoas eram afetadas pela cultura implacável da empresa, desde funcionários corporativos a motoristas. Assim, o número de pessoas que foram demitidas por serem ignoradas, machucadas ou que pularam fora se multiplicou. Esses fatos acabaram por causar a perda de funcionários *em potencial*: era incrível quantas vagas na empresa permaneceram desocupadas enquanto estive lá, como se a reputação da cultura fosse um repelente para as pessoas que entendiam que o lucro não era tudo.

"Dei preferência à lógica em vez da empatia, quando às vezes é mais importante mostrar que você se importa do que querer provar que está certo", refletiu Travis, posteriormente. "Foquei em conseguir os indivíduos certos para construir a Uber, mas sem garantir que estivéssemos construindo o tipo certo de equipe." Travis tinha razão. Quando uma organização é pequena, ela é, por definição, muito unida. Similar a uma estrutura familiar, é possível haver uma discussão acalorada, e até combativa, sem causar danos permanentes às relações devido à confiança e ao respeito mútuo já estabelecidos. O passado fica no passado com mais facilidade entre pessoas com confiança e respeito mútuos incondicionais. No entanto, ao adicionar mais pessoas cuja confiança e respeito ainda não foram estabelecidos, não se pode esperar que elas se sintam confortáveis em tal ambiente. A toxicidade com novatos simplesmente não escala bem.

Pesquisas sugerem que a confiança profunda é um fator poderoso para permitir a expansão da organização em escala, em parte por promover a cooperação e devido ao trabalho em equipe funcional ser essencial para o crescimento, mas também por outras razões. A falta de confiança na Uber era, em grande parte, a dinâmica natural de uma organização meritocrática em nome, mas não em essência: as pessoas não confiavam que o valor objetivo de suas contribuições (tempo, ideias e esforço) seriam valorizados. Em outras palavras, os funcionários não se sentiam respeitados. E, no movimento mais autodestrutivo de todos, a Uber logo passaria a desrespeitar o outro grupo sem o qual não poderia existir: seus passageiros.

Havia usuários de alto perfil e rivais os quais a Uber espionava com sua "visão de Deus", uma ferramenta que permitia aos funcionários rastrearem a localização de passageiros da Uber sem sua autorização. Em seguida, vieram à tona notícias sobre uma mulher na Índia que havia sido estuprada por um motorista da Uber, mas a empresa obteve seus relatórios médicos em uma tentativa de desacreditá-la. E, em mais um exemplo de aparente negligência irresponsável da empresa para com a lealdade de seus clientes, a Uber implementou um aumento das tarifas durante um protesto dos taxistas em Nova York. Esse tipo de atitude para com os clientes nunca, jamais, ganhará escala.

Claro, a Uber era excelente em atacar pensadores complacentes e lentos, mas eis a ironia: os líderes da Uber eram complacentes em suas ideias sobre escalar a cultura da empresa. Ninguém em uma posição de liderança — eu incluso — forçou o questionamento da cultura da Uber no mesmo grau com que os funcionários eram forçados a provar suas ideias e práticas. Era o ar invisível que todos respiravam, mas ninguém com poder parecia notar ou ter coragem de discutir o fato de que o ar estava contaminado. Quando isso ocorre, algum tipo de mudança se faz necessária. E se não for possível executar uma reforma cultural por dentro, então a única opção restante será a pressão externa.

Foi exatamente isso que ocorreu quando a postagem de Fowler sobre a tolerância da Uber para com o assédio sexual viralizou (evento que pressagiou as denúncias do movimento #MeToo, que viria à luz com as acusações contra Harvey Weinstein). A pressão pública se intensificou com as revelações sobre o programa Greyball e a filmagem de Travis gritando com um motorista. Mesmo Travis se desculpando após a postagem de Fowler e o vídeo vazado — e eu sei que seu remorso e vergonha foram sinceros em ambos os casos — já era tarde demais.

A queda veio aos poucos, mas quando aconteceu, foi súbita, semelhante a quando ocorre um aumento lento da umidade do ar até um nível crítico seguido por uma tempestade. Todos os pequenos problemas culturais que afligiam a Uber se acumularam gradualmente e, por fim, uma tempestade de escândalos tomou forma. A empresa havia escalado seus equívocos e, quando tudo desabou em escala, o mundo inteiro assistiu. A cultura da Uber levou a uma queda de voltagem que ameaçava o próprio futuro da empresa. Assim, o homem que havia criado essa cultura foi forçado a entregar o cargo ao conselho. Travis pediu demissão da posição de CEO em junho de 2017, apesar de manter seu assento no conselho na empresa até dezembro de 2019. Mantive contato com Travis, em parte devido à sua orientação durante meus últimos meses na Uber, mas também para oferecer apoio e por acreditar que ele havia amadurecido como líder e empreendedor. Travis sabia que havia cometido erros graves e demonstrava seu remorso, não apenas por haver perdido o emprego, mas porque sentia que havia desapontado sua equipe da Uber. Não acredito que Travis Kalanick seja uma pessoa ruim. Trata-se de uma boa pessoa que tomou várias decisões erradas... em escala.

Em uma carta escrita e endereçada — mas nunca enviada — por um Travis castigado aos seus funcionários em meio à série de crises pela qual a empresa passava em 2017, ele admitia ter falhado em implementar valores escaláveis como parte do DNA da Uber, assim como havia feito com os dados: "No fim das contas, perdemos contato com o nosso real propósito — as pessoas. Esquecemo-nos de colocar as pessoas em primeiro lugar e, conforme crescíamos, deixamos para trás muitos dos funcionários inspiradores com os quais trabalhamos, além dos parceiros incríveis que serviram em nossas cidades. O crescimento é algo que deve ser celebrado, mas sem os pesos e contrapesos apropriados, pode levar a equívocos enormes. E, em escala, nossos erros têm um impacto muito maior — em nossas equipes, clientes e nas comunidades que servimos. É por isso que as abordagens de pequenas empresas devem mudar de acordo com a escala. Fui bem-sucedido quando era pequeno, mas falhei ao crescer."

A Uber não é a única empresa a endossar uma cultura de meritocracia que, na verdade, falha com muitas das pessoas que promete recompensar. Esse tipo de cultura é abundante em diversas indústrias; "meritocracia" se tornou um conceito famoso no mundo dos negócios. Mas pesquisas revelam que uma infinidade de normas e comportamentos tóxicos tendem a crescer em tais culturas organizacionais, incluindo preconceitos que produzem disparidades de raça e gênero em aumentos salariais, pontuações de desempenho e outras medidas de carreiras bem-sucedidas. E, em uma ironia infeliz, os gerentes em tais organizações são menos inclinados a autoavaliações e responsabilização quanto aos preconceitos, precisamente porque estão convencidos de que a meritocracia funciona! Novamente, confiança e cooperação evaporam em tais culturas, instituindo problemas em escala.

Isso nos deixa com uma pergunta muito relevante: se as normas culturais meritocráticas não obtêm escala, devem existir outras que o fazem. Mas quais?

A resposta está em Cabuçu, na Baía de Todos os Santos.

Colocando Confiança e Trabalho em Equipe em Primeiro Lugar

A meritocracia é baseada na ideia de conquistas *individuais*. Isso obviamente encoraja funcionários a valorizarem ganhos individuais em detrimento de coletivos e a estabelecer uma cultura de cada um por si. Portanto, ao passo que uma ênfase na performance individual acima de tudo é capaz de fomentar quantidades saudáveis de competitividade interna, ela não é favorável (como vimos com a Uber) ao tipo de colaboração que se torna cada vez mais crítica conforme a empresa cresce. Na Uber, a estrutura de incentivos havia sido planejada para reforçar essa ideia. Você recebia um bônus quando *você* inovava com uma nova ideia, *você* a testava e *você* fazia com que fosse implementada.

Lembre-se de que, para os pescadores de Cabuçu, confiança, generosidade, inclusividade e cooperação estavam profundamente enraizados em seu trabalho e sua cultura. Havia uma mão invisível que emanava do ambiente de trabalho para a vila e guiava os comportamentos das pessoas. Nós observamos isso na forma pela qual eles tomavam decisões econômicas em nosso experimento quando comparados com seus colegas de São Estêvão, cujo estilo de pesca se assemelhava mais à cultura individualista criada na Uber.

Na Uber, não havia uma mão invisível, nenhum tecido social abrangente e nem mesmo um prêmio por equipe para impulsionar os funcionários a desenvolverem e abraçarem inovações *juntos*. Na maior parte, você ficava com o peixe que pegava; cooperação e compartilhamento não eram incentivados, sem mencionar confiança e generosidade entre as equipes. Os funcionários pescavam no mesmo lago, por assim dizer, mas raramente no mesmo barco. Seus comportamentos refletiam tais valores, desde o modo como os executivos ignoraram os relatos de Susan Fowler sobre assédio sexual (para não incomodar funcionários com bom desempenho) até o modo como as discussões competitivas em reuniões eram esperadas. Esses valores também se refletiam diariamente no quanto a empresa era compartimentalizada. Em algumas instâncias, era quase impossível a colaboração entre grupos, departamentos e países para solucionar um problema.

Ao dar escala a um empreendimento, a falta de *colaboração interdisciplinar* é particularmente problemática. Isso ocorre porque o custo de oportunidade de *não* colaborar aumenta de acordo com a escala, já que há potencial para um número maior e seleção de boas parcerias internas. Pense no seguinte: Em uma empresa de cinco pessoas, há momentos em que trabalhar junto faz total sentido, mas outros em que procurar solucionar algo sozinho é a melhor escolha, pois nenhum dos outros funcionários tem o conjunto de habilidades necessário para complementar o seu. Em uma empresa com 5 mil pessoas, no entanto, há um bom parceiro (ou vários) por toda parte, o qual pode facilitar a sua vida e permitir que você crie um produto ou serviço melhor. Planejar incentivos para o ambiente de trabalho e uma cultura focada em promover parcerias permite que você colha oportunidades de alta voltagem.

No entanto, se você pensa que toda essa bela conversa sobre cooperação me levará a ignorar o papel da competitividade no incentivo de um alto desempenho em escala, não se preocupe. Diversas pesquisas emergentes em "coopetição" demonstram que um equilíbrio entre cooperação e competitividade, tanto dentro quanto entre departamentos de organizações, pode impulsionar aprimoramentos em tudo, desde a performance financeira até a satisfação do cliente. Se os gerentes mediarem os incentivos para que os funcionários sejam recompensados com base em um desempenho individual, coletivo e organizacional, esse equilíbrio entre competição e cooperação facilitará a "transferência de conhecimento", o compartilhamento de uma expertise valiosa que alguns podem não ter, mas da qual se beneficiarão.

A Netflix é uma empresa cuja cultura é altamente inovadora, com funcionários de alto desempenho, e ainda assim centrada na confiança — um excelente exemplo de coopetição. A empresa não rastreia ou limita os dias de férias dos funcionários ou seus gastos, e muitos executivos que desenvolvem projetos televisivos e cinematográficos têm permissão para fazer aquisições de sete dígitos sem a necessidade da autorização de seus superiores. Os gerentes assumem que seus funcionários terão bom senso, levando em consideração a famosa cultura de "liberdade e responsabilidade" da Netflix. O microgerenciamento é inaceitável; delegar com confiança é o caminho a ser seguido. Em vez de bônus baseados em desempenhos individuais, os funcionários podem escolher que porcentagem do salário receberão em ações/ ou como participação, o que, com efeito, relaciona sua remuneração ao sucesso da empresa como um todo. Essas políticas acarretam pequenos problemas de vez em quando, mas a cultura de uma confiança de alto desempenho é autorregulável, o que significa dizer que as pessoas aprendem a se adaptar rapidamente e a querer manter as normas. Vale notar que tais culturas são autorrealizáveis no sentido de que, quando implementadas, atraem indivíduos com ideias afins e repelem aqueles que não querem prosperar e não se adaptam. A mão invisível opera de maneira eficaz para trazer os funcionários certos para dentro e colocar os errados para fora. E quando os funcionários são encorajados a desafiar as ideias uns dos outros, não são premiados por atropelar os colegas para terem suas próprias ideias ouvidas; o CEO da Netflix, Reed Hastings, não tolera, como ele mesmo coloca, "idiotas brilhantes". Na Netflix, confiança e competitividade não se excluem mutuamente.

Para um ambiente de trabalho ser colaborativo *e* obter alto desempenho em escala ao mesmo tempo, é preciso integrar o trabalho em equipe na estrutura da organização. Por exemplo, ao se formar equipes, uma abordagem é garantir que cada funcionário seja parte de, pelo menos, duas equipes distintas, de preferência em departamentos diferentes. Isso abre mais oportunidades para o trabalho conjunto e promove a sinergia de ideias. Além disso, incentiva os funcionários a investirem no sucesso de mais de uma equipe. Para criar uma cultura colaborativa e de alto desempenho, é imperativo ter as melhores equipes — ou seja, os seres humanos certos para desempenhar tarefas importantes.

Recrutando em Escala

Há alguns anos, meus amigos Jeff Flory, Kara Helander, Andreas Leibbrandt e Neela Rajendra cofundaram uma organização incrível chamada Science of Diversity Initiative, ou SODI [Iniciativa Ciência da Diversidade, em tradução livre], na qual atuo como membro original do conselho. A premissa do grupo, que conecta empresas e acadêmicos de várias áreas, é promover uma verdade sobre o sucesso organizacional que, nos últimos anos, um conjunto robusto de pesquisas científicas tornou impossível de se ignorar: a diversidade importa. E com isso, quero dizer qualquer tipo de diversidade: idade, etnia, religião, classe social, orientação sexual, identidade de gênero, neurodiversidade e outras características. A diversidade de experiências pessoais corresponde a uma diversidade *cognitiva* quando essas pessoas estão juntas, o que produz não apenas inovações maiores como também resiliência. Pesquisas demonstraram que grupos diversos geram decisões e habilidades de resolução de problemas melhores, pensamentos mais complexos e lucros maiores. Um estudo mostrou que elas inclusive investem em ações melhores!

Alcançar o nível de diversidade que impulsiona equipes de alto desempenho, contudo, é mais complexo do que parece, especialmente em escala. Normalmente, isso não se deve apenas às razões que vêm à mente em um primeiro momento, como preconceitos conscientes ou inconscientes, ou porque os melhores candidatos diversificados são empregados por alguém antes que se consiga contratá-los. Minha pesquisa mostrou que as coisas na verdade podem dar errado logo no início do processo de contratação — com o *recrutamento*.

Uma área em que esforços bem-intencionados para atrair um grupo mais diversificado de candidatos podem dar muito errado é na publicação de anúncios de vagas. Regulamentos de *equal employment opportunity*, ou EEO [*Igualdade de Oportunidades de Emprego*, em tradução livre], tornaram-se a norma em muitos países ao redor do mundo conforme estes buscam reduzir a desigualdade no mercado de trabalho. Nos Estados Unidos, empresas e organizações devem atender às exigências impostas pelas leis federais, e declarações de EEO atestando o cumprimento dessas exigências se tornaram uma prática comum quando os empregadores postam um anúncio de emprego. Essencialmente, isso significa apenas que esses empregadores incluem uma linha em toda descrição de cargo afirmando seu comprometimento com a diversidade. A lógica por trás disso é bem simples: se você deseja difundir seu comprometimento com a igualdade de oportunidades e também atrair um conjunto mais diversificado de candidatos, explicitar a sua política de inclusividade deve ser o jeito certo de fazer isso. Intuitivamente, isso faz sentido. E ainda assim, como Andreas Leibbrandt e eu descobrimos, essa prática quase sempre produz algumas consequências não intencionais.

Em parceria com uma organização existente que concordou em nos emprestar seu nome para um experimento de campo, Andreas e eu postamos uma vaga para assistente administrativo em dez mercados de trabalho norte-americanos diferentes. Selecionamos cidades com composições raciais distintas, incluindo algumas com maioria de pessoas brancas (Denver, Dallas, Houston, Los Angeles e São Francisco), assim como algumas com maior diversidade racial (Chicago, Nova York, Filadélfia, Washington, D.C. e Atlanta). Como de costume, tínhamos um grupo de tratamento de candidatos em potencial, que viu as postagens com uma declaração de EEO, e um grupo de controle que viu as postagens sem a declaração. Quase 2.500 pessoas se candidataram. Também oferecemos aos candidatos em potencial um cartão-presente de US$10 da Amazon após responderem a uma pequena pesquisa, que nos permitiria coletar mais dados qualitativos sobre o que atraiu um candidato a esse anúncio em particular. Nossa hipótese era de que mais minorias raciais se candidatariam ao anúncio que continha a declaração de EEO. O aumento poderia ser pequeno, mas estávamos certos de que haveria um ou, na pior das hipóteses, nenhum efeito.

E como estávamos errados! Como pudemos verificar, a declaração de EEO *desencorajou* as minorias raciais a se candidatarem, chegando a uma queda de até chocantes 30%. Em outras palavras, as declarações saíram completamente pela culatra, e de maneiras reveladoras.

Curiosamente, o efeito foi particularmente evidente em cidades com populações menos diversas e para candidatos com um nível maior de instrução. As evidências da nossa pesquisa lançaram luz no porquê: *candidatos pertencentes a minorias temiam o tokenismo*1. A declaração de EEO ativava em suas antenas mentais um sistema de alerta interno criado por experiências passadas com racismo e discriminação, sugerindo que haveria um ambiente de trabalho onde pessoas não brancas seriam percebidas como contratações superficiais ou simbólicas, em vez de pessoas contratadas por seus próprios méritos. Em outras palavras, os candidatos ficaram preocupados que um comprometimento explícito com diversidade e inclusividade fosse apenas cosmético, e não realmente enraizado no DNA cultural da empresa. O efeito foi particularmente evidente em candidatos de cidades de maioria branca e minorias altamente instruídas, porque foi nessas cidades que eles presumivelmente testemunharam o tokenismo ao longo de sua educação e carreira. Seu ceticismo não era infundado; quer eles soubessem ou não, pesquisas anteriores descobriram que empregadores que usam declarações de EEO *não* são, de fato, menos propensos a discriminações contra minorias raciais!

Graças aos milhares de participantes que responderam a nossa postagem e pesquisa, obtivemos revelações valiosas sobre o processo de recrutamento. Não adianta apenas dizer aos candidatos que se está comprometido com a diversidade. É preciso *mostrar* que os valores declarados em seu ambiente de trabalho também são os mesmos que os funcionários testemunharão e com os quais contribuirão se forem contratados. A boa notícia é que, quando se atinge esse

---

1 [N. do T.] Em 1962, em plena luta por direitos civis dos afro-americanos, Martin Luther King cunhou o conceito de tokenismo para denunciar a existência de uma falsa inclusão social e racial por parte de organizações. O termo originário da palavra "token", "símbolo" em inglês, revela ações de integração simbólicas com o objetivo de atingir um mínimo de representatividade, ainda que baseada em estereótipos, para escapar de denúncias de racismo, machismo, entre outras. Desde então, o conceito é, até hoje, utilizando para expor tais práticas por meio de diversos setores.

nível crítico, a diversidade ganha escala com mais facilidade devido ao "efeito volante". Uma vez em movimento, os dados da composição racial e étnica da sua força de trabalho (muitas vezes disponível online) começará a contar a sua história e gerar novos ganhos. Uma pessoa não branca apenas olhará uma empresa, verá o percentual de funcionários não brancos, onde estes estão alocados no organograma, entre outras coisas.

Ainda assim, as nuances de recrutar uma força de trabalho diversificada em escala vai além dos dados e números. Outros meios surpreendentes também podem ajudar: incluir, por exemplo, certas informações *não relacionadas* à diversidade em um anúncio de emprego pode ajudar a aumentar a diversidade.

Os Benefícios (e Custos) Ocultos da Sinalização de Virtudes

Nas últimas décadas, a crescente preocupação com a responsabilidade social corporativa (RSC) mudou o modo como muitas empresas se apresentam ao mundo. Em propagandas, declarações de missões e outros contextos voltados ao público, as marcas adoram anunciar as causas nobres que apoiam, mostrar o trabalho de suas fundações de caridade e, no geral, vender a ideia de que ao mesmo tempo que se importam com os lucros, também se importam com o mundo. É por isso que muitas firmas grandes possuem áreas completamente dedicadas a assegurar as práticas de responsabilidade social e/ou o planejamento e execução de atividades de caridade, e é por isso que centenas de bilhões de dólares são designados anualmente para tais programas.

Apesar de a RSC ser inegavelmente sincera em muitos casos e refletir, por vezes, uma cultura de generosidade corporativa, ela quase sempre é empregada de forma não tão sincera, como uma técnica de marketing. Vale ressaltar, no entanto, que as pesquisas mostram que ela não é tão eficaz como muitos presumem. Ou seja, a RSC não é uma abordagem infalível para estimular a demanda do consumidor. Na verdade, os dados sugerem que a maioria das pessoas é indiferente à maior parte do marketing voltado à filantropia e escolhe marcas por diferentes razões. Isso não equivale dizer que as empresas devem abandonar suas políticas de boas ações. No entanto, elas podem se surpreender ao descobrir que tais políticas não exercem uma aproximação com os clientes e um consequente aumento das vendas. Mas será que uma ênfase na RSC poderia ajudar a recrutar talentos únicos? Ou poderia causar um resultado inesperado, como as declarações de EEO? Nosso palpite era que a RSC poderia, de fato, ter um papel sutil e essencial na sinalização de virtudes — que quando os candidatos descobrissem que uma empresa se preocupa com questões sociais (sustentabilidade, retorno à comunidade local etc.), eles poderiam inferir que essa empresa possui uma cultura pró-social que também está comprometida com um ambiente de trabalho inclusivo, justo e igualitário.

Para explorar essa questão, dois economistas incríveis (Daniel Hedblom e Brent Hickman) e eu executamos um experimento de campo similar ao das declarações de EEO. Dessa vez, contudo, criamos nossa própria empresa legítima — uma firma de data entry, chamada HHL LLC, que compilava dados de fotos do Google Street View. Nosso objetivo era examinar não apenas o grupo disponível de candidatos, mas também quão produtivos eles eram após serem contratados. (Data entry era ideal para esse experimento, pois se trata de um serviço para o qual é relativamente fácil medir a produtividade e outros índices de desempenho.)

Postamos anúncios no Craigslist em doze grandes cidades dos Estados Unidos, com um salário equivalente à remuneração típica de vagas de data entry. Dos cem candidatos que nos contataram, um grupo (o de controle) recebeu uma resposta por e-mail contendo as informações padrões sobre a vaga, enquanto outro grupo (o de tratamento) recebeu um e-mail que incluía as mesmas informações-padrão, assim como o seguinte parágrafo de RSC: "Oferecemos serviços para uma diversidade de firmas e organizações. Algumas atuam no setor sem fins lucrativos, com várias causas de caridade. Projetos focados em melhorar o acesso à educação de crianças menos privilegiadas, por exemplo. Acreditamos que essas organizações fazem do mundo um lugar melhor e queremos ajudá-las nisso. Devido à natureza filantrópica de suas atividades, cobramos destes clientes o preço de custo."

Em seguida, contratamos candidatos que viram a postagem de RSC com outros que não viram. Todos eles foram então colocados para trabalhar coletando informações das imagens do Google Street View, oferecendo-nos dados relevantes que mediam a produtividade de cada trabalhador.

Descobrimos que a linguagem de RSC no anúncio teve o efeito exatamente oposto à declaração de EEO: aumentou o número de candidatos em 25%, ao mesmo tempo que gerou uma oferta de candidatos potenciais significativamente mais diversa entre a qual escolher — em outras palavras, foi muito mais inclusiva do que dizer que éramos inclusivos! Mas os resultados não pararam por aí. Também descobrimos que os funcionários contratados do grupo de RSC eram consideravelmente mais produtivos e ofereciam um serviço de qualidade melhor do que os não recrutados por intermédios da RSC, talvez porque se sentissem mais motivados pela missão pró-social da empresa — ou seja, *vou trabalhar com mais empenho para trazer benefícios ao mundo*. O que equivale dizer que a postagem de RSC atraiu não apenas um grupo mais diverso de candidatos, mas também candidatos *melhores*.

Fora do processo de recrutamento, contudo, as organizações precisam se preocupar com o modo pelo qual escalam o programa de RSC como parte de sua cultura. Apesar do anúncio de causas pró-sociais ajudar a recrutar funcionários mais diversificados e valiosos, apresentar práticas filantrópicas como um aspecto definidor da missão da empresa pode produzir transbordamentos negativos se aplicado na população errada.

Em outro experimento de campo, o brilhante Fatemeh Momeni e eu, mais uma vez, criamos um negócio — só que desta vez, no lugar de data entry, contratamos participantes para executarem tarefas de transcrição. Após trabalharem por um tempo na firma, introduzimos as mensagens de RSC para uma porção dos 3 mil funcionários. Como esperado, testemunhamos um aumento geral na produtividade entre aqueles que receberam mensagens referentes à missão da empresa — mas também vimos um aumento significativo na *má conduta*: 20% a mais de funcionários evitavam as funções primárias de seus cargos, e vimos um aumento de 11% em trapaças. O que incitou esse resultado contraintuitivo?

A explicação para esse comprometimento pró-social produzir comportamentos individualistas negativos como trapaças tem a ver com um fenômeno psicológico chamado *viés moral*. Esse curto-circuito ético em nossas mentes ocorre quando sentimos que boas ações nos dão permissão para cometer ações não tão boas em seguida. Por exemplo, fazemos uma doação para caridade de manhã e à tarde usamos esse ato de generosidade para justificar, em nossas mentes, furar a fila no caixa do mercado. Ou trabalhamos até tarde para ajudar um colega estressado e na manhã seguinte roubamos suprimentos do escritório para levar para casa. Dessa forma, alguns de nossos funcionários sentiram que a boa ação de trabalhar para uma firma com responsabilidade social lhes dava o direito de trapacear.

Gerentes também podem ser vítimas do viés moral. Quando se trata de diversidade e inclusividade, por exemplo, nossos resultados ofereceram uma advertência para os gerentes que fazem algumas contratações em prol da diversidade e, em seguida, acreditam (conscientemente ou não) que têm a permissão de reduzir o investimento em iniciativas de diversidade/inclusão. Esse tipo de abordagem não ganhará escala.

As mensagens de RSC podem levar a ganhos *e também* a quedas de voltagem em escala, dependendo de como são empregadas. Quando usadas no contexto de recrutamento de novos funcionários, tais mensagens aprimoram o grupo de candidatos. Essa abordagem obtém uma boa escala. Contudo, quando direcionada aos funcionários já contratados, a RSC precisa ser aplicada com cuidado, pois, apesar de ser motivadora para alguns, outros podem utilizá-la para justificar más condutas — uma consequência não intencional que será replicada em escala. Isso não significa que a RSC deve ser evitada; pelo contrário, meu conselho é apenas manter-se a par de tais possibilidades e monitorá-las de perto.

Enfatizar o comprometimento com a responsabilidade social corporativa em um anúncio de emprego não é o único modo de atrair um grupo mais diverso de candidatos. Outro experimento de campo que conduzi com Andreas, novamente com cerca de 2.500 candidatos, revelou a importância de se mencionar a negociabilidade do salário em anúncios de emprego — especificamente o efeito que isso tem em candidatas do sexo feminino.

A terrível verdade é que, se comparadas com os homens, muito menos mulheres se tornam CEOs ou atingem posições elevadas no governo. Mulheres atuando em empregos de 40 horas semanais recebem cerca de US$0,80 por dólar em comparação com os homens, e apenas 6% das cinco posições mais bem remuneradas em firmas norte-americanas são ocupadas por mulheres. E apesar de existirem várias razões para essa disparidade, não ajuda o fato, revelado por pesquisas, de que é menos provável que as mulheres negociem sua remuneração, enquanto é *oito vezes* mais provável que os homens negociem suas ofertas salariais.

No entanto, como demonstrado pelo nosso experimento, existem passos que gerentes e recrutadores podem tomar para reverter essa tendência. Descobrimos que não apenas mais mulheres se candidatam a anúncios de emprego que declaram explicitamente a possibilidade de negociação do salário, como também que elas estão tão abertas à negociação quanto os homens, e às vezes até mais. Já os homens se sentem mais atraídos por anúncios em que as regras de remuneração são ambíguas, provavelmente porque nestes casos eles obtêm ganhos desproporcionalmente maiores do que as mulheres. E o mais problemático de tudo, os homens com baixo rendimento profissional são os que mais barganham quando o salário é vago, ao passo que mulheres excepcionais tendem a evitar exatamente isso!

Vale ressaltar que esses resultados são encontrados em várias tarefas profissionais, tornando esse um fenômeno potencialmente relevante para todos os tipos de funções e setores. É essencial, portanto, explicitar no anúncio de emprego que o salário é negociável. Se uma mulher conquistar a vaga, mas não acreditar que possa negociar, ela começará com um salário menor do que seus colegas homens. Essa disparidade pode se estender por anos após a contratação — e tudo começou com aquele primeiro anúncio. As organizações que pretendem escalar sua diversidade por meio do recrutamento inclusivo devem reconhecer tais padrões e elaborar seus esforços de recrutamento de acordo.

Ainda assim, as mulheres têm toda a razão em se preocuparem com as desigualdades durante o processo de contratação. Por exemplo, um estudo de 2021 apontou que listar finalistas de modo informal favorece os homens drasticamente. De acordo com os autores, isso ocorre porque as listagens "sofrem duas vezes mais com o viés *sistemático* de recrutamento informal baseado em redes e com o viés *implícito* de seleção de candidatos notórios para papéis sociais de gênero." A solução? Listagens maiores! Não só as listagens para entrevistas finais mais abrangentes — digamos, aumentando a lista em 67%, de três para cinco candidatos — incluem candidatos com mais diversidade, como também esses candidatos, uma vez oferecida a oportunidade, têm mais possibilidades de conquistar a posição.

Tudo isso é relevante, pois o recrutamento não apenas é a chave para construir, desde o primeiro dia, uma cultura organizacional passível de ser escalada com base na confiança e cooperação, como também é uma das melhores ferramentas para mantê-la em escala. Quanto mais você crescer, mais funções terá que preencher, e é impossível escalar em alta voltagem sem bons profissionais ao seu lado.

A Arte e Ciência de Pedir Desculpas

Digamos que você tenha feito tudo certo. Planejou habilmente seus anúncios e descrições de cargo, e aprimorou sua listagem final para recrutar os melhores e mais diversos funcionários. Além disso, você também instaurou normas coletivas e organizacionais e valores baseados em confiança e cooperação. Você construiu sua própria Cabuçu: uma cultura escalável de alta voltagem.

Mas, ainda assim, você cometerá erros. Apesar de haver muita ciência informando sobre como construir confiança, sabemos bem menos sobre as consequências de se violar essa confiança. Que ações podem ser tomadas para evitar a deterioração da sua cultura quando a confiança foi comprometida? Aqui, a resposta mais simples e talvez mais óbvia seja a correta: você pode pedir desculpas.

A prática de pedir desculpas é uma ação tão antiga quanto a própria humanidade, visto que todas as pessoas e empreendimentos inevitavelmente cometem erros. E isso é especialmente verdadeiro em escala, basicamente porque ao se contratar mais funcionários, servir mais clientes e/ou atingir mais comunidades, haverá sempre mais meios de se afetar negativamente aqueles que você deseja ajudar. Mas nem todos os pedidos de desculpas são iguais. Na verdade, minhas pesquisas sugerem que existem meios certos e errados de se desculpar.

Em janeiro de 2017, no meio da campanha #DeleteUber, saí da minha casa em Chicago, peguei meu celular e pedi um Uber. Eu daria uma palestra em uma conferência de economia do outro lado da cidade e, como ainda precisava dar os toques finais no meu discurso, decidi trabalhar nisso no caminho em vez de eu mesmo dirigir. Minha motorista chegou rapidamente; eu a cumprimentei, entrei no carro e abri meu notebook em seguida. Não havia tempo a perder — eu tinha slides para criar. Vinte minutos depois, poucos instantes antes da minha suposta chegada à conferência, olhei para cima, esperando ver o céu prateado dos arranha-céus de Chicago ao lado do Lago Michigan. Em vez disso, tudo o que vi da minha janela foi... *minha casa*. A motorista estivera dirigindo durante todo este tempo e, de algum modo, acabamos voltando ao ponto de partida. Em pânico, perguntei o que estava acontecendo. Ela disse que o aplicativo estava dando direções confusas que nos levaram de volta à minha casa, e que não havia dito nada porque não queria me atrapalhar.

Fiquei furioso, mas minha maior preocupação era chegar à conferência, já que agora eu estaria quase meia hora atrasado para meu discurso. Dei as direções corretas enquanto ela acelerava pela Lake Shore Drive novamente. Felizmente, quando cheguei, os organizadores e a audiência foram compreensivos, e fiz o meu melhor para me acalmar e oferecer um discurso cativante. Mas eu estava furioso o tempo todo pela forma como a Uber havia me desapontado.

E parece que foi isso tudo. Ao voltar para casa (em um Lyft), eu me indaguei se um dia receberia uma declaração da empresa devido àquele erro, ou talvez um pedido automático de desculpas.

Minha ida aos escritórios da Uber em São Francisco estava programada para algumas semanas depois, então mais tarde naquele mesmo dia, ainda me sentindo incomodado com o incidente, liguei para Travis Kalanick e contei a ele o que havia ocorrido. Um erro isolado como esse era uma coisa; entretanto, se eventos similares estivessem acontecendo em escala, já era uma outra história: um padrão, um problema, e muitos clientes furiosos. Se a Uber havia feito com que eu me atrasasse para um evento importante sem oferecer qualquer pedido de desculpas, coisas similares certamente haviam ocorrido a outras dezenas de milhares de pessoas. E a última coisa que a empresa precisava naquele momento era dar mais razão para os passageiros deletarem o aplicativo.

Travis me escutou e então inverteu o jogo, sugerindo que eu mesmo corrigisse o problema — se, de fato, houvesse um.

Gostei dessa abordagem, e concordei. "Mas", adicionei, "se eu encontrar um problema, então quero fazer um experimento de campo para determinar o melhor modo de a Uber se desculpar com os passageiros caso uma viagem seja incômoda de alguma forma." Isso seria um exemplo de uma verdadeira meritocracia em ação: dar a um funcionário a oportunidade de provar o valor de sua ideia e empoderá-lo para executá-la.

"Fechado", disse Travis.

Minha equipe da Ubernomics começou a trabalhar. Nosso primeiro obstáculo era testar se a reputação ou a lucratividade da Uber eram materialmente afetadas por viagens como a que eu tive. Claro, isso não poderia ser feito com a antiga abordagem científica na qual uma pessoa recebe um tratamento e a outra, um controle. Este era um caso de negócios, e não seria prudente designar viagens ruins (não no sentido psicodélico, é claro!) de modo aleatório para as pessoas. O que fizemos, então, foi encontrar "gêmeos idênticos" estatísticos nos dados: dois clientes idênticos até aquele ponto, mas um dos quais receberia, naquele momento, uma viagem ruim, enquanto o outro receberia uma boa. Já que a Uber executa cerca de 15 milhões de viagens por dia, havia gêmeos estatísticos o suficiente para explorar. Ao analisar os dados de milhões de passageiros, ficou claro que as viagens ruins eram relevantes. Descobrimos que um passageiro que houvesse experimentado uma gastava de 5% a 10% menos na plataforma do que seu gêmeo estatístico. Isso tudo somado gerava uma perda de receita na casa dos milhões.

O segundo passo era determinar como cortar essas perdas. Devido ao tamanho impressionante da empresa, não era realista pensar que poderíamos eliminar as viagens ruins pela raiz. Mas poderíamos oferecer algum conforto para os clientes que as experimentassem. A única questão era como fazer isso.

Portanto, em outro experimento de campo, enviamos pedidos de desculpas diferentes para 1,5 milhão de pessoas que identificamos terem experienciado viagens ruins: algumas receberam uma desculpa simples, outras receberam uma mais atenciosa, na qual reconhecíamos nossa responsabilidade, e um outro grupo recebeu uma expressando nosso desejo de evitar futuros erros (também tínhamos um grupo de controle, para o qual não enviamos nada). Em algumas dessas desculpas, nós também incluímos um cupom de US$5 para uma viagem futura. Por fim, rastreamos o uso do aplicativo pelos passageiros.

Após analisarmos os dados, a primeira lição aprendida foi que a eficácia do pedido de desculpas depende de *como* este é feito. Se alguém já se desculpou para você dizendo "lamento que você se sinta assim" em vez de "sinto muito pelo que fiz", não ficará surpreso em descobrir que os passageiros que receberam o pedido de desculpas mais elaborado eram mais propensos a continuar usando a Uber, ao contrário daqueles que receberam um pedido básico. Nossa segunda descoberta, no entanto, foi mais intrigante. Dentre todos os tipos de pedidos de desculpa, o dinheiro falou mais alto do que as palavras. Ou melhor, as palavras combinadas com o dinheiro foram mais eficazes em reter os passageiros após uma viagem ruim. Qualquer tipo de pedido de desculpas que incluísse um cupom era a melhor estratégia, não porque o cupom de US$5 fosse tão valioso, mas porque um gesto de remorso combinado com um pequeno sacrifício material demonstrava aos clientes que eles eram importantes.

A terceira descoberta, e talvez a mais provocativa, foi que muitos pedidos de desculpas podem ser contraproducentes. Na verdade, desculpar-se por três ou mais transgressões dentro de um curto período de tempo é pior do que não se desculpar. Na primeira, um pedido de desculpas pode restaurar, ainda que temporariamente, a lealdade do cliente após uma adversidade. No entanto, essa desculpa atua como uma promessa de que o cliente pode esperar resultados melhores no futuro. Então, quando essas expectativas elevadas caem por terra, a reputação da empresa sofre mais do que se ela não tivesse feito qualquer pedido de desculpas, para começo de conversa. Desculpas devem, portanto, ser utilizadas de modo estratégico, e idealmente após resultados ruins e inesperados que provavelmente não se repetirão no futuro próximo. *Caveat venditor* deve ser a norma ao se considerar pedidos de desculpas.

A Uber mudou sua política de declaração de desculpas após o nosso experimento, e apesar de isso não abordar diretamente os problemas de confiança que atormentavam a cultura da empresa, espero que tenha, pelo menos, ajudado a reconquistar a confiança de passageiros frustrados que, como eu, chegaram atrasados em algum lugar. Ainda mais importante, esse experimento rendeu insights gerais sobre como lidar com erros que qualquer empresa possa ter em escala. Você precisa demonstrar aos clientes que está disposto a pagar o preço pelo perdão — não apenas o preço de uma declaração de desculpas, mas também um financeiro. Não conduzi um experimento dentro de uma cultura organizacional para medir como melhor se desculpar com funcionários que foram prejudicados; no entanto, é razoável dizer que um pedido de desculpas atencioso com um brinde ou bônus é a melhor receita.

* * *

AS IMPLICAÇÕES DESSES insights extrapolam o ambiente de trabalho. Como vimos com os pescadores de Cabuçu e Santo Estêvão, quando se trata de escalar a cultura, os riscos são muito maiores do que o sucesso ou fracasso individuais do nosso empreendimento. A cultura que criamos no trabalho tem o potencial de influenciar a rede abrangente de comportamentos na qual existimos. E estando ou não em uma posição de poder ou liderança na organização, temos a habilidade de guiar a cultura rumo à confiança e cooperação, mas também à desconfiança e ao egoísmo.

Pesquisas indicam que a cultura organizacional exerce grande influência nas atitudes e escolhas das pessoas *fora* do ambiente de trabalho. Há até evidências relevantes de que poderia afetar a formação de sociedades humanas — sejam elas grandes ou pequenas. De fato, a influência das normas do ambiente de trabalho sobre as interpessoais mais abrangentes, e até sobre as sociais, é tão profunda que algumas evidências sugerem que elas se correlacionam com o crescimento econômico e a qualidade da democracia. A história de Cabuçu e Santo Estêvão revela que a escala de qualquer empreendimento também se trata de uma expansão de valores. A cultura que você endossa ao ganhar escala não apenas afetará as escolhas e vidas de seus funcionários — e ajudará seu empreendimento a atingir alta voltagem —, mas também tem o potencial de enraizar-se na sociedade mais abrangente e moldar escolhas e vidas de pessoas que você nunca conhecerá.

E isso pode ajudar na pescaria na Baía de Todos os Santos.

CONCLUSÃO:
ESCALAR OU NÃO ESCALAR?

Quando comecei a escrever este livro em fevereiro de 2020, pensei que meu ano estava mais ou menos planejado: visitas mensais à Lyft em São Francisco, alguns convites esporádicos para palestras, uma conferência em Chicago que eu estava organizando para o verão e algumas viagens descontraídas em família. Evidentemente, as coisas não ocorreram como o esperado. Um mês após eu começar a reunir os materiais que fariam parte de *O Efeito Voltagem*, o alastramento da Covid-19 colocou o mundo inteiro sob isolamento, e a vida tal como a conhecíamos mudou radicalmente. Um ano depois, enquanto escrevo estas palavras, estamos vivendo um dos períodos mais estranhos e devastadores da história contemporânea. Ainda assim, por mais difícil que seja a pandemia, não posso imaginar uma hora melhor para escrever este livro — pois a importância da escala nunca foi tão evidente.

A resposta coletiva à Covid-19, sem dúvida, representa o maior desafio de escala na história da humanidade: informar o público sobre os protocolos de segurança, produzir uma oferta adequada de máscaras faciais N95 para proteger os trabalhadores essenciais, equipar hospitais com respiradores suficientes e outros aparelhos médicos, sem mencionar garantir testes de Covid-19 acessíveis a todos que precisarem, produzir e distribuir vacinas, entre muitas outras coisas. Essa tem sido uma mobilização em escala singular e extensa.

Algumas coisas escalaram muito bem. Apesar das dificuldades iniciais, a infraestrutura e os mecanismos de testagem para a Covid-19 melhoraram de modo constante durante os primeiros meses, e então aceleraram após seis meses. Os hospitais logo expandiram suas capacidades e melhoraram a eficácia do tratamento. Campanhas de alerta sobre o uso de máscaras e o distanciamento social (incluindo alguns trabalhos meus sobre o assunto) alcançaram bilhões de pessoas. Pacotes de estímulo econômico foram aprovados para ajudar as pessoas e garantir vida útil a negócios, governos locais e estaduais. E inúmeras vacinas altamente eficazes para um vírus novo foram criadas e disponibilizadas ao mercado em menos de um ano! Isso é um verdadeiro milagre científico.

Outras coisas, no entanto, não ganharam escala tão bem. O rastreamento de contágio nos Estados Unidos foi terrível. Apesar de funcionar em certos locais e com certas pessoas, essas pessoas e situações acabaram não sendo representativas da nação de modo geral. Alguns testes de Covid-19 não se mostraram confiáveis. Análises iniciais de sua eficácia provaram a existência de um número relevante de falsos positivos. Muitas pessoas não receberam o segundo pagamento do auxílio e só o receberiam após concluírem o imposto de renda de 2020, ao passo que US$1,4 bilhão em pagamentos iniciais de auxílios foram enviados acidentalmente para indivíduos já falecidos, representando uma margem de erro de US$2,2 trilhões do pacote de auxílio federal.

O mais frustrante foi a lentidão dos lotes iniciais de vacinas devido a problemas relacionados a uma capacidade limitada de refrigeração, uma oferta insuficiente de doses, mensagens falhas sobre elegibilidade e disponibilidade, e equipes médicas insuficientes para administrar as doses (a distribuição eficiente alcançada em pequena escala não era representativa da distribuição nacional). E quanto aos transbordamentos... prefiro nem comentar! Testemunhamos e certamente sofreremos por anos com os efeitos de uma imensa rede de consequências não intencionais — desde a comoção causada pela obrigatoriedade de máscaras até o aprofundamento das divisões políticas em uma economia que precisará estar atenta para evitar um baixo desempenho ou talvez até superaquecimento.

A escala da resposta à Covid-19 tem, indiscutivelmente, produzido ganhos de voltagem. Mas também tem sido repleta de quedas de voltagem.

Muitas pessoas argumentariam que vários desses problemas são resultados de respostas inadequadas por parte de nossos líderes no mundo todo — o ex-presidente Trump é um ponto central dessas críticas — e até certo ponto não há como discordar. Porém, escalar tantos esforços em paralelo e em uma população de mais de 330 milhões de pessoas nos Estados Unidos e de quase 8 bilhões ao redor do globo provavelmente produziria quedas de voltagem independentemente de quem estivesse na liderança.

Há duas lições-chaves aqui, ambas as quais já abordamos, mas que são importantes de serem reafirmadas. Primeiro: se um empreendimento possui alguma fraqueza, esta se revelará em escala, frequentemente de forma dramática. Segundo: ideias e soluções escaláveis continuam sendo nossos recursos mais valiosos para abordar os problemas mais urgentes do mundo.

Leo Tolstói inicia seu romance *Anna Karênina* com a famosa frase "Todas as famílias felizes se parecem umas com as outras; cada família infeliz é infeliz à sua maneira."[1] A partir dessa noção, Jared Diamond popularizou o "princípio Anna Karenina", o qual afirma que qualquer lacuna pode garantir o fracasso de uma ideia, ao passo que o sucesso depende de evitar toda e qualquer lacuna. A escala é, no fim das contas, um problema relacionado com o elo mais fraco: o empreendimento é tão forte quanto o elo mais fraco da sua cadeia. Isso se aplica a tudo, desde biodiversidade e conservação até políticas de imigração. Muitas redes também têm essa característica — veja, por exemplo, as áreas de criptografia, infraestrutura de TI, cibersegurança e até segurança aeroportuária. Se você assiste ao futebol americano, é possível ver com clareza na NFL: a linha ofensiva é tão boa quanto o seu membro mais fraco. Se um membro abre espaço, o time está fadado ao fracasso.

Sem dúvida, o princípio Anna Karenina também se aplica à escala: ideias bem-sucedidas em escala são todas semelhantes; cada ideia que falha em escala, falha à sua própria maneira. As respostas à Covid-19 ilustram bem essa regra. O segredo da escala não é ter uma solução milagrosa. Há múltiplos modos para uma ideia falhar em escala, e para se atingir alta voltagem, você deve checar cada um dos Cinco Sinais Vitais: falsos positivos, julgar mal a representatividade de uma população ou situação inicial, transbordamentos e custos proibitivos. Qualquer um desses pode afundar o seu empreendimento.

Contudo, uma vez eliminados esses cinco obstáculos, podemos fazer ainda mais para melhorar a probabilidade de sucesso em escala. Você pode planejar as iniciativas certas, usar o pensamento marginalista para aproveitar ao máximo seus recursos e manter o empreendimento enxuto e eficiente conforme cresce. Pode tomar decisões baseadas no custo de oportunidade do seu tempo,

---

1 TOLSTÓI, Leo. *Anna Karênina: Romance em oito partes* (1877). 1ª ed. Trad. Oleg Almeida. São Paulo, Martin Claret, 2019.

descobrir vantagens comparativas e aprender a desistir de modo otimizado, permitindo-lhe cortar suas perdas sem desculpas e seguir em frente para novas e melhores ideias quando for devidamente apropriado. E você pode construir uma cultura organizacional baseada em confiança e cooperação, em vez de competição e individualismo.

Por ora, espero que as regras e os princípios que descrevi o tenham convencido de que você não precisa ser um Steve Jobs, Elon Musk ou Jeff Bezos para ser bem-sucedido em escala. Apesar da obsessão contemporânea com o culto à personalidade, a escala, em sua forma mais pura, não está ligada à personalidade. Claro, diferentes traços individuais podem ajudar em diferentes situações, mas, na maioria dos casos, o importante não é *quem*. E sim *o quê*.

É importante notar que não é preciso ser um fundador de startup, um empreendedor ou líder de organização para se beneficiar das lições expostas neste livro. Se a sua esfera de influência gira em torno de sua atuação como membro do conselho do condomínio, como um artista ou escritor, ou mesmo como um guardião legal em tempo integral, os princípios aqui expostos podem levar a decisões mais sábias e a melhores resultados para você e os demais.

Nem todo mundo sonha em construir uma empresa gigantesca, ou em começar um movimento nacional, ou trazer uma ideia ou inovação para cada residência nos Estados Unidos, e não há problema algum nisso. Veja o meu avô, meu pai e meu irmão, com seu pequeno negócio familiar de caminhões. Eles nunca expandiram além de um dado ponto, mas ganham um bom dinheiro, desfrutam de vidas completas e trazem orgulho às suas famílias, eu incluso. Você pode ter impacto ainda que o seu programa ou produto, ou qualquer que seja o seu sonho, funcione apenas em alguns lugares e com algumas pessoas. E há motivos legítimos para querer se manter pequeno ou médio em tamanho, mesmo com o potencial de crescer. Talvez o imenso sucesso em escala nacional ou internacional soe exaustivo e estressante para você — para mim, com certeza soa! Decida qual nível de escala é ideal para você e adapte as lições deste livro para chegar lá.

Se você trabalha na área de elaboração de políticas públicas, espero que este livro sirva de ajuda para incentivar um engajamento mais honesto sobre como os programas atuam em escala e sobre como desenvolver políticas realmente eficazes — para reduzir a defasagem educacional e melhorar a mobilidade social, por exemplo. Políticas partidárias, territorialismo, lutas internas e competições individualistas por financiamento devem abrir espaço para métricas objetivas e dados científicos replicáveis. Pouco importa se tínhamos grandes esperanças para uma intervenção ou programa, ou se já reservamos os recursos para estudá-los e desenvolvê-los; se os dados demonstram que não funciona, não devemos desperdiçar ainda mais recursos valiosos tentando dar-lhe escala (e devemos abandonar o projeto o quanto antes, caso já tenha sido implementado). E os pesquisadores devem entender que a mentalidade de políticas baseadas em evidências de duas décadas atrás já está ultrapassada. Atualmente, nós precisamos criar evidências baseadas em políticas. O custo de oportunidade de não aplicar essa abordagem é simplesmente muito alto.

Você experimentará contratempos e fracassos conforme desenvolve suas ideias, assim como eu experimentei ao expandir nosso currículo do Chicago Heights Early Childhood Center. No entanto, com comprometimento ao rigor científico, temos uma oportunidade verdadeira de aprender com nossos erros e de redirecionar nossa energia para expandir programas com o potencial de fazer a diferença na vida das pessoas, em vez de investir dinheiro naqueles que pareciam promissores no início, mas que se tornaram grandes fracassos. E devemos continuar sempre aprendendo, avaliando e analisando os dados; somente assim obteremos novos insights para empreendimentos atuais e futuros em escala. Apesar de as barreiras sociais serem tão variadas e diversas quanto a nossa sociedade, a barreira invisível que une todas elas é a barreira da escala — a inabilidade de avaliar iniciativas adequadamente para escolher aquelas que impactarão o maior número de pessoas.

Nesse sentido — e, por favor, me perdoe por exaltar a minha profissão —, os cientistas de dados são o maior recurso inexplorado do mundo, tanto em ambientes com quanto sem fins lucrativos. Por meio de parcerias entre negócios e pesquisadores acadêmicos, cientistas e legisladores, podemos elaborar práticas alinhadas com a busca tanto do progresso quanto do lucro, de modo a nos beneficiar a todos.

Em 2016, o Vale do Silício era um mundo novo para mim. Agora, é um dos mundos pelos quais transito, indo desde negócios até governos ao redor do mundo, e então retornando para a área da educação na minha querida Chicago. Se tem uma coisa que aprendi do meu trabalho em todas essas esferas, é que há apenas uma maneira de se trazer mudanças significativas para o mundo: em escala.

Agradecimentos

A semente para O Efeito Voltagem foi fertilizada há anos, quando meus pais me incentivaram a ser curioso e resiliente. Naquela época, quando eu nem sequer pronunciava uma palavra, não havia como "jogar no Google", mas havia o "tente algumas vezes e veja se dá certo". Quando tentei, e fracassei, o eterno apoio de meus pais me levou a "continuar dando duro e a buscar a resposta certa no fundo de mim mesmo".

Os atuais conteúdos deste livro giram em torno de algumas décadas de trabalho científico. A primeira parte deste livro resgata muito da minha pesquisa recente com Omar Al-Ubaydli e Dana Suskind. Assim como, pesquisas com vários outros coautores que contribuíram com a elaboração dos Cinco Sinais Vitais de uma ideia escalável, incluindo Fatemeh Momeni, Yves Zenou, Robert Metcalfe, Anya Samek, Min Sok Lee, Danielle LoRe, Claire Mackevicius, Zacharias Maniadis, Fabio Tufano, Pat Euzent, Charles Bailey e o falecido Thomas Martin, entre outros. A segunda parte do livro se baseia em vários estudos acadêmicos nos quais atuei como coautor com Andreas Leibbrandt, Uri Gneezy, Jeffrey Flory, Tanjim Hossain, Roland Fryer, Sally Sadoff, Steven Levitt, Ian Muir, Basil Halperin, Benjamin Ho, Greer Gosnell, Seda Ertac, Lester Tong, Karen Ye, Kentaro Asai, Howard Nusbaum, Ali Hortacsu, Erwin Bulte, Daan van Soest, Daniel Rondeau, Amanda Chuan, Alec Brandon, Christopher Clapp, Michael Price, Alex Imas,

Alexander Cappelen, Bertil Tungodden, Yang Xu, Jeffrey Livingston, Xiangdong Qiu, Ernst Fehr, Kenneth Leonard, Brent Hickman, Daniel Hedblom, Michael Haigh, Jon Alevy, Susanne Neckermann, Chad Syverson, Tova Levin e Amee Kamdar, entre outros pesquisadores.

Sem meus mentores ao longo dos anos, além de meus estudantes, colegas e minhas equipes da Universidade de Chicago, da Lyft e da Ubernomics, não existiria *O Efeito Voltagem* (vocês são muitos para serem citados, mas Diana Smith é a próxima pessoa que devo nomear, assim como meus mentores de longa data, Shelby Gerking e Aart de Zeeuw). Atuar ao lado de todos vocês tem sido um privilégio enorme. Espero que este livro permita às pessoas usufruírem de seus conhecimentos assim como eu pude fazer. Além de amigos leais, Kenneth Griffin e Anne Dias ofereceram suas mentes e seus recursos para melhorar e financiar a pesquisa educacional discutida neste livro, e a Griffin Incubator foi um recurso-chave para desenvolver certos elementos deste livro.

James Levine, meu agente literário, compartilhou de minha visão para *O Efeito Voltagem* e aprimorou meu trabalho a cada etapa. Aaron Shulman começou como meu instrutor de escrita e acabou se tornando um grande amigo e confidente, além de um *extraordinário* jornalista investigativo. Ele me ensinou sobre como escrever para uma audiência abrangente, destravou meu "economês" para detalhar os segredos importantes para se obter escala com sucesso, retocou minha prosa quando necessário e, ainda mais importante, criticou minha escrita quando apropriado. Ele foi um parceiro essencial para aprimorar este manuscrito; não consigo imaginar um melhor para esta jornada. Talia Krohn, minha editora na Penguin Random House, foi boa demais para ser verdade. Perspicaz, paciente, inteligente, questionadora e empática, ela defendeu *O Efeito Voltagem* desde o momento em que começamos a colaborar e nunca mais parou. Suas edições perspicazes e encorajamentos gentis para dar um passo atrás aqui e aprofundar ali transformaram completamente o manuscrito. Serei eternamente grato pela oportunidade de termos trabalhado juntos. Espero poder atuar com ela novamente em breve.

É comovente pensar sobre todas as pessoas que contribuíram com *O Efeito Voltagem*. Stephen Dubner é a pessoa mais ocupada que conheço e, ainda assim, sempre retornou meus e-mails e providenciou comentários sobre os meus rascunhos para este livro. Logan Green e Travis Kalanick acreditaram em mim o suficiente para me oferecerem a chance de atuar como economista-chefe na Lyft e na Uber, respectivamente. Vários colegas em ambas as empresas foram parceiros incríveis. Sem eles, *O Efeito Voltagem* não seria o que é hoje. Ian Muir, em especial, gerenciou minha equipe na Ubernomics e no Departamento de Economia da Lyft com uma mão firme e espírito inabalável. De modo semelhante, Glenn Hubbard e o Conselho de Assessores Econômicos me contrataram para atuar na Casa Branca (e Jason Shogren e Greg Mankiw ofereceram sua enorme sabedoria durante meu tempo na Casa Branca), o que me providenciou perspectivas políticas profundas e aprendizados gerais.

Fui muito afortunado por trabalhar com colegas que realmente desejam transformar o mundo em um lugar melhor. Em especial, me impressiona as inúmeras pessoas em firmas, seja com ou sem fins lucrativos, e também os governos que firmaram parceria comigo para ajudar a responder às "grandes" questões importantes. Sem esse apoio, boa parte das pesquisas que mencionei em *O Efeito Voltagem* não teria sido possível. Sou particularmente grato a Thomas Amadio, do Chicago Heights School District, que deu início a uma exploração que nunca imaginei ser possível. Jeffrey Lachman, Nathan Durst, Jeremy Haber e outros colegas do Chicago White Sox abriram meus olhos para o que realmente ganha escala em esportes profissionais. Um profundo agradecimento à minha família, incluindo meus pais (Joyce e August), meus sogros (Leslie e Robert), meus oito filhos, minha irmã e meu irmão (Dawn e Augie), e todos os meus familiares (vocês sabem quem são!) que foram extremamente pacientes ao escutar minhas aventuras sobre escala, e corajosos ao me dizer quando algo não funcionava. Sem cada um de vocês, *O Efeito Voltagem* nunca chegaria até aqui. Por fim, minha vida e parceira de escala, Dana Suskind, que me ofereceu muita inspiração, amor e sabedoria desde o seu primeiro desafio de pesquisa sobre escala até a sua atuação como coautora em múltiplas pesquisas e sua ajuda para este livro chegar em sua reta final. Sem a Dana, não há Voltagem.

Notas

Introdução: Feito para Falhar ou para Escalar?

xii **Chicago Heights:** U.S. Census Bureau, 2019, https://www.census.gov/quickfacts/fact/table/IL,chicagoheightscityillinois/PST045219.

xix **mulheres não são inerentemente menos competitivas do que homens:** Uri Gneezy, Kenneth L. Leonard e John A. List, "Gender Differences in Competition: Evidence from a Matrilineal and a Patriarchal Society", *Econometrica* 77, nº 5 (2009): 1637–1664.

xix **uma campanha de caridade atrairá mais doações:** Amee Kamdar, Steven D. Levitt, John A. List, Brian Mullaney e Chad Syverson, "Once and Done: Leveraging Behavioral Economics to Increase Charitable Contributions", artigo preliminar, Science of Philanthropy Initiative, 2015, https://spihub.org/site/resource_files/publications/spi_wp_025_list.pdf.

xix **o medo de perder um prêmio:** Roland G. Fryer Jr., Steven D. Levitt, John List e Sally Sadoff, "Enhancing the Efficacy of Teacher Incentives Through Loss Aversion: A Field Experiment", artigo preliminar da NBER, 2012.

xx **Aqui está uma história verdadeira:** Omar Al-Ubaydli, Min Sok Lee, John A. List, Claire L. Mackevicius e Dana Suskind, "How Can Experiments Play a Greater Role in Public Policy? Twelve Proposals from an Economic Model of Scaling", *Behavioural Public Policy* 5, nº 1 (2020): 2–49, doi:10.1017/bpp.2020.17.

xxii **O termo "queda de voltagem":** Amy M. Kilbourne, Mary S. Neumann, Harold A. Pincus, Mark S. Bauer e Ronald Stall, "Implementing Evidence-Based Interventions in Health Care: Application of the Replicating Effective Programs Framework", *Implementation Science* 2, nº 42 (2007).

xxii **De acordo com o Straight Talk on Evidence:** "How to Solve U.S. Social Problems When Most Rigorous Program Evaluations Find Disappointing Effects (Part One in a Series)", Straight Talk on Evidence, 21 de março de 2018, https://www.straighttalkonevidence.org/2018/03/21/how-to-solve-u-s-social-problems-when-most-rigorous-program-evaluations-find-disappointing-effects-part-one-in-a-series/.

xxiv **cerca de 10% das mulheres norte-americanas:** Anjani Chandra, Casey E. Copen e Elizabeth Hervey Stephen, "Infertility and Impaired Fecundity in the United States, 1982–2010: Data from the National Survey of Family Growth", National Health Statistics Report n° 67, Centro de Controle e Prevenção de Doenças dos Estados Unidos, 2013, https://www.cdc.gov/nchs/data/nhsr/nhsr067.pdf.

xxiv **O big data é utilizado em escala:** Ver: Ovia Fertility, https://www.oviahealth.com/.

Capítulo 1: Enganações ou Falsos Positivos

3 **"Nem você, nem eu e certamente nem as nossas crianças":** Ronald Reagan, "'Just Say No' Speech", 14 de setembro de 1986, University of Virginia Miller Center, https://millercenter.org/the-presidency/presidential-speeches/september-14-1986-speech-nation-campaign-against-drug-abuse.

4 **Em 1983, o chefe do Departamento de Polícia:** Jim Newton, "DARE Marks a Decade of Growth and Controversy", *Los Angeles Times*, 9 de setembro de 1993, https://www.latimes.com/archives/la-xpm-1993-09-09-mn-33226-story.html.

4 **Ao longo de 24 anos:** Relatório anual do D.A.R.E. de 2007, https://web.archive.org/web/20090320022158/, http://www.dare.com/home/documents/DAREAmericaAnnual07.pdf.

4 **Nas décadas após Nancy Reagan:** Reagan, "'Just Say No' Speech."

4 **inúmeros estudos demonstraram:** Steven L. West e Keri K. O'Neal, "Project D.A.R.E. Outcome Effectiveness Revisited", *American Journal of Public Health* 94 (2004): 1027–1029.

4 **Um estudo inclusive observou:** Earl Wysong, Richard Aniskiewicz e David Wright, "Truth and DARE: Tracking Drug Education to Graduation and as Symbolic Politics", *Social Problems* 41 (1994): 448–472.

5 **Por exemplo, quando visitei:** Tanjim Hossain e John A. List, "The Behavioralist Visits the Factory: Increasing Productivity Using Simple Framing Manipulations", *Management Science* 58, n° 12 (2012).

5 **Um estudo em 2005 descobriu:** Erwin A. Blackstone, Andrew J. Buck e Simon Hakim, "Evaluation of Alternative Policies to Combat False Emergency Calls", *Evaluation and Program Planning* 28, n° 2 (2005): 233–242.

5 **No caso do D.A.R.E.:** M. J. Manos, K. Y. Kameoka e J. H. Tanji, "Project Evaluation of Honolulu Police Department's Drug Abuse Resistance

Education", descrição de projeto/programa, Universidade do Havaí em Manoa, 1986, https://www.ojp.gov/ncjrs/virtual-library/abstracts/evaluation-honolulu-police-departments-drug-abuse-resistance.

5 **um estudo subsequente conduzido:** William DeJong, "A ShortTerm Evaluation of Project Dare (Drug Abuse Resistance Education): Preliminary Indications of Effectiveness", *Journal of Drug Education* 17, n° 4 (1987): 279–294, doi:10.2190/N2JC-9DXB-BLFD-41EA.

5 **Ainda assim, um número considerável de análises:** Susan T. Ennet, Nancy S. Tobler, Christopher L. Ringwalt e Robert L. Flewelling, "How Effective Is Drug Abuse Resistance Education? A Meta-Analysis of Project DARE Outcome Evaluations", *American Journal of Public Health* 84, n° 9 (1994): 1394–1401.

7 **Estudos sugerem que programas de bem-estar para funcionários:** T. DeGroot e D. S. Kiker, "A Meta-analysis of the Non-monetary Effects of Employee Health Management Programs", *Human Resources Management* 42 (2003): 53–69.

9 **é a pior forma de governo:** Richard Langworth, *Churchill by Himself: The Definitive Collection of Quotations* (Nova York: PublicAffairs, 2011), 573.

9 **"Judgment Under Uncertainty":** Amos Tversky e Daniel Kahneman, "Judgment Under Uncertainty: Heuristics and Biases", *Science* 185, n° 4157 (1974): 1124–1131, doi:10.1126/science.185.4157.1124.

9 **Rápido e Devagar: duas formas de pensar:** Daniel Kahneman, *Thinking, Fast and Slow* (Nova York: Farrar, Straus and Giroux, 2011).

9 **Previsivelmente Irracional:** Dan Ariely, *Predictably Irrational: The Hidden Forces That Shape Our Decisions* (Nova York: Harper Collins, 2008).

10 **O Projeto Desfazer:** Michael Lewis, *The Undoing Project: A Friendship That Changed Our Minds* (Nova York: W. W. Norton, 2017).

10 **o viés de confirmação nos impede:** E. Jonas, S. Schulz-Hardt, D. Frey e N. Ohelen, "Confirmation Bias in Sequential Information Search After Preliminary Decisions: An Expansion of Dissonance Theoretical Research on Selective Exposure to Information", *Journal of Personality and Social Psychology* 80, n° 4 (2001): 557–571; P. C. Wason, "On the Failure to Eliminate Hypotheses in a Conceptual Task", *Quarterly Journal of Experimental Psychology* 12, n° 3 (1960): 129–140; P. C. Wason, "Reasoning About a Rule", *Quarterly Journal of Experimental Psychology* 20 (1968): 273–281; R. E. Kleck e J. Wheaton, "Dogmatism and Responses to Opinion-Consistent and Opinion-Inconsistent Information", *Journal of Personality and Social Psychology* 5, n° 2 (1967): 249–252.

10 **Isso ocorre porque, como a ciência já nos ensinou:** Daniel Kahneman e Amos Tversky, "Subjective Probability: A Judgment of Representativeness", *Cognitive Psychology* 3, n° 3 (1972): 430–454; Tversky e Kahneman, "Judgment Under Uncertainty"; Ariely, *Predictably Irrational;* Thomas Gilovich, Dale Griffin e Daniel Kahneman, *Heuristics and Biases: The Psychology of Intuitive Judgment* (Nova York: Cambridge University Press, 2002).

11   **do psicólogo britânico Peter Wason:** Wason, "Reasoning About a Rule".

11   **Em 1951, o pioneiro psicólogo social:** Solomon E. Asch, "Effects of Group Pressure upon the Modification and Distortion of Judgments", em *Groups, Leadership and Men: Research in Human Relations,* editado por Mary Henle (Berkeley: University of California Press, 1961).

12   **as camisas de basquete mais vendidas:** Interbasket, "The Best NBA Jerseys of All-Time", s.d., https://www.interbasket.net/jerseys/nba/best-selling/, acesso em: 10 de maio de 2021.

14   **a ampla aceitação:** Lawrence Cohen e Henry Rothschild, "The Bandwagons of Medicine", *Perspectives in Biology and Medicine* 22, nº 4 (1979): 531–538, doi:10.1353/pbm.1979.0037.

15   **quase sempre desembolsa mais:** Barry Lind e Charles R. Plott, "The Winner's Curse: Experiments with Buyers and with Sellers", *American Economic Review* 81, nº 1 (1991): 335–346.

16   **ela explicou que ele havia colocado o leite:** R. A. Fisher, *The Design of Experiments* (Edimburgo: Oliver and Boyd, 1942); David Salsburg, *The Lady Tasting Tea: How Statistics Revolutionized Science in the Twentieth Century* (Nova York: Holt Paperbacks, 2002).

18   **erros médicos:** M. A. Makary e M. Daniel, "Medical Error — the Third Leading Cause of Death in the US", *BMJ* 353 (2016): i2139, doi:10.1136/bmj.i2139.

19   **Há alguns anos:** Janette Kettmann Klingner, Sharon Vaughn e Jeanne Shay Schumm, "Collaborative Strategic Reading During Social Studies in Heterogeneous Fourth-Grade Classrooms", *Elementary School Journal* 99, nº 1 (1998).

19   **apenas para falhar miseravelmente:** John Hitchcock, Joseph Dimino, Anja Kurki, Chuck Wilkins e Russell Gersten, "The Impact of Collaborative Strategic Reading on the Reading Comprehension of Grade 5 Students in Linguistically Diverse Schools", Departamento de Educação dos Estados Unidos, 2011, https://files.eric.ed.gov/fulltext/ED517770.pdf.

19   **Esse padrão emergente levou um psicólogo:** Open Science Collaboration, "Estimating the Reproducibility of Psychological Science", *Science* 349, nº 6251 (2015), doi:10.1126/science.aac4716.

20   **"viés de publicação":** Eliot Abrams, Jonathan Libgober e John A. List, "Research Registries: Facts, Myths, and Possible Improvements", artigo preliminar da NBER, 2020, doi:10.3386/w27250.

20   **fazer compras:** Aner Tal e Brian Wansink, "Fattening Fasting: Hungry Grocery 2hoppers Buy More Calories, Not More Food", *JAMA Internal Medicine* 173, nº 12 (2013): 1146–1148, doi:10.1001/jamainternmed.2013.650.

20   **comer em um prato grande:** Brian Wansink e Matthew M. Cheney, "Super Bowls: Serving Bowl Size and Food Consumption", *JAMA* 293, nº 14 (2005): 1727–1728, doi:10.1001/jama.293.14.1727.

20 **o clássico livro *The Joy of Cooking*:** Brian Wansink e Collin R. Payne, "The Joy of Cooking Too Much: 70 Years of Calorie Increases in Classic Recipes", *Annals of Internal Medicine* 150, n° 4 (2009).

21 **Até a escrita deste livro, dezenove dos:** Retraction Watch, http://retractiondatabase.org/, acessado 11 de maio de 2021.

21 **Em 2018, o Journal of the American Medical Association:** "JAMA Network Retracts 6 Articles", 18 de setembro de 2018, https://media.jamanetwork.com/news-item/jama-network-retracts-6-articles-that-included-dr-brian-wansink-as-author/.

21 **Cornell lançou uma investigação:** Michael I. Kotlikoff, "Cornell University Statements", 20 de setembro de 2018, https://statements.cornell.edu/2018/20180920-statement-provost-michael-kotlikoff.cfm.

21 **Infelizmente, esse tipo de conduta é mais comum:** J. List, C. Bailey, P. Euzent e T. Martin, "Academic Economists Behaving Badly? A Survey on Three Areas of Unethical Behavior", *Economic Inquiry* 39 (2001): 162–170.

22 **Hoje em dia, sabemos:** *Securities and Exchange Commission vs. Elizabeth Holmes and Theranos, Inc.*, 5:18-cv-01602, Tribunal de Distrito dos EUA, Distrito Norte da Califórnia, Divisão de San Jose, 14 de março de 2018, https://www.sec.gov/litigation/complaints/2018/comp-pr2018-41-theranos-holmes.pdf.

23 **Em um dado ponto:** Matthew Herper, "From $4.5 Billion to Nothing: Forbes Revises Estimated Net Worth of Theranos Founder Elizabeth Holmes", *Forbes*, 1 de junho de 2016, https://www.forbes.com/sites/matthewherper/2016/06/01/from-4-5-billion-to-nothing-forbes-revises-estimated-net-worth-of-theranos-founder-elizabeth-holmes/.

24 **depois ameaçados com processos legais:** Taylor Dunn, Victoria Thompson e Rebecca Jarvis, "Theranos Whistleblowers Filed Complaints out of Fear of Patients' Health", ABC News, 13 de março de 2019, https://abcnews.go.com/Business/theranos-whistleblowers-filed-complaints-fear-patients-health-started/story?id=61030212.

Capítulo 2: Conheça Seu Público

28 **por exemplo, a empresa atingiu uma receita líquida:** "Costco Wholesale Corp.", MarketWatch, https://www.marketwatch.com/investing/stock/cost/financials, acesso em 2021.

31 **um artigo sobre "tarifas em duas partes":** W. Arthur Lewis, "The Two-Part Tariff", *Economica* 8, n° 31 (1941): 249–270, doi:10.2307/2549332.

37 **Ashley Madison:** Dean Takahashi, "Ashley Madison 'Married Dating' Site Grew to 70 Million Users in 2020", Venture Beat, 25 de fevereiro de 2021, https://venturebeat.com/2021/02/25/ashley-madison-married-dating-site-grew-to-70-million-users-in-2020/.

40 **Em meados de 1990, o McDonald's:** Tabitha Jean Naylor, "McDonald's Arch Deluxe and Its Fall from Grace", Yahoo, 13 de agosto de 2014, https://finance.yahoo.com/news/mcdonalds-arch-deluxe-fall-grace-190417958.html.

41 **No entanto, verificou-se que o sal enriquecido:** Abhijit Banerjee, Sharon Barnhardt e Esther Duflo, "Can Iron-Fortified Salt Control Anemia? Evidence from Two Experiments in Rural Bihar", *Journal of Development Economics* 133 (2018): 127–146.

41 **da Nurse-Family Partnership:** David L. Olds, Peggy L. Hill, Ruth O'Brien, David Racine e Pat Moritz, "Taking Preventive Intervention to Scale: The Nurse-Family Partnership", *Cognitive and Behavioral Practice* 10, nº 4 (2003): 278–290.

42 **A Opower executou:** Hunt Allcott, "Site Selection Bias in Program Evaluation", *Quarterly Journal of Economics* 130, nº 3 (2015): 1117–1165.

43 **Em média, nossa Parent Academy:** John A. List, Fatemeh Momeni e Yves Zenou, "Are Measures of Early Education Programs Too Pessimistic? Evidence from a Large-Scale Field Experiment", artigo preliminar, 2019, http://conference.iza.org/conference_files/behavioral_2019/momeni_f28001.pdf.

44 **o que motiva as pessoas:** Uri Gneezy, Andreas Leibbrandt e John A. List, "Ode to the Sea: Workplace Organizations and Norms of Cooperation", *Economic Journal* 126, nº 595 (2016): 1856–1883.

44 **os mecanismos internos dos mercados:** John A. List, "Does Market Experience Eliminate Market Anomalies", *Quarterly Journal of Economics* 118, nº 1 (2003): 41–71.

44 **o motivo de as pessoas discriminarem:** John A. List, "The Nature and Extent of Discrimination in the Marketplace: Evidence from the Field", *Quarterly Journal of Economics* 119, nº 1 (2004): 49–89.

44 **Essa descoberta levantou uma questão:** Joseph Henrich, Steven J. Heine e Ara Norenzayan, "Most People Are Not WEIRD", *Nature* 466, nº 29 (2010).

45 **Sob as condições certas:** Uri Gneezy, Kenneth L. Leonard e John A. List, "Gender Differences in Competition: Evidence from a Matrilineal and a Patriarchal Society", *Econometrica* 77, nº 5 (2009): 1637–1664.

47 **Até a publicação deste livro:** Gopuff, "About Us", https://gopuff.com/go/about-us, acesso em: 11 de maio de 2021.

47 **Em 2019, (...) o conglomerado japonês:** Cory Weinberg e Amir Efrati, "SoftBank's Secret $750 Million Investment in GoPuff", The Information, 17 de janeiro de 2020, https://www.theinformation.com/articles/softbanks-secret-750-million-investment-in-gopuff.

48 **em 2018, a Taco Bell:** Sarah Whitten, "Taco Bell's Nacho Fries Are the Most Successful Launch in the Chain's History", CNBC, 13 de março de 2018, https://www.cnbc.com/2018/03/13/taco-bells-nacho-fries-are-the-most-successful-launch-in-the-chains-history.html; Jordan Valinsky, "Taco Bell Is Bringing Back Nacho Fries After Trimming Its Menu", CNN, 16 de dezembro de 2020, https://www.cnn.com/2020/12/16/business/taco-bell-nacho-fries-menu/index.html.

49 **Quando formei uma parceria:** Daniel Rondeau e John A. List, "Matching and Challenge Gifts to Charity: Evidence from Laboratory and Natural Field Experiments", *Experimental Economics* 11 (2008): 253-267.

Capítulo 3: É o Chef ou São os Ingredientes?

52 **recebeu uma crítica admirável no** *The Guardian:* Matthew Norman, "Restaurant Review: Jamie's Italian", *The Guardian,* 25 de julho de 2008, https://www.theguardian.com/lifeandstyle/2008/jul/26/restaurants.review.

52 **A nova rede de Oliver:** Esta história foi elaborada a partir de uma variedade de fontes, incluindo: Jamie Oliver Group, "News", 2020, https://www.jamieolivergroup.com/news/jamie-oliver-group-launches-new-international-dining-concept/; Sean Farrell, "Not So Fresh: Why Jamie Oliver's Restaurants Lost Their Bite", *The Guardian,* 17 de fevereiro de 2018, https://www.theguardian.com/lifeandstyle/2018/feb/16/not-so-fresh-why-jamie-oliver-restaurants-lost-their-bite.

53 **O inigualável El Bulli:** Matt Goulding, "The End of El Bulli?", *Wall Street Journal,* 27 de janeiro de 2010, https://www.wsj.com/articles/SB10001424052748704094304575029580782188308.

55 **"Estávamos abrindo restaurantes demais":** Debra Kelly, "The Real Reason Jamie Oliver's Restaurant Empire Is Collapsing", Mashed, 22 de maio de 2019, https://www.mashed.com/153506/the-real-reason-jamie-olivers-restaurant-empire-is-collapsing/.

56 **Quando a influente crítica do Sunday Times:** Marina O'Loughlin e Camillo Benso, "The Food Isn't Actively Bad, Just Defiantly Mediocre", *Sunday Times,* 16 de dezembro de 2018.

56 **No começo de 2019, a rede:** Amie Tsang, "Jamie Oliver's U.K. Restaurants Declare Bankruptcy", *New York Times,* 21 de maio de 2019, https://www.nytimes.com/2019/05/21/business/jamie-oliver-uk-restaurants-bankruptcy-administration.html.

62 **Enquanto eu e meus colegas Robert Metcalfe:** Steven Levitt, John List, Robert Metcalfe e Sally Sadoff, "Engaging Parents in Parent Engagement Programs", Society for Research on Educational Effectiveness, 2016, https://eric.ed.gov/?id=ED567211.

63 **Começando com 68 programas** U.S. Administration for Children and Families, "Early Head Start Turns 25 in 2020", 6 de fevereiro de 2020, https://eclkc.ohs.acf.hhs.gov/video/early-head-start-turns-25-2020; U.S. Administration for Children and Families, "The Origins of Early Head Start", 7 de fevereiro de 2020, https://eclkc.ohs.acf.hhs.gov/video/origins-early-head-start.

64 **No entanto, quando o programa ganhou escala:** Lori A. Roggman, Gina A. Cook, Mark S. Innocenti, Vonda Jump Norman, Lisa K. Boyce, Katie Christiansen e Carla

A. Peterson, "Home Visit Quality Variations in Two Early Head Start Programs in Relation to Parenting and Child Vocabulary Outcomes", *Infant Mental Health Journal* 37 (2016): 193–207.

64 **A consequência foi:** Lori A. Roggman, Gina A. Cook, Carla A. Peterson e Helen H. Raikes, "Who Drops Out of Early Head Start Home Visiting Programs?", *Early Education and Development* 19, n° 4 (2008): 574–599, doi:10.1080/10409280701681870.

65 **algo que o autor Paul Midler:** Paul Midler, "'Quality Fade': China's Great Business Challenge", Wharton School, 25 de julho de 2007, https://knowledge.wharton.upenn.edu/article/quality-fade-chinas-great-business-challenge/.

65 **grupos sem fins lucrativos que tentam manter:** AARP, "2019 AARP Annual Report", 2019, https://www.aarp.org/content/dam/aarp/about_aarp/annual_reports/2019/2018-aarp-form-990-public-disclosure.pdf.

67 **Inexplicavelmente, as previstas economias de energia:** Alec Brandon, Christopher Clapp, John A. List, Robert Metcalfe e Michael Price, "Smart Tech, Dumb Humans: The Perils of Scaling Household Technologies", 2021, https://cclapp.github.io/ChrisClapp.org/Files/Manuscripts/Brandon,%20Clapp,%20List,%20Metcalfe%20&%20Price%20-%20Smart%20Tech,%20Dumb%20Humans-The%20Perils%20of%20Scaling%20Household%20Technologies.pdf.

Capítulo 4: Transbordamentos

71 **Unsafe at Any Speed:** Ralph Nader, *Unsafe at Any Speed: The Designed-In Dangers of the American Automobile* (Nova York: Grossman, 1965).

71 **Avancemos para 1975:** Sam Peltzman, "The Effects of Automobile Safety Regulation", *Journal of Political Economy* 83, n° 4 (1975).

72 **Dê um capacete a um ciclista:** Lei Kang, Akshay Vij, Alan Hubbard e David Shaw, "The Unintended Impact of Helmet Use on Bicyclists' RiskTaking Behaviors", 2018, https://www.unisa.edu.au/siteassets/episerver-6-files/global/business/centres/i4c/docs/kang-et-al-2018.pdf; Ian Walker e Dorothy Robinson, "Bicycle Helmet Wearing Is Associated with Closer Overtaking by Drivers: A Response to Olivier and Walter, 2013", 2018, PsyArXiv, doi:10.31234/osf.io/nxw2k.

72 **motoristas da NASCAR:** Adam T. Pope e Robert D. Tollison, "'Rubbin' Is Racin': Evidence of the Peltzman Effect from NASCAR", *Public Choice* 142 (2010): 507–513.

73 **o cientista político Scott Sagan:** Scott D. Sagan, "The Problem of Redundancy Problem: Why More Nuclear Security Forces May Produce Less Nuclear Security", *Risk Analysis* 24, n° 4 (2004): 935–946, doi:10.1111/j.0272-4332.2004.00495.x.

75 **Quando os economistas Jonathan Hall:** Jonathan V. Hall, John J. Horton e Daniel T. Knoepfle, "Pricing in Designed Markets: The Case of RideSharing", 2021, https://john-joseph-horton.com/papers/uber_price.pdf.

NOTAS   227

77   **Em 2014, um grupo de economistas notáveis:** Dennis Egger, Johannes Haushofer, Edward Miguel, Paul Niehaus e Michael W. Walker, "General Equilibrium Effects of Cash Transfers: Experimental Evidence from Kenya", artigo preliminar da NBER, 2019, doi:10.3386/w26600.

82   **Em 2017, dois economistas habilidosos:** Zoë Cullen e Ricardo Perez-Truglia, "How Much Does Your Boss Make? The Effects of Salary Comparisons", artigo preliminar da NBER, 2021, doi:10.3386/w24841.

84   **O brilhante trabalho do economista Bruce Sacerdote:** Bruce Sacerdote, "Peer Effects in Education: How Might They Work, How Big Are They and How Much Do We Know Thus Far?", em: *Handbook of the Economics of Education*, vol. 3, editado por Eric A. Hanushek, Stephen Machin e Ludger Woessmann, 249–277 (Amsterdã: Elsevier, 2011).

84   **Mas primeiro, era preciso ter certeza:** John A. List, Fatemeh Momeni e Yves Zenou, "The Social Side of Early Human Capital Formation: Using a Field Experiment to Estimate the Causal Impact of Neighborhoods", artigo preliminar da NBER, 2020, doi:10.3386/w28283.

86   **O tempo extra:** Amanda Chuan, John List e Anya Samek, "Do Financial Incentives Aimed at Decreasing Interhousehold Inequality Increase Intrahousehold Inequality?", *Journal of Public Economics* 196 (2021): 104382.

Capítulo 5: A Armadilha de Custo

91   **A Arivale estava prestes a revolucionar:** Essa história foi reunida de diversas fontes, incluindo Jeffrey Bland, "Arivale Is Gone but Not Forgotten: What Did We Learn?", *Medium*, 21 de maio de 2019, https://medium.com/@jeffreyblandphd/arivale-is-gone-but-not-forgotten-what-did-we-learn-6c37142f5f80; Paul Roberts, "Closure of High-Tech Medical Firm Arivale Stuns Patients", *Seattle Times*, 26 de abril de 2019, https://www.seattletimes.com/business/technology/closure-of-high-tech-medical-firm-arivale-stuns-patients-i-feel-as-if-one-of-my-arms-was-cut-off/; Todd Bishop e James Thorne, "Why Arivale Failed: Inside the Surprise Closure of an Ambitious 'Scientific Wellness' Startup", GeekWire, 26 de abril de 2019, https://www.geekwire.com/2019/arivale-shut-doors-inside-surprise-closure-ambitious-scientific-wellness-startup/.

92   **assim como em um estudo observacional revisado:** Niha Zubair, Matthew P. Conomos, Leroy Hood, Gilbert S. Omenn, Nathan D. Price, Bonnie J. Spring, Andrew T. Magis e Jennifer C. Lovejoy, "Genetic Predisposition Impacts Clinical Changes in a Lifestyle Coaching Program", *Scientific Reports* 9 (2019): art. nº 6805.

93   **O livro é mais conhecido:** Adam Smith, *An Inquiry into the Nature and Causes of the Wealth of Nations*, livro 4, cap. 2. Você pode ler o texto gratuitamente em: https://www.gutenberg.org/files/38194/38194-h/38194-h.htm.

95 **Quando a Arivale foi inaugurada:** Site da Arivale: http://www.arivale.com, acesso em: 2021.

98 **a demanda inicial sugeria:** Rachel Lerman, "Lee Hood's Arivale Raises $36M to Personalize Your Health Care", *Seattle Times*, 13 de julho de 2015, https://www.seattletimes.com/business/technology/lee-hoods-arivale-raises-36m-to-personalize-your-health-care/.

99 **Como Picariello diria um tempo depois:** Jim Picariello, "My Company Grew Too Fast — and Went Out of Business", CBS News, 11 de agosto de 2012, https://www.cbsnews.com/news/my-company-grew-too-fast-and-went-out-of-business/.

101 **Isso é claramente visto:** O vídeo oficial da SpaceX está indisponível no YouTube, mas você pode vê-lo em: "SpaceX Falcon Heavy STP-2 Launch and Booster Landing— FULL VIDEO", YouTube, postado por NASASpaceflight, 26 de junho de 2019, https://www.youtube.com/watch?v=f6GfeT_MIO0.

101 **De fato, ao utilizar foguetes reutilizáveis:** Matthew C. Weinzierl, Kylie Lucas e Mehak Sarang, "SpaceX, Economies of Scale, and a Revolution in Space Access", Harvard Business School Case 720–027, abril de 2020 (revisado em junho de 2020).

104 **Na década de 1950, o vírus da pólio:** Lauro S. Halstead, "A Brief History of Postpolio Syndrome in the United States", *Archives of Physical Medicine and Rehabilitation* 92, n° 8 (2011): P1344–1349.

107 **Por exemplo, na década de 1990, a Califórnia:** Christopher Jepsen e Steven Rivkin, "Class Size Reduction and Student Achievement: The Potential Tradeoff Between Teacher Quality and Class Size", *Journal of Human Resources* 44, n° 1 (2009): 223–250, doi:10.3368/jhr.44.1.223.

108 **após Zermelo publicar seu teorema:** Ernst Zermelo, *Über eine Anwendung der Mengenlehre auf die Theorie des Schachspiels* (Berlim: Springer, 1913).

Capítulo 6: Incentivos que Ganham Escala

113 **experimento da "carteira perdida":** Experimentos da "carteira perdida" são inúmeros, e são feitos em campo (como em M. D. West, *Law in Everyday Japan: Sex, Sumo, Suicide, and Statutes* [Chicago: University of Chicago Press, 2005]) e no laboratório (Martin Dufwenberg e Uri Gneezy, "Measuring Beliefs in an Experimental Lost Wallet Game", *Games and Economic Behavior* 30, n° 2 [2000]: 163–182).

116 **a campanha #DeleteUber:** Mike Isaac, "What You Need to Know About #DeleteUber", *New York Times*, 31 de janeiro de 2017, https://www.nytimes.com/2017/01/31/business/delete-uber.html.

118 **Não tínhamos certeza:** Ofer H. Azar, "The Economics of Tipping", *Journal of Economic Perspectives* 34, n° 2 (2020): 215–236, doi:10.1257/jep.34.2.215.

124 **Em 2013, a Virgin Atlantic:** Greer K. Gosnell, John A. List e Robert Metcalfe, "A New Approach to an Age-Old Problem: Solving Externalities by Incenting Workers Directly", artigo preliminar da NBER, 2016, https://www.nber.org/system/files/working_papers/w22316/w22316.pdf.

126 **Isso se deu provavelmente graças:** Steven D. Levitt e John A. List, "Was There Really a Hawthorne Effect at the Hawthorne Plant? An Analysis of the Original Illumination Experiments", *American Economic Journal: Applied Economics* 3, n° 1 (2011): 224–238, doi:10.1257/app.3.1.224.

131 **A extrema aversão dos seres humanos:** Ver, por exemplo, Daniel Kahneman, Jack L. Knetsch e Richard H. Thaler, "Experimental Tests of the Endowment Effect and the Coase Theorem", *Journal of Political Economy* 98, n° 6 (1990).

131 **Esse efeito aparentemente irracional:** Ziv Carmon e Dan Ariely, "Focusing on the Forgone: How Value Can Appear So Different to Buyers and Sellers", *Journal of Consumer Research* 27, n° 3 (2149): 360–370.

132 **Tive a oportunidade de explorar:** Tanjim Hossain e John A. List, "The Behavioralist Visits the Factory: Increasing Productivity Using Simple Framing Manipulations", *Management Science* 58, n° 12 (2012).

133 **Por exemplo, nos subúrbios:** Erwin Bulte, John A. List e Daan van Soest, "Toward an Understanding of the Welfare Effects of Nudges: Evidence from a Field Experiment in the Workplace", *Economic Journal* 130, n° 632 (2020): 2329–2353.

134 **que as pessoas com uma vasta experiência:** John A. List, "Does Market Experience Eliminate Market Anomalies?", *Quarterly Journal of Economics* 118, n° 1 (2003): 41–71.

134 **começam a decodificar perdas:** Lester C. P. Tong, Karen J. Ye, Kentaro Asai, Seda Ertac, John A. List, Howard C. Nusbaum e Ali Hortaçsu, "Trading Modulates Anterior Insula to Reduce Endowment Effect", *Proceedings of the National Academy of Sciences* 113, n° 33 (2016): 9238–9243, doi:10.1073/pnas.1519853113.

134 **Alex Imas, Sally Sadoff e Anya Samek:** Alex Imas, Sally Sadoff e Anya Samek, "Do People Anticipate Loss Aversion?", *Management Science* 63, n° 5 (2016).

135 **Eles podem até mesmo ser particularmente bem adequados:** Roland G. Fryer Jr., Steven D. Levitt, John List e Sally Sadoff, "Enhancing the Efficacy of Teacher Incentives Through Loss Aversion: A Field Experiment", artigo preliminar da NBER, 2012, doi:10.3386/w18237.

135 **No ano anterior à nossa intervenção:** Illinois State Board of Education, "2009–2010 School Year: Illinois State Report Card Data", https://www.isbe.net/pages/illinois-state-report-card-data.aspx.

137 **ao observar a qualidade do ensino:** Fryer *et al.*, 2021. "Enhancing the Efficacy of Teacher Incentives Through Framing".

137 **Para descobrir, fizemos:** Steven D. Levitt, John A. List, Susanne Neckermann e Sally Sadoff, "The Behavioralist Goes to School: Leveraging Behavioral Economics to

Improve Educational Performance", *American Economic Journal: Economic Policy* 8, n° 4 (2016), doi:10.1257/pol.20130358.

138 **algumas pesquisas mostram que as recompensas:** Esses quatro estudos juntos contam uma história: Levitt *et al.*, "The Behavioralist Goes to School"; Alexander W. Cappelen, John A. List, Anya Samek e Bertil Tungodden, "The Effect of Early Education on Social Preferences", artigo preliminar da NBER, 2016, doi:10.3386/w22898; Uri Gneezy, John List, Jeff Livingston, Xiangdong Qin, Sally Sadoff e Yang Xu, "Measuring Student Success: The Role of Effort on the Test Itself", *American Economic Review: Insights* (a ser publicado); Steven D. Levitt, John A. List e Sally Sadoff, "The Effect of Performance-Based Incentives on Educational Achievement: Evidence from a Randomized Experiment", artigo preliminar da NBER, 2016, doi:10.3386/w22107.

Capítulo 7: *A Revolução Marginalista*

143 **No ano anterior a se tornar:** Stephen Breyer, *Breaking the Vicious Circle: Toward Effective Risk Regulation* (Cambridge, MA: Harvard University Press, 1993).

143 **Essa abordagem começou:** Uma breve história da análise de custo-benefício pode ser encontrada em David Pearce, "Cost Benefit Analysis and Environmental Policy", *Oxford Review of Economic Policy* 14, n° 4 (1998): 84–100.

150 **Devido a sua própria natureza:** William Niskanen, *Bureaucracy and Representative Government* (Nova York: Aldine-Atherton, 1971).

Capítulo 8: *Desistir é Para Vencedores*

163 **duas vezes o título de atleta Academic All-American:** Eu ainda tenho as placas de premiação!

165 **treinador (...), Vince Lombardi, que disse:** Essa citação foi atribuída a ele.

168 **um conjunto influente de pesquisas em psicologia:** Shane Frederick, Nathan Novemsky, Jing Wang, Ravi Dhar e Stephen Nowlis, "Opportunity Cost Neglect", *Journal of Consumer Research* 36 (2009): 553–561, doi:10.1086/599764.

168 **Em outras palavras, aumentamos:** T. D. Wilson, T. Wheatley, J. M. Meyers, D. T. Gilbert e D. Axsom, "Focalism: A Source of Durability Bias in Affective Forecasting", *Journal of Personality and Social Psychology* 78, n° 5 (2000): 821–836.

168 **Pesquisas experimentais sugerem que os legisladores:** Emil Persson e Gustav Tinghög, "Opportunity Cost Neglect in Public Policy", *Journal of Economic Behavior and Organization* 170 (2020): 301–312.

NOTAS

171 **Um experimento conduzido na década de 1990:** P. Legrenzi, V. Girotto e P. N. Johnson-Laird, "Focussing in Reasoning and Decision Making", *Cognition* 49, n°s 1–2 (1993): 37–66.

171 **Para desenvolver essa prática:** Shane Frederick, Nathan Novemsky, Jing Wang, Ravi Dhar e Stephen Nowlis, "Neglect of Opportunity Costs in Consumer Choice", 2006, https://www.researchgate.net/publication/228800348_Neglect_of_Opportunity_ Costs_in_Consumer_Choice.

171 **Talvez o melhor exemplo:** X Company, https://x.company/, acesso em: 10 de maio de 2021.

172 **Como o chefe do laboratório de pesquisa, Astro Teller:** Eric "Astro" Teller, "The Unexpected Benefit of Celebrating Failure", TED Talk 2016, fevereiro de 2016, https://www.ted.com/talks/astro_teller_the_unexpected_benefit_of_celebrating_failure.

172 **Em 2011, quando a Netflix:** Brian Stelter, "Netflix, in Reversal, Will Keep Its Services Together", *New York Times*, 10 de outubro de 2011, https://mediadecoder.blogs.nytimes.com/2011/10/10/netflix-abandons-plan-to-rent-dvds-onqwikster/.

172 **Agir desse modo não significa:** Angela Lee Duckworth e Patrick D. Quinn, "Development and Validation of the Short Grit Scale (Grit–S)", *Journal of Personality Assessment* 91 (2009): 166–174.

173 **Esses eram dois bens comerciais:** Você pode ler gratuitamente o texto completo de *On the Principles of Political Economy, and Taxation* em: https://www.gutenberg.org/files/33310/33310-h/33310-h.htm.

175 **Um exemplo do mundo das startups:** Claire Cain Miller, "Why Twitter's C.E.O. Demoted Himself", *New York Times*, 30 de outubro de 2010, https://www.nytimes.com/2010/10/31/technology/31ev.html.

175 **Em 1998, a empresa começou:** Conner Forrest, "How the 'PayPal Mafia' Redefined Success in Silicon Valley", Tech Republic, 30 de junho de 2014, https://www.techrepublic.com/article/how-the-paypal-mafia-redefined-success-in-silicon-valley/.

177 **Em 2013, Steven Levitt e eu:** "Would You Let a Coin Toss Decide Your Future?", podcast *Freakonomics Radio*, episódio 112, 31 de janeiro de 2013, https://freakonomics.com/2013/01/31/would-you-let-a-coin-toss-decide-your-future-zfull-transcript/.

179 **Como o empreendedor de tecnologia, investidor e autor:** Reid Hoffman, June Cohen e Deron Triff, *Masters of Scale* (Nova York: Currency, 2021), 179.

Capítulo 9: Escalando a Cultura

182 **Essa era a questão que o meu colega:** Uri Gneezy, Andreas Leibbrandt e John A. List, "Ode to the Sea: Workplace Organizations and Norms of Cooperation", *Economic Journal* 126, n° 595 (2016): 1856–1883.

183 **CEOs de fazendas cafeeiras:** Ernst Fehr e John A. List, "The Hidden Costs and Returns of Incentives — Trust and Trustworthiness Among CEOs", *Journal of the European Economic Association* 2, n° 5 (2004): 743–771.

183 **traders profissionais:** Jonathan E. Alevy, Michael S. Haigh e John A. List, "Information Cascades: Evidence from a Field Experiment with Financial Market Professionals", *Journal of Finance* 62, n° 1 (2007).

183 **membros do grupo étnico Masai:** Uri Gneezy, Kenneth L. Leonard e John A. List, "Gender Differences in Competition: Evidence from a Matrilineal and a Patriarchal Society", *Econometrica* 77, n° 5 (2009): 1637–1664.

185 **Primeiro, uma engenheira de 25 anos:** Susan J. Fowler, "Reflecting on One Very, Very Strange Year at Uber", 19 de fevereiro de 2017, https://www.susanjfowler.com/blog/2017/2/19/reflecting-on-one-very-strange-year-at-uber.

185 **Uma semana depois, a Waymo:** "A Note on Our Lawsuit Against Otto and Uber", site da Waymo, 23 de fevereiro de 2017, https://blog.waymo.com/2019/08/a-note-on-our-lawsuit-against-otto-and.html.

185 **Na outra semana:** Eric Newcomer, "In Video, Uber CEO Argues with Driver over Falling Fares", Bloomberg, 28 de fevereiro de 2017, https://www.bloomberg.com/news/articles/2017-02-28/in-video-uber-ceo-argues-with-driver-over-falling-fares.

185 **o New York Times expôs:** Mike Isaac, "How Uber Deceives the Authorities Worldwide," *New York Times*, 3 de março de 2017, https://www.nytimes.com/2017/03/03/technology/uber-greyball-program-evade-authorities.html.

189 **Pesquisas sugerem que a confiança profunda:** Federico Cingano e Paolo Pinotti, "Trust, Firm Organization, and the Pattern of Comparative Advantage", *Journal of International Economics* 100 (2016): 1–13.

190 **trabalho em equipe funcional ser essencial:** Rafael La Porta, Florencio Lopez Silanes, Andrei Shleifer e Robert W. Vishny, "Trust in Large Organizations", *American Economic Review* 87, n° 2 (1997): 333–338, https://www.jstor.org/stable/2950941.

190 **Havia usuários de alto perfil:** Mike Isaac, "Uber Fires Executive over Handling of Rape Investigation in India", *New York Times*, 7 de junho de 2017, https://www.nytimes.com/2017/06/07/technology/uber-fires-executive.html.

193 **No entanto, se você pensa:** Xueming Luo, Rebecca J. Slotegraaf e Xing Pan, "Cross-Functional 'Coopetition': The Simultaneous Role of Cooperation and Competition Within Firms", *Journal of Marketing*, 1 de abril de 2006.

194 **A empresa não rastreia:** Josef Adalian, "Inside the Binge Factory", *Vulture*, junho de 2018, https://www.vulture.com/2018/06/how-netflix-swallowed-tv-industry.html; Patty McCord, "How Netflix Reinvented HR", *Harvard Business Review*, janeiro de 2014, https://hbr.org/2014/01/how-netflix-reinvented-hr.

194 **Microgerenciamento é inaceitável:** McCord, "How Netflix Reinvented HR".

194 **O CEO da Netflix, Reed Hastings:** Maria Konnikova, "What if Your Company Had No Rules?", *Freakonomics Radio* podcast, 12 de setembro de 2020, https://freakonomics.com/podcast/book-club-hastings/.

195 **Há alguns anos, meus amigos:** confira em http://sodi.org/.

195 **Pesquisas demonstraram que grupos diversos:** John E. Sawyer, Melissa A. Houlette e Erin L. Yeagley, "Decision Performance and Diversity Structure: Comparing Faultlines in Convergent, Crosscut, and Racially Homogeneous Groups", *Organizational Behavior and Human Decision Processes* 99, nº 1 (2006): 1–15.

195 **habilidades de resolução de problemas:** Lu Hong e Scott E. Page, "Groups of Diverse Problem Solvers Can Outperform Groups of High-Ability Problem Solvers", *Proceedings of the National Academy of Sciences* 101, nº 46 (2004): 16385–16389, doi:10.1073/pnas.0403723101.

195 **lucros maiores:** Paul A. Gompers e Sophie Q. Wang, "And the Children Shall Lead: Gender Diversity and Performance in Venture Capital", artigo preliminar da NBER, 2017, doi:10.3386/w23454.

195 **Um estudo mostrou que elas inclusive:** Gompers e Wang, "And the Children Shall Lead".

196 **E ainda assim,:** Andreas Leibbrandt e John A. List, "Do Equal Employment Opportunity Statements Backfire? Evidence from a Natural Field Experiment on Job-Entry Decisions", artigo preliminar da NBER, 2018, doi:10.3386/w25035.

197 **Seu ceticismo:** Marianne Bertrand e Sendhil Mullainathan, "Are Emily and Greg More Employable than Lakisha and Jamal? A Field Experiment on Labor Market Discrimination", *American Economic Review* 94, nº 4 (2004): 991–1013, https://www.jstor.org/stable/3592802; Sonia K. Kang, Katherine A. DeCelles, András Tilcsik e Sora Jun, "Whitened Résumés: Race and Self-Presentation in the Labor Market", *Administrative Science Quarterly* 61, nº 3 (2016): 469–502.

198 **(muitas vezes disponível online):** Por exemplo, a editora original deste livro: https://www.penguinrandomhouse.com/about-us/our-people/.

198 **Ou seja, a RSC não é:** Daniel Hedblom, Brent R. Hickman e John A. List, "Toward an Understanding of Corporate Social Responsibility: Theory and Field Experimental Evidence", artigo preliminar da NBER, 2019, doi:10.3386/w26222.

199 **Para explorar essa questão:** Hedblom, Hickman e List, "Toward an Understanding of Corporate Social Responsibility".

200 **Em outro experimento de campo:** John A. List e Fatemeh Momeni, "When Corporate Social Responsibility Backfires: Theory and Evidence from a Natural Field Experiment", artigo preliminar da NBER, 2017, doi:10.3386/w24169.

201 **Outro experimento de campo que conduzi:** Andreas Leibbrandt e John A. List, "Do Women Avoid Salary Negotiations? Evidence from a Large Scale Natural Field Experiment", artigo preliminar da NBER, 2012, doi:10.3386/w18511.

201 **A terrível verdade:** Um bom resumo das várias áreas de liderança nas quais as mulheres possuem pouca representação pode ser visto em: Judith Warner, Nora Ellmann e Diana Boesch, "The Women's Leadership Gap", Center for American Progress, 20 de novembro de 2018, https://www.americanprogress.org/issues/women/reports/2018/11/20/461273/womens-leadership-gap-2/.

201 **mulheres atuando em empregos de 40 horas semanais:** Francine D. Blau e Lawrence M. Kahn, "The Gender Wage Gap: Extent, Trends, and Explanations", *Journal of Economic Literature* 55, n° 3 (2017): 789–865, doi:10.1257/jel.20160995.

202 **e apenas 6%:** David A. Matsa e Amalia R. Miller, "Chipping Away at the Glass Ceiling: Gender Spillovers in Corporate Leadership", *American Economic Review* 101, n° 3 (2011): 635–639, doi:10.1257/aer.101.3.635.

202 **E apesar de existirem várias razões:** Ver, por exemplo, Linda Babcock e Sara Laschever, *Women Don't Ask: Negotiation and the Gender Divide* (Princeton: Princeton University Press, 2009); L. Babcock, M. Gelfand, D. Small e H. Stayn, "Gender Differences in the Propensity to Initiate Negotiations", em *Social Psychology and Economics,* editado por D. De Cremer, M. Zeelenberg, e J. K. Murnighan, 239–259 (Mahwah, NJ: Lawrence Erlbaum Associates, 2006); Deborah Small, Michele Gelfand, Linda Babcock e Hilary Gettman, "Who Goes to the Bargaining Table? The Influence of Gender and Framing on the Initiation of Negotiation", *Journal of Personality and Social Psychology* 93, n° 4 (2007): 600–613, doi:10.1037/0022-3514.93.4.600; K. G. Kugler, J. A. M. Reif, T. Kaschner, and F. C. Brodbeck, "Gender Differences in the Initiation of Negotiations: A Meta-analysis", *Psychological Bulletin* 144, n° 2 (2018): 198–222.

202 **Descobrimos que não apenas:** Leibbrandt e List, "Do Women Avoid Salary Negotiations?".

202 **Por exemplo, um estudo de 2021:** Brian J. Lucas, Laura M. Giurge, Zachariah Berry e Dolly Chugh, "Research: To Reduce Gender Bias in Hiring, Make Your Shortlist Longer", *Harvard Business Review,* fevereiro de 2021, https://hbr.org/2021/02/research-to-reduce-gender-bias-in-hiring-make-your-shortlist-longer.

203 **todos os pedidos de desculpas:** Basil Halperin, Benjamin Ho, John A. List e Ian Muir, "Toward an Understanding of the Economics of Apologies: Evidence from a Large-Scale Natural Field Experiment", artigo preliminar da NBER, 2019, doi:10.3386/w25676.

207 **De fato, a influência das normas do ambiente de trabalho:** Stephen Knack e Philip Keefer, "Does Social Capital Have an Economic Payoff? A Cross-Country Investigation", *Quarterly Journal of Economics* 112, n° 4 (1997): 1251–1288; La Porta *et al.*, "Trust in Large Organizations".

Conclusão: Escalar ou Não Escalar?

210 **Alguns testes de Covid-19 não se mostraram confiáveis:** Nadia Drake, "Why Unreliable Tests Are Flooding the Coronavirus Conversation", *National Geographic*, 6 de maio de 2020, https://www.nationalgeographic.com/science/article/why-unreliable-tests-are-flooding-the-coronavirus-conversation-cvd.

210 **ao passo que US$1,4 bilhão:** Greg Iacurci, "IRS Sends Coronavirus Stimulus Checks to Dead People", CNBC, 17 de abril de 2020, https://www.cnbc.com/2020/04/17/irs-sends-coronavirus-stimulus-checks-to-dead-people.html.

211 **Leo Tolstói:** Leo Tolstoy, *Anna Karenina,* traduzido por Richard Pevear e Larissa Volokhonsky (Nova York: Penguin Classics, 2004).

Sobre o Autor

John A. List é Professor Benemérito do Departamento de Economia Kenneth C. Griffin, na Universidade de Chicago. Ele serviu o Council of Economic Advisers e recebeu inúmeros prêmios e honrarias, incluindo o Kenneth Galbraith Award. Sua pesquisa já foi citada nos jornais *New York Times, The Economist, Harvard Business Review, Fortune, Slate* e *Washington Post,* além da NPR, NBC e Bloomberg. List é autor de mais de 250 artigos revisados por pares, diversos livros acadêmicos e, em coautoria com Uri Geenzy, o best-seller internacional *Tudo tem um Motivo.*

Índice

A
amostra 135
de crianças 6. *Consulte* D.A.R.E.
não representativa 40
resultados da 8
análises hedônicas 58
aprisionamento tecnológico 87
atalhos mentais 11, 168
automonitoramento 120
aversão
à ambiguidade 178
à perda 119, 124

B
bem-estar científico 91
benefícios marginais
intangíveis 158. *Consulte* pensamento marginalista
Bush, George W. xix

C
casos
Arivale 91–99
Brian Wansink 20–22
Chrysler 7–19
Head Start 63–64
Jamie's Italian 51–66
pescadores 181
Cabuçu 181–208

Santo Estêvão 181–208
Ralph Nader 71–74
República Dominicana impostos 122–126
Theranos 22–24
Virgin Atlantic 124–128
Chicago Heights xii–xxiv, 43, 135
Chicago Heights Early Childhood Center xiii, 61, 84, 106, 213
Cinco Sinais Vitais xxii, 50, 89, 110, 127, 139, 176, 211
clawback
abordagem 132–139
efeito 137
clientes JoGoods e NoGoods 32–35
compliance 59
custo de 66
desafios de 68
padrões de 146
comportamento 88
humano xxiii, 4, 18, 45, 67
mudança de 133
padrão de 32, 46, 119
confiança 183–207, 203, 212
cooperação 183, 193, 203, 212
coopetição 193–195
cultura
de trabalho 125, 181
positiva 28. *Consulte* Lyft
escalável xxvi, 184, 203

éthos 187
individualista 114
meritocrática e cooperativa 179
organizacional 162, 182, 207, 212
   positiva 139
      dar escala a 184
   tóxica 123, 185. *Consulte* Uber

custo
   da escala 106
   de oportunidade 167, 170, 193, 213
      decisões baseadas no 211
      negligência do 168
   de produção 93
   descontrolado 95
   fixo 93, 102
   inicial 101, 103
      capital de investimento 101
   irrecuperável 159, 177
   médio 94
   obstáculos de 104
   operacional 95
   problemas de 95. *Consulte* Arivale

custo-benefício
   análise de 148
   em escala 108
   médias de 146
   quadro de 143

D

D.A.R.E. 3–18
desistência otimizada 170–180, 212
   cultura de resistência à 165
desmoralização ressentida 81. *Consulte* efeito John Henry
Diamond, Jared. *Consulte* princípio Anna Karenina
drift 63–67

E

economia comportamental xii, 119, 182
   de arrecadações 159
   experimento de 44
   padrão de pesquisa 182

princípios da 7
efeito
   comportamental 133
   da maré, princípio do 85
   de enquadramento 132
   de equilíbrio geral 74
   de rede 87
   desmotivador 123
   de tratamento 84
   disposição 120
   dos pares na educação 84
   dotação 131–140
   enganador 20
   Hawthorne 126
   John Henry 81
   Peltzman 72
      compensação do risco 72
      risco moral 73
   volante 198
elementos
   não negociáveis 57, 66
   negociáveis 57
erro fundamental de atribuição 115. *Consulte* viés de correspondência
escala xiv, 73, 211
   armadilhas
      maldição do vencedor 14–16
   ciência de xxii, 12
   contexto de 73
   de alta voltagem 114
   desastre em 76
   economia de 93, 101
   incentivo à 123
   mentalidade de 179
   potencial de 58
   processo de implementação xv
   triunfo e fracasso em
      diferença entre 116
   valor de 26
evidências
   baseadas em políticas 70, 213
   empíricas 6
      ignorar 163

F

falácia do custo irrecuperável 14, 160–161
falso positivo xxv, 5–10, 76, 92, 165, 210
Fryer, Roland xiii

G

generosidade 192–200
Gladwell, Malcolm. *Consulte* ponto de inflexão
Gneezy, Uri 182
Google
    grupo moonshot da 171. *Consulte* X Development
Gosnell, Greer 124
grupo
    de bonificação 136
    de controle 81–86, 125–127, 196–199
    de perda 133–137
    de tratamento 84–86, 196
Guerra às Drogas dos EUA 148

H

habilidades
    cognitivas 61, 84
    de automotivação 138
    de lidar com a incerteza 178
    especializadas 52
    interpessoais 85
    não cognitivas 61, 85
Hedblom, Daniel 199
Henrich, Joseph. *Consulte* economia comportamental, experimento de
heurística 168
    aplicar 149
    orientados por 67
    rápida 11
Hickman, Brent 199
Home Energy Report (HER) 128. *Consulte* viés de correspondência
Hood, Leroy 91. *Consulte* casos Arivale
Hossain, Tanjim 132

I

igualdade de oportunidades 196
impacto
    generalizado 39
    não intencional 73
    positivo, maior xx
    social 130
imunidade de rebanho 105. *Consulte* transbordamento benéfico
incentivos
    adequados 115
    pró-social 125
    tipos de 130
indícios sociais 23. *Consulte* casos Theranos
indução reversa 70, 108
ingredientes-chave 58
inoculação social 4. *Consulte* D.A.R.E.

J

Jevons, William Stanley. *Consulte* Revolução Marginalista

K

Kahneman, Daniel 9, 119, 131
Kalanick, Travis xvi, 185. *Consulte* Uber
Kenneth and Anne Griffin Foundation xii

L

LaSorda, Thomas
    CEO da Chrysler 6
lei
    da redução de benefícios marginais 150
    das consequências não intencionais 73
    de Murphy 69, 73
Leibbrandt, Andreas 182
Levitt, Steven xii, 113
Lewis, Clayton 91. *Consulte* Arivale
Lyft 28–31, 151–156
    Pink 35–36

M

maldição do vencedor 15
mão invisível 174, 194

Adam Smith 93, 153
Menger, Carl. *Consulte* Revolução Marginalista
meritocracia 187
    agressiva 187
    conquistas individuais 192
    cultura de 192
    princípios da 188
Metcalfe, Robert 62, 124
Momeni, Fatemeh 84, 200
Musk, Elon 101. *Consulte* escala, economia de

N

Nancy Reagan
    declaração de 1986 3
Netflix 172, 194

O

oportunidades xii, 75, 110, 135
Opower 42, 66, 127

P

pandemia da Covid-19 5, 36, 48, 209
Parent Academy xiii, 43–49, 61, 86, 135
pensamento
    afunilado 171
    crítico 10
    econômico xxiv
    fronteiriço 139
    marginalista 155, 211
        conceito de 169
pessoas "WEIRD" 44
Picariello, Jim 104, 105
princípio
    Anna Karenina 211
    marginal 159
produtividade 94, 157
    aumentar a 132–134
    brechas de 170
    medir a 199

Q

qualidade 53–65
    branding de 9
    da "garra" 172
    de vida 41, 96
    quality fade 65

R

Reagan, Nancy 3, 13
recrutamento 195–202
    experimento da "carteira perdida" 113
recursos marginais,, alocação de 158
replicação 17–25
    crise da 19
    independente 17
representatividade
    da população 39, 158
    da situação 56, 158
resiliência 195
    emocional 173
Revolução Marginalista 146

S

Sacerdote, Bruce 84
Sadoff, Sally xii, 62
Samek, Anya xiii
schmeduling 149
Smith, Adam. *Consulte* mão invisível
Syverson, Chad 6

T

Teorema de Zermelo 108
teoria
    das escolhas do "agente racional" 119
    do valor 147
timing das recompensas 137
tokenismo 197
Tolstói, Leo 211
transbordamento 184, 210
    benéfico 88
    categorias básicas 88
    efeito 73–89
    problemático 118
trust game (jogo da confiança) 183. *Consulte* economia comportamental
Tversky, Amos 9, 119

U

Uber xiv, 27–31, 75–76, 116–122, 185–207
utilidade marginal 147
    lei de redução 148

V

viés
    cognitivo 9–11, 178
    de confirmação 163
    de correspondência 115
    de publicação 20
    de seleção 39–44, 202
    do efeito adesão, armadilhas 11–14
    moral 200
voltagem
    alta 158
        cultura de xxvi
        em escala 155
    baixa, programas de 106
    ganho de

crescimento parabólico 87
em escala xxiii
queda de xxiii, 65, 157
    causa de 73
    em escala 4, 13
    esmagadora 165, 186

W

Walras, Léon. *Consulte* Revolução Marginalista
Wanlida Group 132. *Consulte* efeito de enquadramento

X

X Development 171

Z

Zenou, Yves 84
Zermelo, Ernst. *Consulte* Teorema de Zermelo

Este livro foi impresso nas oficinas gráficas da Editora Vozes Ltda.,
Rua Frei Luís, 100 – Petrópolis, RJ.